JN279900

子島 進 著

イスラーム と開発
カラーコラムにおける
イスマーイール派の変容

ナカニシヤ出版

凡例および留意事項

1．ウルドゥー語やコワール語をはじめとする現地語の語彙は，若干の例外を除いてカタカナで表記してある。初出の際には，（　）内にイタリック体でアルファベット表記を記載している。
　　　例：ゴル（*gol*）
2．本書に登場する地名はすべて実名を用いている。人名に関しては，一部仮名とし，その旨を注記してある。
3．本書に収録されている地図，概念図，図，表はすべて筆者による作成である。なお，原典や情報提供者が存在する場合は，その旨を注記してある。
4．本書に収録されている写真は，断りのないかぎり，すべて筆者が撮影したものである。

謝　辞

　本書は，総合研究大学院大学文化科学研究科に提出した学位論文「カラーコラムにおけるイスマーイール派の変容」(1998年度) に基づいている。平成13年度科学研究補助金（研究成果公開促進費）の交付を受けたことによって，ここに公刊することが可能となった。

　論文作成にあたっては，フィールドワークの段階から多くの方々に貴重なご支援をいただいた。記して御礼申し上げたい。

　和田正平，福井勝義，栗本英世，杉本良男の各先生からは，指導教官として御指導いただいた。また国立民族学博物館の教官の方々からは，論文ゼミの際に多くの貴重なコメントをいただいた。栗田靖之，小杉泰，松井健の各先生は論文審査員という立場から，厳しくも建設的な御意見をくださった。畏友山根聡氏からは草稿に丁寧に目を通したうえで，有益なコメントをいただいた。また中島岳志さんには，仕上げの段階で作業を手伝っていただいた。

　本書の公刊に際しては，中川康さんに索引作り等の作業を手伝っていただいた。ナカニシヤ出版編集部の津久井輝夫さんには，細心の注意のもと作業をリードしていただいた。

　以上，深く御礼申し上げたい。

　フィールドで出会った，師と呼ぶべき多くの方々にも深甚なる感謝を捧げたい。特に以下の方々の寛大なる歓待と励ましがなければ，実りある調査を行なうことはできなかった。1984年の最初の調査以来，私をいつも暖かく迎えてくれたのは，トゥルリティ村のバードシャーさんだった。1993年からのピンガル村調査では，ホストであるムハンマッディーンさんとその御家族に言葉では言い表せないほどの恩義を受けた。ムハンマド・ハキーム・ハーンさんは，私をヤスィーン村の自宅に招待し，惜しみなくその知識を分け与えてくれた。繰り返し行なわれた対話を通して，イスマーイール派に対する関心を大きくかき立ててくれたのは，シャマラン村の「ピール・サーヒブ」，サイヤド・パーインダ・シャーさんだった。イスラーマーバードでの

居候生活を快く許してくださったマスードさん一家にも，心から感謝申し上げたい。

　最後に，本書の完成を長い間辛抱強く待ってくれた両親に，本書の刊行を報告し，ともに喜びたい。

著　者

語 彙 集

イマーム（*imam*）：イスマーイール派の最高指導者。

ガダイー（*gadai*）：新来者。

カラング（*qalang*）：放牧料。

クシュン（*kushun*）：世帯。原義は煙。

ゴル（*gol*）：枝谷。ゴルに対応するのがデ。

ザカート（*zakat*）：イマームへの十分の一税。

ジャマーアト（*jamaat*）：イスマーイール派の宗教共同体。

ジャマーアト・ハーナ（*jamaat khana*）：イスマーイール派の礼拝所兼集会所。

ジャマール（*jamar*）：義理の息子。

シャルワール・カミーズ（*sharwar kamiz*）：パキスタンの民族服。

ジョイ（*zhoy*）：水路。

ジルガ（*jirga*）：有力者による紛争解決機関。

ダンガリ（*Dangali*）：ヤーギスターンのダーレールとターンギール谷。

チャーンド・ラート（*chand rat*）：イスラーム暦各月の初日夕方。

デ（*deh*）：定住村。デに対応するのがゴル。

ドゥアー（*dua*）：6部構成の定型祈祷文。ファーティハで始まり，イスマーイール派の歴代イマームの名前で終わる。

パリ（*pari*）：カラーコラムの山頂に住む妖精。

ハリーファ（*khalifa*）：ピールが村レベルで任命した代理人。

ピール（*pir*）：イマームが布教のために派遣した伝教師。ダーイー（*dai*）に同義。

ファルマーン（*farman*）：宗徒に対するイマームの布告。

メヘルバーニー（*mehrbani*）：支配者から与えられる報奨。

ヤーギスターン（*yaghistan*）：「反逆者の土地」。ダーレール，ターンギール，チラース周辺のインダス川支流域。

ラージャー（*raja*）：支配者の称号。ミールやメヘタルも同義。
リワージ（*riwaj*）：慣習。
ワーイズ（*waiz*）：イスマーイール派の宗教講師。

主要インフォーマント

アクバル・シャー：1927 年生まれ。シングラート村。ゴーハル・アマーンの重臣ラフマットの子孫で，ギズル地方最後のハキームの息子。

アスガル・フサイン：グピス村。クー＝ギズル国最後の支配者フサイン・アリー・ハーンの息子。1980 年代にギズル県カウンシル議員。

アーリム・ハーン：パイクシ村。1950 年代後半から 20 数年間，ピンガル村の政府レストハウスの門番。グラーム・ムハンマドの父親。

イムラーン（仮名）：1968 年生まれ。パイクシ村。ピンガル地方評議会議長。タンガイ DJ 中学校教師。

グラーム・ムハンマド（仮名）：1970 年生まれ。パイクシ村。仲裁パネル書記。地方評議会の名誉書記も兼任。タンガイ DJ 中学校教師。

サイヤド・パーインダ・シャー：1929 年生まれ。シャマラン村。イスマーイール派ピールの家系に属する。

サラーム・ハーン：1935 年頃生まれ。シャマラン村。仕立て屋兼農民。

シャヒーン（仮名）：1949 年生まれ。ピンガル村。男性組合マネージャー。

ムザッファル（仮名）：1962 年生まれ。ソソト村。ワーイズ（宗教講師）。

ムハンマド・アーザム・ハーン：1920 年頃生まれ。ピンガル村。グピスでフサイン・アリー・ハーン付きの猟師として働く。その後，村ジルガのメンバー。

ムハンマディーン：1948 年生まれ。ピンガル村。男性組合の農業担当メンバー。

ムハンマド・ナズィール：1910 年頃生まれ。シャマラン村。村ジルガのメンバー。

ムハンマド・ハキーム・ハーン：1912 年頃生まれ。ヤスィーン村。ラフマットの子孫で，1930 年代から 40 年代にかけて，ヤスィーン国の書記。その後，政府官吏としてターンギール谷で勤務。1980 年代にはギズル県カウンシル議員。

目　次

凡例および留意事項

謝　辞　*iii*

語彙集　*v*

主要インフォーマント　*vii*

序　論 ……………………………………………………… 3
第 1 節　本書の目的 ……………………………………… 3
第 2 節　先行研究の検討 ………………………………… 5
第 3 節　本書の意義 ……………………………………… 14
第 4 節　イスマーイール派調査の条件 ………………… 22
第 5 節　本書の構成 ……………………………………… 28

第 1 部　ギ　ズ　ル
──イスマーイール派の暮らす谷──

第 1 章　今日のギズル地方 ……………………………… 35
第 1 節　カラーコラムにおけるイスマーイール派の
　　　　分布 …………………………………………… 35
第 2 節　ギズル地方 ……………………………………… 36

第3節　ピンガル村 ………………………………… 39
　　　　1　イスマーイール派としての村人 ………… 41
　　　　2　社会組織 ……………………………………… 44
　　　　3　ピンガルの生業と区割り ………………… 58
　　　　4　現金収入の必要性 ………………………… 64
　　　第4節　まとめ …………………………………… 71

第2章　記憶の中のギズル地方 …………………… 75

　　　第1節　ラージャー制 …………………………… 75
　　　第2節　ギズル地方におけるラージャー制 ……… 79
　　　　　　　──ハキームの統治──
　　　第3節　村のジルガ ……………………………… 84
　　　第4節　まとめ …………………………………… 91

　　　　　　第2部　変革するイスマーイール派

第3章　イスマーイール派の系譜と近代における
　　　　再生 …………………………………………… 95

　　　第1節　イスマーイール派の系譜 ……………… 95
　　　　1　シーア派 ……………………………………… 95
　　　　2　イスマーイール派諸派 …………………… 97
　　　　3　ニザール派の系統 ………………………… 98
　　　　4　シーア・イマーミー・イスマーイーリー …… 99
　　　第2節　歴史への再登場 ………………………… 102
　　　　　　　──近代におけるホージャの発展──

1　再確立されたイマームの権威 …………………………… 102
　　　2　近代的なジャマーアトの構築 …………………………… 104
　　第3節　パキスタン建国後の新たな展開 ………………………… 108
　　　1　ビジネス・コミュニティとしての成功 ………………… 108
　　　2　教義をめぐる緊張 ……………………………………… 110
　　第4節　まとめ ……………………………………………………… 115

第4章　周縁部のジャマーアト I …………………………………… 117
　　　　　——衰退するピールの力——

　　第1節　カシュミール勢力の進出とイスラーム ………………… 117
　　第2節　19世紀におけるイスマーイール派の概況 …………… 118
　　第3節　ピール制 ………………………………………………… 121
　　第4節　ピール制の弱体化 ……………………………………… 122
　　第5節　移行期のピール ………………………………………… 124
　　　　　——サイヤド・パーインダ・シャー——
　　第6節　ラージャー制廃止に対するイスマーイール派
　　　　　の対応 …………………………………………………… 134

第5章　周縁部のジャマーアト II ………………………………… 139
　　　　　——浸透するイマーム——

　　第1節　評議会 …………………………………………………… 140
　　第2節　仲裁パネル ……………………………………………… 143
　　第3節　タリーカ・宗教教育委員会 …………………………… 150

第4節　ジャマーアト内部の指導者交代..................154
　　　　　——ピールからワーイズへ——

第3部　社会開発への進出と新たなアイデンティティの創造

第6章　草の根の「住民参加」..................163

第1節　行政への不満 163

第2節　村レベルにおける行政 166

第3節　アーガー・ハーンのNGO..................169
　　1　DJ学校（AKES）..................170
　　2　診療所（AKHS）..................178
　　3　男性組合/女性組合（AKRSP）..................180
　　4　男性組合の活動..................186
　　5　女性組合..................191

第4節　AKRSPの「受容」..................191

第5節　宗派意識の覚醒..................196

第6節　まとめ..................205

第7章　アーガー・ハーン四世の開発言説 209

第1節　アーガー・ハーン四世の開発言説 210

第2節　パキスタン政府との関係 214

第3節　西洋とイスラーム、そしてイスマーイール派 217

結　論……………………………………………………………… 221

*

資料1　アーガー・ハーン開発ネットワーク ……………………… 229
資料2　カラーコラムにおけるAKDNの活動　…………………… 231
資料3　調査記録 …………………………………………………… 237
資料4　ハキーム家に伝わる古い文書・メモ類 …………………… 238
資料5　ラガール・シャー再任に関する記録 ……………………… 241
資料6　布教史におけるピール一族 ………………………………… 244
資料7　ピンガル村の生業サイクル ………………………………… 245
資料8　1994年北方地域カウンシル選挙 …………………………… 249

*

引用文献　　254

人名索引　　270

事項索引　　271

イスラームと開発
──カラーコラムにおけるイスマーイール派の変容──

序　論

第1節　本書の目的

本書は，パキスタン北部，カラーコラムにおける「ジャマーアト」[1] (*jamaat*. イスマーイール派の宗教共同体。原義は「会衆」) の変容を，開発との関係から論じるものである。

世界有数の山岳地帯であるカラーコラムでは，5000〜8000mの高峰に四方を囲まれた無数の谷に人々は分かれて暮らしている。水や森林，あるいは牧草といった希少な自然資源を共同で利用する地域共同体を水系ごとに発達させることで，人々は峻険な環境に適応してきた。その一方で，ここでは言語，民族，そして宗教（宗派）が独特のモザイクを作り出している。系統不明の言語であるブルーシャスキー語，広大な「イスラームの海」の中にあって独自の神々を奉じるカラーシャ族（人口約3000人），そしてシーア派系統の少数派であるヌール・バフシュ派などが存在する。

この山岳地帯に根

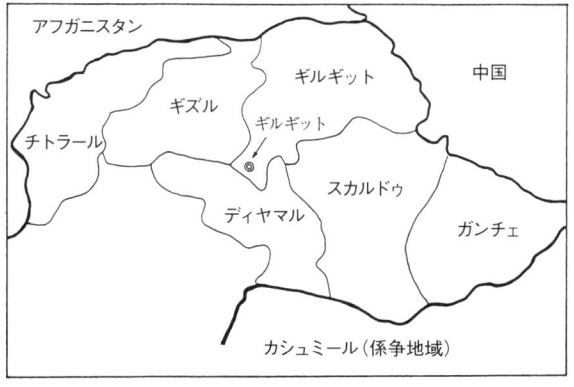

地図序-1　カラーコラム
（北方地域と北西辺境州チトラール県）

づいたイスマーイール派（Shia Imami Ismaili）も，やはりシーア派系統の少数派である。アリーの直系子孫であると信じられているイマーム（*imam*）——現在は第49代のアーガー・ハーン四世——に従うことが，この宗派の特徴である。世界各地に散在する宗徒は，多くの場合，特定の居住地域に集住しており，ジャマーアトを構成している。ジャマーアトとは，イマームに従う宗徒の集合であり，小はイスマーイール派宗徒の小集落から，大は全世界に散在する宗徒全体を指す。宗徒の暮らす村や町の街区には，ジャマーアト・ハーナ（*jamaat khana*. イスマーイール派の礼拝所兼集会所）があり，宗教的あるいは社会的な活動の中心となっている。同一地域の複数のジャマーアト・ハーナは，同派独特の評議会制度によって統括されており，この評議会はまた地方—地域—国—イマームというヒエラルキーの下に置かれている。本書で主として扱うのは，地方評議会のレベルのジャマーアトである。

　原則として外部からの改宗者を受け入れず，宗教儀礼を排他的に行なうため，イスマーイール派のジャマーアトはこれまで「閉鎖的」あるいは「秘密主義」といったイメージで語られてきた。今日のイスマーイール派は，しかしながら，その対外的な印象を大きく変更する「開かれた」方向へと変化しつつある。特にカラーコラムでは同派の分布地域を中心にして，学校教育や保健事業，農村開発のための組合活動，さらには歴史的建造物の修復まで，あらゆる分野において社会事業を活発に展開している。宗派の最高指導者であるイマーム主導のもとに進行するこれらの事業には「非宗派的」なNGOの形式が与えられており，他宗派住民をも巻き込みながらローカルなレベルでの行政サービスを代行している。その影響力は同派の分布地域ではパキスタン政府のそれを上回っており，ジャマーアトを活性化している。

　この現象は，「貧しい山地農民の自立を引き出す活動」として開発学から大きな注目を集めている。「アーガー・ハーンの開発」は「住民参加による社会開発」の成功例とみなされているのである。たしかに，アーガー・ハーン系列のNGO活動では，乳幼児死亡率の減少，在学児童数の増加，あるいは組合による水路や道路の自力建設といった個々の事業の具体的な達成度が強調されており，そこに直接的な宗教的メッセージを見出すことは難しい。しかしながら，それらを開発学では注目されてこなかったイマームを頂点と

するジャマーアトの内部に位置づけ，宗教共同体の変容という視点から記述，分析するのが本書の目的である。

第2節　先行研究の検討

　イスマーイール派は「イスラームの過激派」として，歴史研究の対象となってきた。この分野においては，イスマーイール派すなわち「暗殺者教団」というラベルが強烈に刻印されている。12, 13世紀，アラムートを中心にペルシアやシリアの各地に山城を築き，多くのムスリム君主や十字軍将士を震撼させたイスラームの異端「アサシン」がそれである（本田 1985；ルイス 1973）。この印象があまりにも鮮烈であるため，現代でもイスマーイール派は，「暗殺者の末裔」として記述されがちである[2]。しかし実際には，「暗殺者教団」の本拠地であるアラムート陥落以降の同派の歴史は，いまだ十分には解明されていない（Esmail and Nanji 1977；Daftary 1990）。中東からインドまで広範な地域に散在する各地のジャマーアトは，政治的勢力として自らを確立することなく，互いの連絡もほとんどないままにそれぞれの社会・文化的環境に適応していった。イスマーイール派が再び歴史の表舞台に登場するのは，ようやく19世紀後半のことである。

　この間のイスマーイール派は，多くの場合，辺境の農民の間で存続したが，インドのボンベイには商人コミュニティを形成する宗徒がいた。ホージャ（Khoja）と呼ばれる人々である。この時期のボンベイのジャマーアトは，部分的にスンナ派やヒンドゥーの慣習法を取り入れており，イマームの権威が及ぶ具体的範囲も明確ではなかった。しかし，ペルシャから移住したアーガー・ハーン一世が積極的に自らの権威の再確立を図ったことによって，この状況に大きな変化が生じることになる。1866年，一世は一部宗徒の反対を裁判で破り，イスマーイール派イマームとして，宗教的に不可謬の神学的立場と，大きな経済的力を併せ持つことになった。しかもパクス・ブリタニカのもとでは，これまでイマームが精神的指導力を発揮してきたような辺境の無政府性と無秩序は存在しなかった。判決は，「共同体の指導者に何かまったく別の事をするための財政的，社会的手段を与えることになった」（ゲ

ルナー 1915：235) のである[3]。この判決はまた，イスマーイール派の親西洋路線を決定づけると同時に，忘れられていたイスマーイール派の存在を，内外に広く知らしめることにもなった。

「何かまったく別の事」を本格的に開始したのは，アーガー・ハーン三世だった。彼はイマームと宗徒を結びつける評議会制度を核とする諸制度を導入することで，ジャマーアトに新しい意味と機能を与えていった。特に東アフリカでは，ホージャは移住した先々でジャマーアト・ハーナを建設し，評議会制度を整えていった。そして新たな組織の構築がホージャの商業的な成功と重なったことが，研究者の注目を惹くことになった。

東アフリカでホージャの調査を行なったモリスは，宗徒に対するイマームの権威を「神聖なる王権」との表現で強調している (Morris 1958)。彼は宗徒の言葉を引いて，クルアーンの解釈者としてのイマームの重要性を説明する。

> 我々は他のムスリムとは異なる。彼らは異なる種類の世界について書かれたものである聖典クルアーンに縛られている。彼らはそれに従わなくてはならない。彼らにはそれを変えることはできないのだ。我々は，クルアーンを解釈する能力を持つイマームに従っている。そのことが我々に，現代の世界に歩調を合わせて暮らしていくことを，より容易なものとしている。(Morris 1958：470)

モリスはさらにジャマーアト内部で発達したボランティア組織，特に評議会の重要性を強調する。この組織における無給の役職を得るために，少数の上流階級内部では激しい競争が繰り広げられてさえいる。なぜなら，イマームを頂点とするボランティアの任命を獲得することこそが，集団内部での威信と名誉をもたらすからである (Morris 1958：467)。またイスマーイール派では，現世における信仰，祈り，そして行為が天国へ行くための手段であることを，イマーム自らが認めていることを，ここで確認しておきたい(Aga Khan III 1954：177)。

他の研究者も力点こそ多少異なるものの，絶対的権威を持つイマームと，それに従う宗徒という図式を示してきた。タンザニアで調査したボコックは，

精神的な指導者であるイマームが，社会生活の向上を積極的に提唱することを重視する。なぜなら，それが宗徒に対して，変化を認める積極的な根拠を与えているからである。ボコックは，さらにカルヴィニストとホージャの比較考察を行ない，専従の聖職者を持たないホージャのジャマーアト・ハーナと，カルヴィニストやクェーカー教徒の教会との間の類似性を指摘する。そして，資本主義を生み出すことはなかったが，イスマーイール派の教えは近代的な商業や専門職と親和性を持っているとした (Bocok 1971)。ワルジーは，タンザニアのホージャの移住と定着の歴史を扱っている。主眼はホージャの経済活動の発展に置かれているが，そこでのイマームの役割を強調する。すなわち，アーガー・ハーン三世は対内的にはファルマーン (*farman.* 宗徒に対するイマームの布告) や憲章の発布によって宗派組織を整備し，対外的には植民地政府との交渉役を果たすことで，ホージャの活動を導いたとする (Walji 1974)。

　繰り返し強調されるイマームの権威は，ファルマーンとイスマーイール派憲章として表現されている。これらに焦点を当てた研究は，アダティアとキング，そしてアンダーソンによってそれぞれ行なわれている (Adatia and King 1964 ; Anderson 1964)。前者によれば，ファルマーンは多義的な解釈を許容するものであり，受け手によって異なる意味を持ちうる。このファルマーンに従うことで，宗徒は絶えず移り変わる世界で信仰を維持し，変化に対応していく。ファルマーンとは，神が人間を見捨てることなく絶えず導きを与えていることの証明でもある。次にアンダーソンは，1962年に発布された憲章の内容を検討した。その特徴として，結婚に関する細かな規定（一夫多妻と親族間の結婚の禁止，評議会による手続き等）や，背教とそれに対する処罰を挙げている。そしてイマーム位とその権威が，憲章そのものを超越することを確認している。

　東アフリカのホージャに関する研究の特徴は，イマームと宗徒の関係に記述が集中していることである。外部との関係はきわめてわずかしか触れられていない。新興独立国下の政治的対応として，ナンジーが挙げるのも，やはりイマームが宗徒に示した2つの義務である。すなわち宗教的義務はイスラームとイマームのために果たさなければならないが，世俗の領域ではよき国

民として責務を果たせとする (Nanji 1974)。

　東アフリカのホージャの間で確立された近代的なジャマーアトは，ロンドンや北米の「ディアスポラ」においても継承されている (ノット 1989 ; Clark 1976, 1978 ; Nanji 1983 ; Williams 1988)。ロンドンのホージャを対象にして調査を行なったクラークは，ジャマーアト・ハーナや評議会制度を中心とした組織作りが行なわれていることを確認したうえで，次のように指摘する。すなわち，イスマーイール派において，イマームは伝統およびイスラームとの架け橋，「政治的」指導者，神の顕現であり，かつ「聖」と「俗」を総合する。インド，東アフリカ，そしてロンドンと移住を繰り返してきたホージャにとって，イマームのみが不変たる存在である (Clark 1976, 1978)。

　近年発表されたカイザーの研究は，上記とは異なる視点を提出した点で評価される。すなわち，タンザニアにおけるイスマーイール派のNGO活動に焦点を当て，それを政府との関係，さらにはNGOや援助機関が作り出すトランスナショナルなネットワークとの関係から考察することを提唱している。しかしながら，ここでも調査上の制約から，さまざまなレベル間の関係は，必ずしも明確にはならなかった。特にNGOをボランティア活動によって支えるホージャのジャマーアト内部の動向にはほとんど触れるところがない (Kaiser 1995, 1996)。

　東アフリカや欧米のホージャ研究が，どれも似たような記述を繰り返している第1の要因は，調査者が得る（もしくは彼に与えられている）情報が，きわめて限られているからである。パキスタンのホージャに関する研究でも，この点は同様であり，開明的なイマームと，その指示に従う宗徒が成し遂げた「成功」が強調されていることに変わりはない。しかしここでは，イスラームをめぐる状況が，ホージャの立場をより微妙なものにしていることが調査者の目にも明らかに映っている。後述するように，ホージャが発達させた教義には，ヒンドゥー教の影響がはっきりと刻印されている。そしてヒンドゥー的な表現は，そのままではホージャの立場を危うくさせかねないものだった。パキスタンでは建国後まもなく，近代派とジャマーアテ・イスラーミーをはじめとするイスラーム主義者との間に，「イスラーム国家」を巡るせめぎあいが，新憲法を焦点として始まったからである。1950年代後半に調

査したパパネクは，建国以降，教義や儀礼におけるヒンドゥー色の払拭が図られたことを記している (Papanek 1962 : 77)。さらに 1970 年代後半，ズィヤー大統領が「イスラーム化政策」を開始すると，ホージャがより緊迫した対応を迫られたことを，アサーニーやラッタンジーは指摘している (Asani 1987 ; Rattansi 1987)。特にラッタンジーの研究は，ホージャの動揺と新たな対応を，内部の人間の視点から具体的に記述した，おそらく唯一の文献である。この論文によって，教義の変更といった受動的な対応ばかりでなく，社会開発への本格的進出がこの時期に積極策として始められ，それを指導するイマームが「ヒューマニスト」としてのイメージを打ち出したことも明らかとなった。

これまでのホージャに関する研究は，情報収集において制限を受けながら進められてきた。そして限られた（それもおそらく選択された）情報をもとに研究が行なわれているため，調査地域にかかわらず，イマームと宗徒が直線的な図式の枠内で語られることになったのである。しかし注意すれば，それぞれの社会状況に応じて，各地域のジャマーアトが異なる対応をとってきたことを読み取ることができる。東アフリカでは，アフリカ社会主義によって他のアジア系住民同様ホージャも大きな打撃を被り，欧米への移住を余儀なくされた。パキスタンの場合，イスラーム主義者からの批判をかわすために，集団としてのイメージ変更に取り組んでいる。

一方，本書の主題であるカラーコラムのイスマーイール派に関する研究は，ようやく開始されたばかりである。宗派近代化の原動力となったホージャと比べると，カラーコラムのイスマーイール派に関する研究は著しく少なく，発表された論文も数えるほどしかない。ダフタレイの包括的な歴史研究において言及がほとんどないことからも，カラーコラムがイスマーイール派研究の空白部となっていることがわかる (Daftary 1990 参照)。この地域への関心は，別の形で発展してきた。

カラーコラムは，まず 19 世紀後半にロシアとイギリスの間の「グレート・ゲーム」の舞台となることによって注目を集めた。この時期にイギリス人探検家や行政官らが残した記録は，今日まで人類学的研究の貴重な資料となっている (Biddulph 1880 ; Durand 1899 ; Drew 1875 ; Leitner 1887 ; Robertson 1896)。

さらに今世紀前半，現地に滞在した行政官や探検家も引き続き記録を残した（ショーンバーグ 1976, 1985；Lorimer 1929, 1987；また Müller-Stellrecht 1979, 1980 は，政務駐在官だったロリマーの遺稿をミューラー＝ステルレヒトが編集したものである）。これらの著作は，地誌や紀行といった性格が強く，理論的というよりもむしろ記述的である。言語，民話や歌謡，儀礼などについて資料が収集されたが，特にイギリスにとって「平定」の対象となった地域の政治制度であるラージャー制に関する記述が多い。カラーコラムの多くの谷は，ラージャーの名で総称される支配者の統治下にあった。この政治制度はパキスタン建国後も存続を許され，結局その廃止は 1970 年代前半にまでずれこんだ。

パキスタン建国以降の研究の中心を担ったのはイエットマーを中心とするドイツ人研究者である。彼らはこの地域の文化を「前イスラーム的」なるものとしてとらえ，その歴史的再構成に取り組んだ(Jettmar 1960, 1967, 1980, 1982 a, b, 1986, 1989；Müller-Stellrecht 1973；Nayyar 1984, 1986；Snoy 1975)。これら一連の研究において，「高等宗教」たるイスラームに関する言及は副次的な位置にとどまっており，イスマーイール派に関するまとまった論考も発表されることはなかった。しかし 1970 年代にラージャー制が廃止され，カラーコラム・ハイウェイが開通すると，次第にその影響が社会のさまざまな領域で顕在化してくる。そして「アーガー・ハーンの開発」が目に見える形で現われてくると，イスマーイール派に関する研究者の関心も呼び起こされることになった。

イスマーイール派が大多数を占めるフンザ谷で調査を行なったクロイツマンは，同派主導の開発について言及しており，そのアウトラインを示した(Kreutzmann 1989, 1993)。ミューラー＝ステルレヒトは先にも述べたように，政務駐在官（Political Agent）だったロリマーの遺稿を整理，編集することで，今世紀前半のフンザ社会を復元している（Müller-Stellrech 1979）。これによって断片的にではあるが，当時のイスマーイール派の宗教指導者であるピール（*pir.* イマームが布教のために派遣した伝教師）やハリーファ（*khalifa.* ピールが村レベルで任命した代理人）の活動を知ることができるようになった。

ホルツワースによる，チトラール谷のイスマーイール派に関する歴史研究は，カラーコラムのイスマーイール派を主題とする，おそらく最初の学術的

著作である (Holzworth 1994)。ホルツワースは英語やドイツ語のみならず、ウルドゥー語、ペルシア語、ロシア語の文献にあたることで、19世紀から1980年代はじめにかけてのジャマーアトの歴史を明らかにした。村レベルで調査を行なう人類学者には、次の段階の作業として、イスマーイール派の歴史的変化の実際とその現在における影響を、記述し分析することが課せられている。その一例として、ヤスィーン谷のハリ

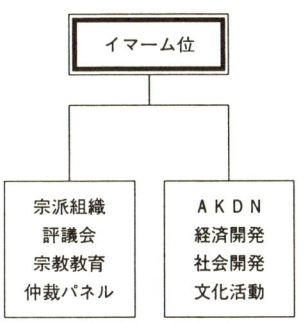

図序-1 イスマーイール派組織図

ーファが自己の家系を「変更」したことを題材に、旧来の宗教指導者がいかに新しい時代に適応しようとしているかを検討したマルホファー=ウォルフの研究が挙げられる。これによって、カラーコラムのジャマーアト内部で起こりつつある変化の一端を知ることができる (Marhoffer-Wolff 1997)。

　イスマーイール派協会は、カラーコラムにおける同派布教史に関する最初の出版物を編纂した (Hunzai 1991)。厳密には歴史学的な著作とは言えないが、イスマーイール派がローカルな宗派史をいかにとらえているかが理解できる。

　研究は端緒についたばかりだが、カラーコラムは現在のイスマーイール派を理解するうえで、最も重要な地域となっている。この世界有数の山岳地帯がイスマーイール派の一大集住地域であると同時に、「アーガー・ハーンの開発」が最も集中して実践されている場所でもあるからである。ホージャ内部で発達した制度やアイディアは、専門的なNGO（**図序-1、資料1、2**および**表序-1a～c参照**）の形式を与えられ、山地の社会に接合されている。

　イスマーイール派が多数を占める谷の流域を訪れるならば、アーガー・ハーン教育事業 (Aga Khan Education Service, AKES) が運営する小学校や中学校、アーガー・ハーン保健事業 (Aga Khan Health Service, AKHS) による診療所、そしてアーガー・ハーン農村支援事業 (Aga Khan Rural Support Programme, AKRSP) が支援する組合事業などが、生活のあらゆる領域をカバーしていることがうかがえる。さらに観光産業が発展しつつあるフンザでは、アーガー・ハーン文化基金 (Aga Khan Trust for Culture, AKTC) によ

表序-1 アーガー・ハーン開発ネットワーク

a 社会開発部門

機関名(創設年) 活動分野	活 動 拠 点
AKF (1967) 調整・資金供給	スイス(本部), アメリカ, イギリス, インド, ウガンダ, カナダ, ケニア, タジキスタン, タンザニア, パキスタン, バングラデシュ, ポルトガル
AKRSP(1982) 農村開発	インド, パキスタン
AKU (1985) 医療・教育	パキスタン
AKHS 保健衛生	インド, ケニア, シリヤ, タンザニア, パキスタン
AKES 教育	インド, ウガンダ, ケニア, タンザニア, パキスタン, バングラデシュ
AKPBS 住環境整備	インド, パキスタン

(注) 各機関の名称は次の通り。
　　AKF=Aga Khan Foundation/AKRSP=Aga Khan Rural Support Programme/AKU=Aga Khan University/AKHS=Aga Khan Health Services/AKES=Aga Khan Education Services/AKPBS=Aga Khan Planning and Building Services
(出所) AKF 1995をもとに, 子島進作成。b・cも同様。

b 経済開発

機関名(創設年) 活動分野	活 動 拠 点
AKFED(1984) 投資・調整	スイス
IPS (1963) 民間企業育成	イギリス, ウガンダ, カナダ, ケニア, コートジボアール, ザイール, タンザニア, パキスタン, バングラデシュ
TPS (1971) 観光産業	ケニア, ザンジバル, タンザニア, パキスタン
FI 金融・保険	インド, ウガンダ, ケニア, タンザニア, パキスタン, バングラデシュ

(注) 各機関の名称は次の通り。
　　AKFED=Aga Khan Fund for Economic Development/IPS=Industrial Promotion Services/TPS=Tourism Promotion Services/FI=Financial Institutions

c 文化活動

機関名(創設年) 活動分野	活　動　拠　点
AKTC（1988） 調整	スイス
AKAA（1977） イスラーム建築 表彰	スイス，（授賞式会場＝インドネシア，ウズベキスタン，エジプト，トルコ，モロッコ，パキスタン）
AKPIA（1979） イスラーム建築	アメリカ，ヨルダン，パキスタン
HCSP（1992） 歴史的建造物保全	スイス，（事業地＝ウズベキスタン，エジプト，ザンジバル，スペイン，パキスタン）

(注)　各機関の名称は次の通り。
　　AKTC=Aga Khan Trust for Culture/AKAA=Aga Khan Award for Architecture/AKPIA=Aga Khan Program for Islamic Architecture/HCSP=Historic Cities Support Programme

って，文化遺産であり重要な観光資源でもあるバルティット古城が復元されている。「自助自立」のスローガンのもと，これらの NGO 活動を支えているのは，ボランティアとして働く村の若い世代である。

　この「アーガー・ハーン開発ネットワーク」の諸事業，特に「住民参加」を引き出したとされる AKRSP に関しては，1980 年代後半以降，開発関連の研究分野から注目が寄せられ，高い評価が与えられてきた（籠橋 1998；国際協力事業団農林水産調査部 1996；西川 1997；Khanna 1991；World Bank 1987, 1990, 1995. また AKRSP の初代ジェネラル・マネージャーが事業内容について述べた著作として Khanand Khan 1992 がある。なお AKES の事業評価については Black et al. 1993 を，カラーコラムで働く教師の研修や看護婦の養成に従事しているカラーチーのアーガー・ハーン大学については Bryant et al. 1993 をそれぞれ参照されたい）。

　これらの社会開発事業はマスメディアの注目も集めているが，そこでのアーガー・ハーン四世は「開発プログラムのプリンス」として登場する。強調されているのは「住民参加」や「よい統治」といった概念に基づいて「貧しい山地農民」に自立の道を具体的に指し示す「開発指導者」としてのアーガー・ハーン四世であり，イスラームの理念を掲げる宗教指導者というイメー

ジは浮かんでこない。

　このイマームのイメージを反映してか，開発研究の立場からなされた研究においては，個々の事業の有効性やその複製可能性に議論が集中しており，「非宗派組織」であるNGOと「特定宗派」たるイスマーイール派は切り離されている。たしかに現代のイスマーイール派は，他宗派からの改宗を原則として認めておらず，開発の恩恵を通した信者獲得という図式は成立しない。しかし実際には，イスマーイール派の分布地域に事業が集中しているのであるから，開発の場における宗教の役割を問うことは不可欠な作業となる。ところがこれまでの開発研究は，なぜこの宗派が社会開発に大々的に乗り出したのか，それが当の宗教共同体にどのような影響を与えているのかについて解明しようとはしてこなかった。ここでのイスマーイール派は他宗派住民と同様に，「自立に取り組む山地の貧しい農民」として記述されている。

　しかしカラーコラムのNGO活動を，これまでのホージャに関する研究，特にパキスタンでの状況とすり合わせて考察してみると，まったく別の視点が開けてくる。すなわち，開発を通して変容しつつあるイスマーイール派の姿が明確に見えてくるのである。社会開発の舞台となっている村々での変化は，「ヒューマニスト・イマーム」あるいは「開発指導者」としてのアーガー・ハーン四世のイメージ創出を核とする，宗派レベルの新展開と相互に作用しあっている。本書はこの点に着目することで，イスマーイール派の研究に新しい視点を提出しようと試みるものである。

第3節　本書の意義

　ホージャに関する先行研究の多くは，イマームと宗徒の関係を非常に単線的にとらえている。調査の困難は別にしても，ジャマーアトの革新がホージャの間にとどまっていた限り，それもある程度は正当化されるかもしれない。そこでの課題は，自らの経済活動で蓄積した資金を，イマームの指導によって商業用の融資や福祉へと効率よく再分配していくことだった。このための組織が，新たなジャマーアトに具体的な内容を与え，ホージャに経済的な繁栄をもたらした。この過程は，かなりの程度まで内部発展的なものだった。

カラーコラムにおいて近年繰り広げられている「アーガー・ハーンの開発」は，しかしその単なる延長ではない。基本的には，これもカラーコラムの現状に合わせた形で，新たなジャマーアトを構築していく過程である。それはまた，ホージャを基礎とするイマーム体制のもとに，山地農民である宗徒を統合する過程ともなっている（山地農民の側でも，進んでこの事業に参画している）。しかしこの過程には，これまでにないいくつかの要素が含まれており，従来の単線的な図式では論じきれない。すなわち，ジャマーアトの構築が「開発」の進行過程と重ね合わされたことで，イマーム，ホージャ，そしてカラーコラムの宗徒に加え，地元の他宗派住民，政府，資金を提供するドナーなどが深く関与することになったのである。

　こうして宗教指導者であるイマームが有能な開発指導者として，そして宗徒が「自立を図る山地農民」として登場することになったが，開発の理念や手法において宗派色は極力押さえられている。このことは開発事業そのものが宗派を超える広がりを持ったことばかりではなく，イスマーイール派が置かれた宗教的に微妙な立場をも反映している。本書では，このような視点からイスマーイール派の活動を，開発とイスラームが交錯する場として考察していく。それによって従来の単線的な議論を越え，同派の活動をより複雑な関係性のもとに理解することができると考えるからである。

　ここではまず，イスマーイール派をめぐる開発とイスラームの状況をそれぞれ大局的に把握することを試みたい。これによってパキスタン，特にカラーコラムにおける個別特殊な状況において議論を展開するための見通しを得ることができるだろう。

　まず，開発がどのような「パラダイム変換」を遂げる中で，「アーガー・ハーンの開発」はクローズアップされてきたのだろうか。

　今日，あまりにも巨大化し多面化した開発を定義するのは容易ではない。しかしその原点が「物質的生活の向上をもたらす経済的な財の持続的拡大を目指す行為」（恒川 1998：1）であり，特に第二次大戦後に突出した現象となったことは認めてよいだろう。多くの研究者が開発の主要なメルクマールとして，トルーマン大統領の就任演説に言及することからも，そのことは理解される。またその後半世紀にわたって，開発の世界的規模の拡大に大きな

役割を果たすことになる世界銀行も，アメリカの主導によって同じ頃に創設されている (1944年)。そしてこの動きに呼応するかの如く，新興国家の指導者たちも，国民統合のための主要なイデオロギーとして開発を採用してきた。少数のいわゆる先進国ではともかく，現在でも発展途上国では，開発は国家の有力なイデオロギーであり続けている (末廣 1998)。

しかしその一方で，大部分の国家において経済成長による「開発の成功」という物語が成立し得ないことも明らかとなってきた。むしろ国家による経済成長路線は，「国民」を構成するさまざまな集団の間での不平等な利益分配を生み，それが集団相互の暴力的対立をもたらしている (岡本 1996)。岡本はスリランカの事例を挙げているが，同様の指摘がインド研究者からも行なわれている (関根 1998)。バングラデシュ独立を持ち出すまでもなく，パシュトゥーンやムハージルのエスノ・ナショナリズムに絶えず揺さぶられてきたパキスタンも，またこの例にもれない。政府による計画的な開発が民族間の利益調整に失敗し，各民族による異議申し立てを呼ぶ。そして軍隊という暴力装置による運動の弾圧が，反動としてエスノ・ナショナリズムのテロリズム化を引き出してしまう。パキスタンが陥った悪循環である (Malik 1997)。

国家による開発の失敗が明らかとなる中で，西洋をモデルとする近代化論は行き詰まりをみせている。そしてこの文脈において，「オルタナティブな開発」と呼ばれるものが勢力を拡大してきた。その行動主体は国家ではなく，きわめて多様な個人や集団を包含する「市民」である。NGO[6]と総称される市民組織の中心テーマに掲げられているのは市場経済ではなく，人間生活である。そこでは経済成長よりも，社会開発——栄養や飲料水の確保，識字，保健医療，環境保全，人権の強化——を優先することが重視されている。また上からの押し付けではない，住民の自発的意思による参加が強調される (オークレー 1993；西川 1997；フリードマン 1995．特に南アジアのNGOによる社会開発に焦点を当てた研究としては，斉藤 1997, 1998 が挙げられる)。小規模な「草の根」の活動を行なうNGOは，ややもすると国家の大規模開発のアンチテーゼとされ，無批判に賞揚されてきた。しかし1995年の「国連世界社会開発サミット」において「経済成長から社会開発へ」という大きな潮流が創り出

された現在，NGOは国家，ドナー[7]と並ぶ開発の中の主要なアクターにまで成長したことが認識されるようになってきた。それと同時にNGOがドナーから受け取る資金量も増大の一途をたどりつつある。1970年代，ドナーからの援助はNGO資金のわずか1.5%を占めるに過ぎなかった。1990年代中葉に，この比率は30%にまで上昇している。NGOが独自性を保持し続けるには，むしろそのスケール・アップと国家やドナーに伍した組織運営力が要請されている（Hulme and Edwards 1997）。もはやNGOは「スモール・イズ・ビューティフル」を体現する存在として求められているわけではないのである。この決して容易ではない時代の要請に応えているNGOの1つとして，アーガー・ハーン開発ネットワークは登場してきた。すなわち，「アーガー・ハーンの開発」の特色の1つは，国家や世銀のような強力なドナーと互角にわたりあう組織運営能力にあると認識されている（籠橋 1988：182）。そしてもう1点，このNGO群に高い評価をもたらしているのが，社会開発において懸案となっている「住民参加」を引き出したということである。

　ここで注意しなければならないのは，アーガー・ハーン開発ネットワークが，明確な形でイスラーム的な理念を掲げて活動しているわけではないことである。それは一見，これまで論じられてきた宗教と開発の関係を裏切るものである。現在では社会開発と呼ばれる領域に包摂される学校や病院の建設と運営は，かつて植民地統治下のキリスト教の布教と密接に結びついていた。たとえば，オランダ改革派教会はジャワでの布教活動において，宣教と学校や病院の運営を，相補的な形で結びつけていた。文明化は，迷信に生きる原住民を真のキリスト教徒たらしめるために必要とみなされたのである。これらの福祉事業は大きく発展し，宣教師は担当地区の行政官の様相さえ呈していた（van Ufford 1998）。またローマ・カトリック教会も，植民地時代から世界各地の学校教育において重要な役割を果たしている。植民地の独立後も，布教とからめた社会事業は，姿を変えて存続している。

　また第二次大戦後，国家主導による開発に対してオルタナティブを提供するという形でも，宗教理念は開発と関係してきた。「解放の神学」はラテンアメリカの開発政策を，「現地の人々を近代人へと変容させるべき対象」とみなす誤りを犯したと批判し，貧者の視点から聖書を読み替えた認識論に基

づいて，人々を開発の主体とするよう主張した (Kessel and Droogers 1988)。仏教もまた，物質的繁栄のみを追求する近代化論を否定する理念として登場した。スリランカの農村開発に取り組むNGOであるサルボダヤ運動の場合，仏教理念である「万人の覚醒」から導かれる方法論を強調する。そこでの仏教は，「寺院と溜池」なる「伝統」を再興するための開発哲学として用いられている（メーシー 1984：24）[8]。タイやカンボジアでも，同様の事例が見出される（熊岡 1998；野田 1998）。

　イスマーイール派の場合，宗教と開発との関係が，これらの諸事例とは逆転しているかに見える。同派の事例から観察されるのは，宗派そのものが開発を通して自らを柔軟に変化させ，再創造していく過程である。そこではイマームのイメージさえ可変的であり，何か特にイスラーム的な理念を提唱し，それを実践しているわけではないとの印象を与える。村，NGO，あるいはイマームの発言，どのレベルにおいても，宗教的な理念や装飾は極力抑えられている。

　イスマーイール派が，なぜこのような形で開発へ参入していったのかを理解するには，イスラーム社会における同派の位置づけと，そこでの変化に対してどのような対応を図っているのかを見通す視点が必要になる。ここで参考になるのは，アーネスト・ゲルナーのイスラーム社会動態論である（ゲルナー 1991）。ヒュームやイブン・ハルドゥーンを援用しながら，彼は伝統的文脈におけるイスラームを，2つに枝分かれした部分の間の往復運動として理解する。一方の極は厳格な唯神論，聖典主義，禁欲主義，遵法主義，精神的平等主義からなり，都市の読み書き能力を有する学者層によって指導される。他方の極は，民衆的な変異形態であり，人物礼賛，つまり聖者とその子孫を崇拝することに没頭した（ゲルナー 1991：12）。近代以前において，イスラームは両者の間を振り子のように往復する傾向を持っていたが，イスラームが近代化に向かうに及んで，この振り子は外れてしまう。そしてイスラームにおける近代化は，外部への譲歩としてではなく，イスラーム内における正統的中心と逸脱的誤謬の間における古い議論の継続と完成として提示されることになった。読み書き能力の幅広い普及が望まれる時代にあっては，学者階級の提示する公的なイスラームが，全共同体を包摂する方向へと拡大し

ていくことが可能だったのである。すなわち，すべての信者が平等な接近の手段を持つという「プロテスタント」の理想への条件を満たすことになったのだった（ゲルナー 1991：28-30．なおアフマドはゲルナーの「振り子理論」の有効性を認め，南アジアのイスラームの分析に応用している。Ahmed 1986：ch.1 参照）。

　ゲルナーのモデルからは，聖典に拠りながら共同体の合意を尊重するという観念こそが，近代世界の特徴である読み書きや真面目さ，合理性，そして形式的平等性と親和性を持っていることが理解される。にもかかわらず，イスマーイール派はその対極にあって個人の神格化を生み出す，組織，指導性，血統という政治的観念に導かれながら，近代化に適応していったのである（ゲルナー 1991：第3章。同章はイスマーイール派とセネガルのムリッド教団の近代における「成功」の分析にあてられている）。ゲルナーもまた，神聖な権威を持つイマームの開明的な指導を重視する。合意を重んじる共同体には，思い切った改革が非常に困難なものであるのに対して，イスマーイール派のイデオロギーと社会状況が，劇的な展開を可能にしたとする。

　ゲルナーの結論は，ホージャの研究によってお馴染みのものとなっている。むしろ議論の前提としている，イスマーイール派の位置づけが重要である。つまり組織，指導性，血統の観念に従う同派は，近代化へと向かうイスラームの大きな流れ，すなわち聖典の尊重と精神的平等主義に反する形で発展してきたように，少なくとも外部からは判断されるところに位置している。実際にはその発展過程で，イスマーイール派内部でも大きな変革が生じているのだが，神聖なる世襲指導者であるイマームに従う限り，「正統的中心」からは「逸脱」と位置づけられてしまうのである。このことは「イスラーム復興運動」の過激な急進派である「イスラーム主義者」が，イスラームを政治問題化しようとする強い傾向を示すとき，イスマーイール派にとって避けて通れない問題となる。

　ここで言う「イスラーム復興運動」は，個人レベルの信仰の覚醒から，地域の草の根型の活動，学生団体やムスリム移民による組織活動，あるいは政府によるイスラームの経済化など，多様な潮流を包括する用語である。大局的にはゲルナーの示す「正統的中心」へ向かう大きな動きであるととらえられようが，場合によっては相互に緊張や軋轢を生みながら進行している。具

体的な事例としては,インドネシアにおける官民共同の結婚・離婚相談所制度(中村 1996.なお東南アジアにおけるボランティア活動のイスラーム的な立脚点については Siddiqi 1991 参照),学生団体から出発して大規模な組織に発展した「北米イスラーム協会」(山内 1995),礼拝やクルアーン教室からハラール食品の製造・販売,女性の手芸教室から巡礼にいたるまで,移民の生活領域のすべてをカバーする移民組織(内藤 1996;ルイス 1973),さらにパキスタン政府による無利子銀行の設立(山中 1988 b)なども加えられるだろう。

　一方「イスラーム主義者」とは,イスラーム国家建設のために,暴力や軍事的手段を採用することも辞さない,急進的な組織や集団を指している(大塚 1996)。その現代のイデオローグとして,エジプトのサイイド・クトゥブ(ムスリム同胞団幹部)と並んでしばしば取り上げられる人物に,パキスタンのマウドゥーディーがいる[9]。

　マウドゥーディーの率いたジャマーアテ・イスラーミーは,パキスタンにあってイスラームを政治問題に組み込むことに成功したが,その過程で起こったアフマディー派襲撃[10](1953 年)は,イスラーム主義者の非寛容的な姿勢をも明らかにした。その後 1970 年代後半から始まったズィヤーウル・ハックの「イスラーム化政策」もマウドゥーディーの思想に拠っていた。この時期にパキスタン国内では宗派主義が勢いを持ち,特にスンナ派とシーア派(十二イマーム派)の関係が緊張することになった(1980 年代前半における両者の緊張関係については,Ahmed 1986:ch.4 参照)。

　少数派に対して「異端」の烙印を押し,暴力行為も辞さないイスラーム主義者は,国家権力との緊張関係の中で,勢力の拡大縮小を繰り返してきた。その動向に対して,少数派でかつしばしば異端とみなされるイスマーイール派は何らかの形で対応しなければならない。イスラーム主義者の非難をかわすには,自己変革によってイメージを変えながら「イスラーム復興運動」を草の根レベルで支えているより穏健な諸勢力や,欧米の世俗的な諸組織と連携し,その立場を強化することが必要になるのである。神聖性を含意するイマームの血統を強調するのではなく,しかしその指導力の下に構築された組織の活動成果を,イスラームとは異なるコンテキスト——社会開発——において提示することの必然性は,こうして生み出されている。イスマーイール

派において，開発とイスラームはこのような錯綜した関係として現われてくる。

　ゲルナーがイスマーイール派と類比したムリッド教団の近年の変容は，この問題を考えるうえで大いに参考となる。同教団は NGO 活動をしているわけではないが，信徒が都市へ移住する過程で，農村で発達した教団組織ダウラは都市に適合した組織であるダヒラへと変形され，移植されていった。ダヒラのもたらすネットワークを利用することによって，ムリッド信徒たちは都市部でのインフォーマル・セクターに食い込み，商業的成功を獲得した。またこの過程では，教団指導者のハリーファ＝ジェネラルが，国家と信徒の間の仲介者として重要な役割を果たしている。同時に都市のインテリの間では，教団創設者アーマド・バンバの残したテキストを読み替え，その指導者像を地方のカリスマからより普遍的なものへと再創造する作業も進行している（小川 1998 ; O'Brien 1975, 1988 参照）。

　カラーコラムにおけるイスマーイール派の変容は，開発学研究が示す NGO の仲介による「山地農民の自立」という図式にとどまるものではない。イマームに発する諸制度が，地域の文脈においていかに具体化され，浸透しつつあるのか。それがイスマーイール派や周辺の他宗派住民の意識にどのような影響を与えているのか。さらに開発を通して獲得されるドナーからの積極的な評価や国家との協調が，いかにイマームの宗教的権威へと変換されているのか。村レベルのジャマーアトの動向から，これらの問題に光を当てることにこそ，本書の目的がある。

　開発の問題は，近年の人類学においても強く意識されている。人類学者は常に「開発の風景」の中に身を置いているとする認識から，開発を社会文化的な現象として記述する方向が模索されてきた（足立 1996 ; Woost 1997)[11]。たとえば，スーザン・ジョージと共同で，イタリアの人類学者ファブリッチオ・サベッリは世界銀行に関する研究を行なっているが，そこでは「世銀の行動だけでなく，価値観，文化，信条の体系，行きわたっている神話」についての検討がなされている（ジョージ＆サベッリ 1996:7)。さらに近年注目されている開発言説アプローチでは，開発を経験的・実体的過程とみるのではなく，歴史的に構成された言説の束とする。開発の概念——国家による経済

発展であれ，NGO の社会開発であれ——がいかに創造され，促進されてきたかの分析が試みられている（Grillo 1997）。これらの研究手法を念頭に置きながら，宗教共同体による社会開発の具体的事例を提示することによって，本書はイスマーイール派研究ばかりでなく，文化現象としての開発に関する議論にも貢献することができるはずである。

第4節　イスマーイール派調査の条件

　後述する宗派の概要からも理解されるように，物理的な迫害を受けかねない立場にあるイスマーイール派は，その教義や宗教儀礼の実践に関して秘密主義をとっている。このため非宗徒の研究者が一次文献へのアクセスを求めたり，フィールドワークによるデータ収集を行なおうとしても多くの制限が伴うことになる。近年のイスマーイール派研究は，主としてダフタレイやナンジーなどイスマーイール派宗徒自身の手によって発展してきた[12]。特にダフタレイの歴史研究（Daftary 1990）は，質量ともにイスマーイール派研究の画期をなす著作だが，その記述のもととなった広範な資料収集は，イマームの支援なくしては不可能だったと考えられる。彼はイマーム直轄の宗教教育組織で要職を占める人物である。

　一方，非イスマーイール派の研究者は，多くの場合対象に直接向かいあえないもどかしさを感じながら，現地調査を行なっている。たとえば矢島（矢島 1996），カイザー（Kaiser 1996），ウィリアムス（Williams 1988）の3研究者は，それぞれカラーコラム，タンザニア，アメリカで調査を行なっているが，宗教的事項に関する調査の困難さについて，異口同音に述べている。特にウィリアムスの場合，コミュニティ指導者のみとの会見にとどまり，一般宗徒へのインタヴューを許されていない。

　ただし場合によっては，非イスマーイール派の調査者にも「内部事情」に関する情報入手もある程度まで可能となる。ロンドンで調査を行なったクラークの論文には教義や儀礼に関する宗徒の意見が記述されている。彼はこの種の情報を，もはやイマームへの信仰を失ったが，しかしジャマーアト・ハーナへは通っているメンバーから入手したと推察される（Clarke 1976, 1978）。

家族と一緒に4年もの間カラーチーに滞在したパパネクもまた，多くの貴重な知見を得ている。彼女の場合，そもそも専門知識を持つ研究者として調査を行なったのではないことが幸いし，ホージャ・コミュニティの女性たちからかなりの程度まで受け入れられたようである。ファルマーン集や，珍しい宗教的なポスター等を入手している（Papanek 1962）。

私自身の調査の詳細については以下に記す通りであるが，やはりカイザーらと同様の困難を感じざるを得なかった。ただしカースト的な要素を強く残す都市のホージャよりも，農村部での住み込み調査の方が，人々の日常生活に深く接することが可能だったと考える。なお本論文のためのフィールドワークは，1993年8月から1995年11月にかけて行なった。調査期間中の日程は，**資料3**に示した通りである。主要な調査地域は，パキスタンの北方地域ギズル県，ギズル谷上流部である（**地図序-2，3参照**）。ここはまた，牧民のグジュル族を対象に，1984年，1986年，そして1988～89年と，私が繰り返し調査を行なってきた地域でもある。この時期の研究成果としては，子島（1988, 1992 a , b）を参照されたい。

対象をギズル地方の人口の大多数を占める山地農民に移行した際にも，以前からの友人たちの協力を引き続き得ることができた。中でもムハンマッディーン氏が食と住を提供してくれたおかげで，ピンガル村での長期滞在が可能となった。また同氏の他にも，各村に住む多くの知人が宿を提供してくれた。概して山地農民の生活環境はグジュル族のそれよりも快適であり，調査地での生活に適応することには何の問題も生じなかった。

ギズル地方の主要言語はコワール語であるが，調査の初期においてはパキスタンの国語であるウルドゥー語を使用した。コワール語を調査で使用し始めたのは，1994年の春からである。この言語間の移行もきわめてスムーズな過程として私には思い出される。ただし山地の言語状況の複雑さを反映して，調査では引き続きウルドゥー語と英語も併用した。

調査の初期において，私が最も注目していたのは，ギズル地方における「民族」の問題である。これまで文献において漠然と記述されてきたコー族（Kho）なる集団としてのまとまりを，実際にはこの地域の人口は持っていない。異なる時代に異なる谷から移住してきたさまざまな人物の子孫と主張

24 　序　　論

地図序-2　ギズル県とその周辺

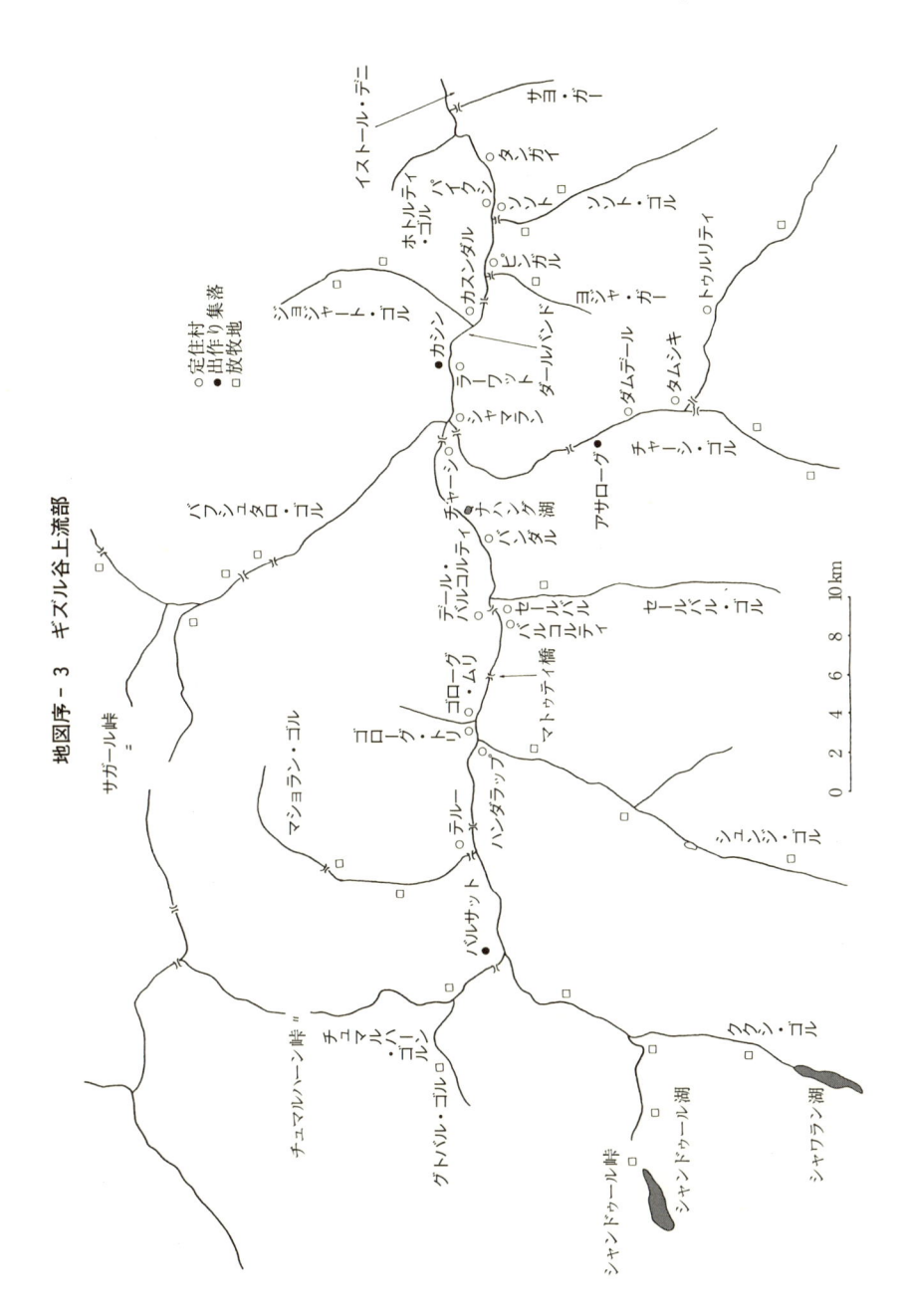

地図序 − 3　ギズル谷上流部

○ 定住村
● 出作り集落
□ 放牧地

0　2　4　6　8　10km

サガール峠
バラヨロ・ゴル
マジョラン・ゴル
ミ
チュマルハーン峠
チトバル・ゴル
グトバル・ゴル
バルサット
ハンダラップ
テルー
コローグ・ムリ
コローグ
マトゥティ橋
デール
バルコルティ
ナンガ
バレーン橋
バンゲ湖
セーバル・ゴル
シュイシ・ゴル
シャンドゥール峠
シャンドゥール湖
ラシュ・ゴル
ジャーシ・ゴル
ジャーシ
カジン
カスンダル
ホトルディ・コル
イストール・デニ
バクジ
ゴル
ソント
ゴル
ソント・コル
バルディ
トゥルリディ
ヨシャ・ガー
ダムデール
ダムシキ
チャーシ・コル
アサローグ
ガリ・ガー

する，父系出自集団であるカーム（*qam*）が無数に併存する状況がそこには見られた（Baig 1994 : part 1 ; Nejima 1998）。この多くの父系出自集団は，第2章で述べるように，かつては谷の支配者であるラージャーを頂点とする社会の中に階層化されていた。ラージャーとの関係において各出自集団が獲得した権益のあるものは今日でも慣習として継承され，生業の特徴や出自集団間の関係を律している。まずはこの慣習を把握することが，ギズル地方に発達した社会を理解する鍵であると感じられた。

その一方で，ラージャー制の解体以後，イスマーイール派の宗派組織やNGOが，地域を再編成する要の組織となりつつあることも，同時に看取された。ホストのムハンマッディーン氏はスンナ派だったが，ピンガル村住民の大多数は，ギズル川流域で一般的にそうであるように，イスマーイール派に属する。この地方で「アーガー・ハーンの開発」が深く浸透していることを理解するにつれ，カラーコラムの同派住民の宗派全体における位置づけ，組織構築を通して立ち現われてくるイマームとの関係などが，調査における重要な問題となった。

1994年中頃までの段階で，これら2つの課題は明確に認識されていた。前者に関しては，比較的スムーズに調査を進めることができた。しかし後者では，非常な困難にぶつかることになった。人々を山地農民ではなく，「イスマーイール派」という角度から観察しようとする調査視点そのものが，重苦しい沈黙や遠回しな拒絶によって，受け入れてもらえなかったのである。特にジャマーアト・ハーナでの礼拝に，非イスマーイール派の人間が参加することは厳しく禁じられている。また評議会を中心とする宗派組織の活動内容についても宗徒の口は重く，具体的な内容の多くを知ることはできなかった。

しかし，イスマーイール派の村（厳密には多数を占める村）そのものが，外部に対して完全に閉じているというわけではない。通りかかる旅人に対する彼らの親切な歓待ぶりはよく知られているし，先述したように比較的宗教色の出ない生活の領域に関する限り，さまざまな話題を提供してくれた。直接的に宗教生活についての調査を試みるのではなく，人々の山地農民としての生活様式——それはまた，都市部のホージャと異なるカラーコラムのイス

マーイール派の特徴としてきわめて重要な部分を占めている——を記録していくことで，宗派組織やNGOがいかに山地農民の社会に接合されているのかを理解する糸口が垣間見えてくることになった。さらにそこから，スンナ派とイスマーイール派のそれぞれが表明する微妙なニュアンスの違いを把握し，宗派意識の具体的な様相を理解していくことも可能となった。両者の関係を考察するうえでは，以前調査したグジュル族やホストの宗派がスンナ派であったことが，大きな示唆をもたらしてくれた。

　いずれにせよ，外部の人間にとってイスマーイール派の生活には閉ざされた側面が厳然として存在する。「信仰は個人の内面の問題だから立ち入って欲しくない」とは，村々やギルギットの町でしばしば聞かされた言葉である。調査時における私の基本的方針は，彼らの態度を尊重し，プライバシーを侵すような詮索は避けるというものだった。むしろこのようなイスマーイール派の「対外的な二元主義」と「内的なイマーム一元論」の使い分け，あるいはこの両者の関係の持つ社会的な意味を考察するように努めた。

　ここで言う「対外的な二元主義」とは，内面の信仰と世俗の活動を切り離して部外者に語る，イスラームとしては一見きわめてユニークな態度のことを指している。そして「内的なイマーム一元論」とは，信仰のみならず，彼らの言う「世俗」領域の活性化も，結局はすべてがイマームから出発して宗徒のもとに達するというジャマーアト内部で共有されている観念である。これを単にイスマーイール派特有の秘密主義とするのではなく，同派が社会開発で大きく取り上げられるにいたった重要な要素とすることが，本論文の基本的な立場ともなっている。

　なお次の点は，調査の限界として明記しておく必要があるだろう。すなわち，女性たちに長時間にわたってインタヴューしたり，その活動を参与観察することは，残念ながらほとんど不可能であった。このために女性の視点は，本書にはほとんど反映されていない。このことは，非イスマーイール派であり，外国人であり，かつ男性である筆者による調査と，それに基づく本書の限界である。

　イスマーイール派の内部で刊行されている資料としては，ウルドゥー語で書かれたカラーコラムの布教史を入手することができた (Hunzai 1991)。しか

しファルマーン集やイスマーイール派憲章の類を得ることはできなかった。都市部のホージャと違い，農村部であるカラーコラムには宗教文書（多くは英語で書かれている）そのものが，それほど多くは出回ってはいない。そしてまた，これらの文書を保管していると私が見当をつけた人々も，資料の開示にはきわめて慎重だった。求めに対して，たいていの場合は「そんなものは知らない」という答えが返ってくるのだった。個人的には見せたいと思った人もいたかもしれないが，それは個人の裁量を越えた行為だったのだろう。帰国後，フランスのイマーム書記局に資料請求を行なうと，NGO関連のものならば即座に送付されてきた（非常に親切で迅速な対応だったことを付け加えておきたい）。しかし宗教的な資料類に関する問い合わせには返事をもらえなかった。これらの資料を著作で引用している非イスマーイール派の研究者もまた，入手の際に資料の厳格な管理を求められており，コピー送付の要請には丁重な断りの返事がきた。

第5節　本書の構成

　この序論に続く本書の構成は次の通りである。まず第1部第1章では，調査地であるギズル地方におけるイスマーイール派の生活を検討する。同派の分布における調査地の位置づけから始まり，主要調査村であるピンガルの概要，出自集団であるカーム，そこに成立している地域共同体とその生業様式について記述する。ここで示される地域共同体の現代的要請にいかに応えるかが，実は「アーガー・ハーンの開発」の主要な課題ともなっている。この点を認識することによって，第6章で述べるNGO活動の必要性もより具体的に理解されることになる。またここでは，イスマーイール派の信仰生活についても可能な限り記述する。

　第2章では，本書に関する範囲で地域の歴史を遡る。年長者の記憶にとどめられているギズル地方のかつての姿を，1970年代初頭までカラーコラムにおいて主要な統治形態だったラージャー制――特に村レベルでのジルガ――を中心に再構成する。この2つの章によって，ギズル地方における社会変化の概要と今日の住民が直面する問題が明確になるだろう。

第2部では，イスマーイール派の系譜と近代における「再生」の過程を扱う。まず第3章で同派のイスラーム全体，および多くの系統に分裂しているイスマーイール派内部における位置づけを確認する。さらにそのうえで，「暗殺教団」のイメージとは大きく異なる，ホージャの近代における発展を追う。19世紀後半，ホージャの経済力を梃子(てこ)に，イマームの権威の再確立とジャマーアトの近代化がいかに果たされたかを明らかにする。

　続く第4章では，本論文の調査対象地域であるカラーコラムのイスマーイール派の歴史について述べる。まず，イマームの指導が直接届かない周縁部で発達したピール主導の宗派形態が，植民地主義の浸透に伴って変容していった過程を取り上げる。特にパキスタン建国後の移行過程は，ギズル地方のあるピールの半生を通じて記述する。第5章では，ラージャー制廃止後，ホージャの間で構築された宗派組織が，いかなる形で村々に接合されているのかを検討する。この点については，これまでの研究において十分な記述も検討も行なわれていない。しかしこれらの宗派組織こそが，ジャマーアトの核となる部分であり，NGO活動とも密接な関係を持っている。

　第3部では，「アーガー・ハーンの開発」を，村レベルとアーガー・ハーン四世の発言の両面から検討する。これによって宗徒とイマームの関係が，草の根の「住民参加」と「開発指導者」として表現されていることの意味を探っていく。

　第6章は，社会開発NGOの村レベルでの活動を扱う。ラージャー制の廃止後，先に述べた宗派組織とあわせて，NGO活動が実質的に地方行政を代行し，より効果的に機能していることを明らかにする。人々がその成功を語るとき，宗派組織は表面には現われず，主としてNGO活動が現行政府との対比の上に，「成功」として語られている。パキスタン政府の運営する地方行政は，宗派を問わず地域住民の必要を満たすことができなかった。そればかりか，その不作為と腐敗によって，政府に期待しようとする気持ちを人々から完全に失わせてしまっている。この社会的状況を背景に，「アーガー・ハーンの開発」は「成功」を収めている。

　ここでの活動には，いわゆる草の根のボランティア活動が組み込まれているが，それは既存の社会に何か少し付け加えるだけといった軽微な存在では

なく，社会を新しい方向に再編成する力となっている。そして宗派組織やNGO活動が多様で，かつ社会に深く浸透するとき，その影響もまた多方面にわたるものとなる。山岳地帯であるカラーコラムでは，言語，民族，宗教（宗派）がモザイク状に分布する。イスラームも，イスマーイール派ばかりでなく，シーア派，スンナ派，ヌール・バフシュ派などによって構成されている。そこで行なわれる社会開発が引き起こすのは，必ずしも協調ばかりではない。活動が地域で重要性を持てば持つほど，宗派間のギャップも生じるし，個人のレベルで優越感や反感が表明されることにもなる。イスマーイール派という特定宗派の主導する事業に対して，他宗派住民は自らの宗派への帰属意識を覚醒させ，反目や妬みを引き起こすかにも見える。NGOの活動が理念的には「非宗派」たろうとし，実用主義の方向を提唱していても，現実には——意図的であれ，無意識のものであれ——絶えずそこからのずれが生じている。調査地では，イスマーイール派はスンナ派と共生しているが，時に表われる両者の意識のずれが，考察のための重要な手がかりを提供してくれた。

　第7章では，アーガー・ハーン四世の開発言説を検討する。それによって，「アーガー・ハーン開発ネットワーク」の頂点に立つイマームと，パキスタンという国家や，世界銀行を中心とするドナーとの関係が理解されることになる。さらに，カラーコラムという地域の社会状況やイスラームをめぐる情勢においてNGOやドナーが構成する開発ビジネスの世界での言説が，いかに翻訳・変換されてジャマーアトの展開に結び付けられているかも明らかになるだろう。

　結論部では，それまでの議論を簡潔に整理するとともに，本書で明らかとなった論点の意義を再度確認する。

1) 本書で言う「カラーコラム」とは，**地図序-1**に示した地域，すなわち北方地域5県と北西辺境州チトラール県を指している。このうち，特にイスマーイール派の分布が集中しているのは，北方地域ギルギット，ギズル両県と北西辺境州チトラール県である。
2) 綾部（1985），岩村（1964），陳（1985）らの記述はその典型である。イスマ

ーイール派の民族構成は多様であり，その歴史は地域ごとに再構成されるべきものであるが，彼らは現在のイスマーイール派を無批判に「暗殺者の末裔」と決めつけている。
3) 植民地政府の司法制度を通して，イマームの権威の再確立が果たされたことは，他の研究者によっても繰り返し指摘されている（Clarke 1978; Masselos 1978; Morris 1958; Nanji 1974）。
4) 特にカラーコラムに関する記事としては,以下を参照のこと。*Economist*,14 November 1987; *Far Eastern Economic Review*,14 November 1991; *Financial Times*, 12 August 1991; *Geographical Magazine*, September 1988.
5) 1949年1月，同大統領はこう述べている。「科学の進歩と産業の発達がもたらしたわれわれの成果を，低開発国の状況改善と経済成長のために役立てようではないか」（関根 1998：93 より再引用）。
6) NGO とは，Non Governmental Organisation の略称である。NGO の定義は，地域や視点によって異なる（大橋 1996；籠橋 1998 参照）。本書では「開発活動に従事する民間の非営利組織」とする。
7) この文脈でのドナーとは，NGO に対して資金提供を行なう世界銀行や USAID などの援助機関を指す。ただし巨大 NGO の場合，一方で資金供与を受けながら，より規模の小さい NGO に対してドナーの役割を果たしてもいる。
8) ただし，仏教を活用するのは NGO の専売特許ではない。スリランカでは，国家事業である大規模灌漑プロジェクトにも仏教的な意味づけが与えられている。そして詳細に分析するならば，大は国民統合から小は政治家の売名まで，そこにはさまざまな思惑がこめられている（Tennekoon 1988）。
9) マウドゥーディーとジャマーアテ・イスラーミーに関しては，以下の文献を参照のこと。加賀谷 1992；中村 1997；Ahmed 1994; Khalid 1978.
10) アフマディー派は，19世紀末にパンジャーブでおこった，メシア再臨思想に基づく新興教団である（加賀谷・浜口 1977：276-7）。
11) 開発プロジェクトに人類学者が直接関与する開発人類学・応用人類学については，玉置（1988）や山森（1996）が論じている。
12) イスマーイール派宗徒——主として体制派——による研究は，多くの資料にアクセスし，かつ宗徒からの猜疑のまなざしにさらされることなく調査できる利点を生かし，高い研究水準を保っている。非イスマーイール派による研究でも，これらの著作は頻繁に引用されている。ただし，宗徒による研究では，どうしても現在の教義に関する記述が避けられる傾向にある。教義の改変問題が議論されるのは，宗派のトップクラスの会議においてであり，一般の宗徒が関知するところではない。このためフィールドワーク主体の非イスマーイール派研究者には，この点に関する情報を入手する直接手段は存在しない。また公

式な文書からは，すでに整合性を備えた形でしか情報を得られない。

第 1 部

ギ ズ ル
―― イスマーイール派の暮らす谷 ――

ピンガル村全景

第1章　今日のギズル地方

　本章では，調査を行なったギズル地方のピンガル村を事例として，峻険な山岳地帯で暮らすカラーコラムのイスマーイール派の生活について具体的に述べる。

第1節　カラーコラムにおけるイスマーイール派の分布

　カラーコラムにおける，大まかなイスラーム各宗派の分布は次の通りである（**地図序-1参照**）。まずシーア派（十二イマーム派）はギルギット県とスカルドゥ県で多数を占め，その推定人口は40万人である。スンナ派はディヤマル県とチトラール県に多く，シーア派とほぼ同数である。ヌール・バフシュ派はガンチェ県に集中し，10万人前後と推定される。
　イスマーイール派は，ギルギット，ギズル，チトラールの3県にまたがって分布する。その人口は，ギルギット県で6万8000人。これは県人口25万3000人（1994年推定）の27％にあたる。ギズル県では11万7000人（1994年推定）中，87％にあたる10万1000人が同派に属する。北西辺境州のチトラール県では総人口22万2000人（1988年）のうち，35％の7万7000人がイスマーイール派である（上記の人口は，Ali 1995およびIsrar-ud-Din 1995を参照した）。
　これら3県における同派人口は，それぞれ次の谷（水系）に集中している。フンザ川上流部（ギルギット県），ギズル川全域（ギズル県），そしてチトラール川上流部（チトラール県。うちロトコー，マスツージ，ムルコー，トールコーの北部4郡に集中）である。これらの谷は，いずれも周囲を5000～

8000 m の山々に囲まれており，自然環境は厳しい。

　この中でもフンザは，カラーコラム・ハイウェイの開通によって，北方地域の中心地ギルギットから容易にアクセスできるようになった。ラカポシ峰やバトゥーラ氷河など雄大な自然景観に恵まれ，バルティット古城が聳え立つこの「不老長寿の里」には，夏の間多くのツーリストが訪れる。さらにここを通って中国へ，あるいは中国からパキスタン平原部へと向かう主要交通ルート上に位置することもあって，1980年代以降パキスタンでも有数の観光地へと成長した（Kreutzmann 1995）。またかつてこの谷を支配したフンザのミール（*mir.* 支配者の称号）自身がイスマーイール派を奉じ，ラージャー制の時代からイマームと連絡を取り合っていたことがフンザにとって有利に働き，カラーコラムのイスマーイール派の中でも代表的な存在となっている。

　フンザに比べると，後二者はアクセスが困難である。現在ギズル川，チトラール川双方でトラック道路の建設が進められている。しかし完成にはさらに10年近い歳月を要すると思われる。今でも，それぞれの地方の中心であるギルギットとチトラールへの交通の主力は，ジープに頼っている。谷の上流部では定期的に運行する交通機関が存在しないため，数十kmの山道を歩くこともしばしばである。冬の終わりには，山道が雪崩で寸断状態になる。観光資源にもフンザほど恵まれていないため，訪れる旅行者は少ない。

第2節　ギズル地方

　先に確認したように，カラーコラムで最も多くのイスマーイール派人口を抱えるのがギズル川水系である。ギズル谷の本流部の長さは212 km，シャーンドゥール峠から北方地域の中心地ギルギットへ流れ込む。ヤスィーンとイシュコマーンその他の支谷を併せた総面積は1万1772 km²に達するが，その大部分は人の住まない山岳地帯である。

　この水系は，ラージャー制の国々の旧領土に従って4つに分けることができる。すなわち，下流部のプニヤール，上流部のギズル（クー＝ギズル），そして2つの大きな支流であるヤスィーンとイシュコマーンである（**地図序-2**）。かつて19世紀後半には，ギズル谷全域がヤスィーンのホシュワクト

家の支配下にあった。しかし，ホシュワクト家がカシュミール藩王国とイギリスの連合勢力に敗れた結果として，その領土は以上の4つに分割された。これらの諸地方は，現在でもギズル県下の郡（*tehsil*）を形成している。

　この長く伸びる谷では，複数の言語（シナー語，コワール語，ブルーシャスキー語，ワヒー語など）が話されている。集約的な調査を行なうには1か所にとどまり，このうちの1つを修得する必要がある。私が選んだのは，主としてコワール語が話されている谷の上流部のギズル地方（**地図序-3**）であり，特にピンガル村とその周辺村落で集中的に調査を行なった。序論でも触れたように，この地方の枝谷であるチャーシ・ゴルで，私は1984年からグジュル族を調査していた。このためこの地方には多くの知人が存在し，円滑に受け入れてもらえる環境が整っていた。

　ギズル地方は四方を峻険な山々に囲まれている。ここでは基本的に，岩壁に挟まれた川の流れが続いている。そしてときおり思い出したように，割合と広い平坦地が現われる。その様子を，1930年代にこの地を歩いたショーンバーグは次のように描写している。

> 　ここは概して単調で，並みはずれた量の岩と石で埋まっている所である。質の良い牧草地も僅かにあるが，木はほとんどなく，むき出しの空地がもの寂しく広がっている。……われわれはいくつもの崖をめぐり，谷の上に張り出した突出部を越え，何も見るべき景色のない中を，ぎらつく太陽と岩からの照り返しにいらいらしながら，とぼとぼと歩いた。……
> 　そのうち谷はしだいに広くなり，岩壁に挟まれて流れていた川にかわって，ポプラと枝垂柳と野バラがはえている緑の土地が見え，気分も楽になってきた。その広がりの中に割合と広い平坦地があったが，それはすでに農地としては使われなくなっていた。多くの労力と費用をかけて作ったクル，つまり灌漑用水路が壊れてしまい，この気持ちの良い土地は使われなくなってしまったのである。ここではすべてが灌漑に頼っているので，人々がどんなに怠惰であっても，自分たちの灌漑設備に対しては多くの労力を払ったに違いない。見上げると細い小さい用水路や溝が高い崖の中間を通っている。それはある所で垂直の岩壁を横切って支

柱で支えられていたり，また別の所では石を積み上げた高い壁の上に作られていた。水路はいくつもの谷を廻って尾根の上を流れるようになっていた。それは人間の成し遂げた全く驚くべき離れ業であった。
　……活気はないがかなり大きなピンガルの村に着いた。ギズルに入るとチトラールの影響に気づくのだが，ここでもチトラーリーあるいはコワールという言葉を話している。……ピンガルを過ぎると谷は狭くなって，谷を横切るように作られている障害物のダールバンド，つまり石の壁があった。これは昔の山地民の戦争によく使われた構築物で，その頃は価値があったのだろう。……この石の壁を越えると谷は再びラーワットの村の辺りで大きく広がり，山の端はなだらかになり，土地は広がりをもってきた。しかしギズルは木がまばらで，穀物はさらに乏しくなり，生活がことのほか厳しい高地だということがわかった。(ショーンバーグ 1985：42-5 に基づくが，地名表記は本書にあわせる形で改めてある)

　ギズル地方では降水量が 100 mm 前後と絶対的に少ない。ショーンバーグが強調するように，灌漑水路の維持が可能である限りにおいてそこは集落となり，農地として利用される。村を開くに足る平地は，ほとんどの場合ギズル川よりも高い場所にあるので，本流から直接には水が引けない。断続的に分布する定住村の多くは，ギズル川とその支流の枝谷が合流する地点に位置している。合流地点であれば，枝谷から村までの灌漑水路の距離が比較的短くてすむからである。距離が短いほど毎年の補修維持も容易である。
　コワール語では，このギズル川沿いの定住村の部分をデ (*deh*) と呼ぶ。そしてその対となる枝谷はゴル (*gol*) である。ギズル川沿いの村々はすべて，このゴルを存立の基盤としている。そこから流れ込む水が灌漑や飲料水を提供する。ゴルの植生は薪や建材となり，その上流部のわずかな平地が夏の家畜放牧地として利用されている。このような自然環境の構成は，村落の立地から放牧のパターン，あるいは燃料となる樹木（実際には生木ではなく枯れ木）の使用量に関する慣習の取り決めなど，資源利用の面から社会のあり方を強く規定している。すなわち，境界のはっきりした定住村，資源利用を共有する単位である村落群（後述する区割り），そしてかつて谷ごとに成

立していた小王国と，きわめて地縁的な結びつきの強い共同体が発達してきた。このことは，カラーコラムの諸水系に共通する特徴である。

第3節 ピンガル村

ピンガル村は，このようなギズル地方のデの1つである。標高はおよそ2400m，ギルギットから140km上流に位置し，ジープで10時間ほどの道のりである。世帯数59，人口596人である（1994年9月現在。**図1-1-1**および**概念図1-1-1**参照）。このうちイスマーイール派は8割を占める。村の中心

図1-1-1　ピンガル村人口統計（1994年10月現在）

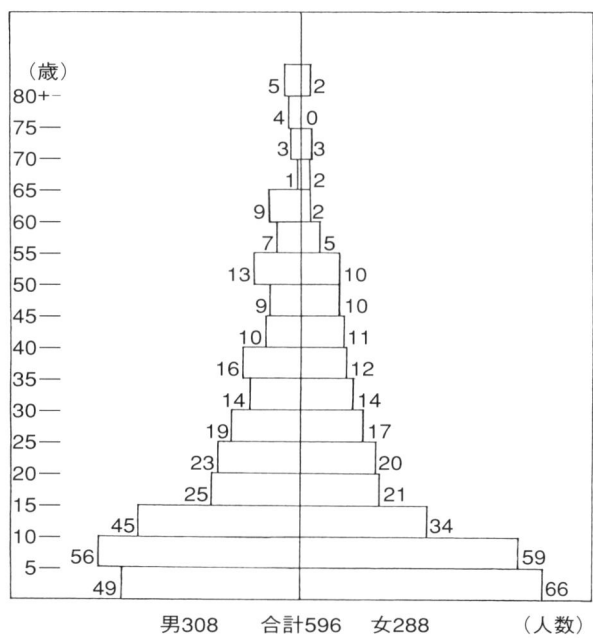

歳	男	女
80+	5	2
75	4	0
70	3	3
65	1	3
60	9	2
55	7	5
50	13	10
45	9	10
40	10	11
35	16	12
30	14	14
25	19	17
20	23	20
15	25	21
10	45	34
5	56	59
0	49	66

男308　合計596　女288　（人数）

部にはジャマーアト・ハーナが位置し，その周りにアーガー・ハーン保健事業の診療所，アーガー・ハーン教育事業のダイヤモンド・ジュビリー学校（DJ学校）が立ち並ぶ。典型的なイスマーイール派の村の風景である。

この村でイスマーイール派が多数を占めることは，山腹に大書された文字からもわかる。

WELCOME OUR HAZIR IMAM（歓迎，われらが時のイマーム）

1980年代初頭のイマーム来訪に敬意を表し，ヘリコプターから見えるよ

40　第1部　ギズル

概念図1-1-1　ピンガル村

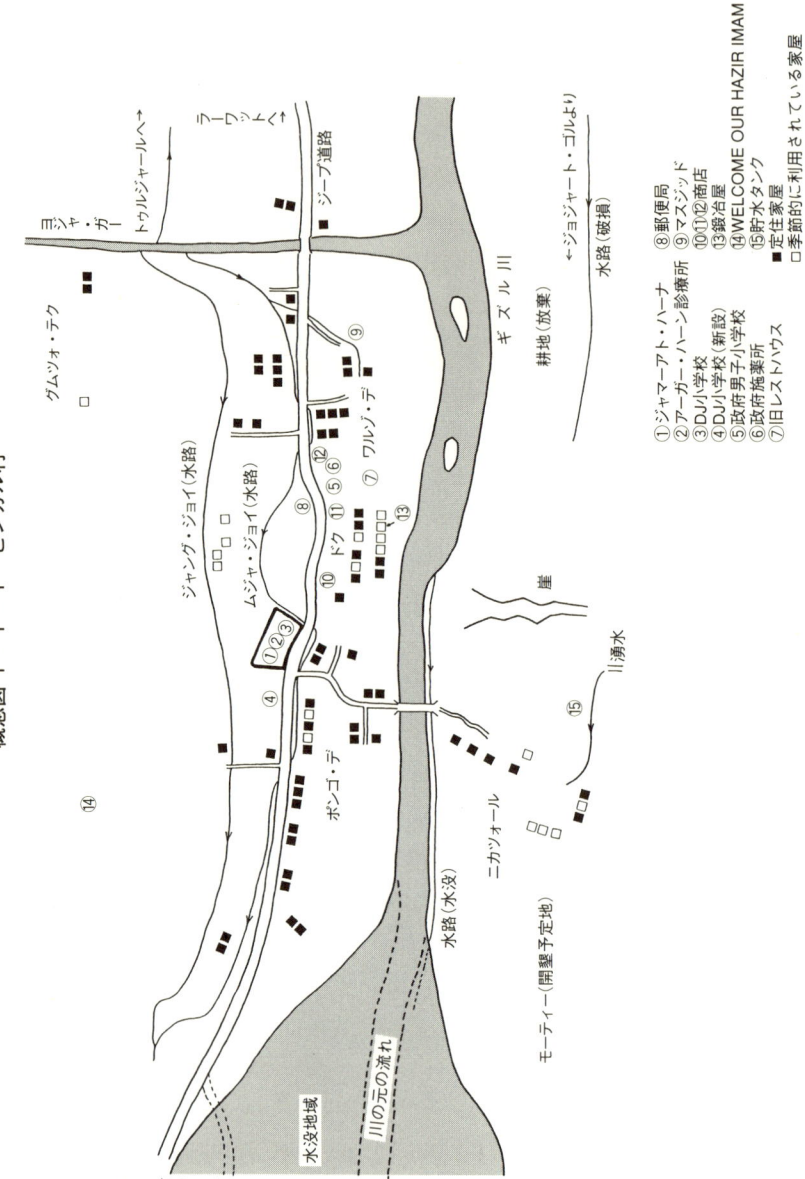

①ジャマーアト・ハーナ
②アーガー・ハーン診療所
③DJバ学校
④DJバ学校（新設）
⑤政府男子バ学校
⑥政府施薬所
⑦旧レストハウス
⑧郵便局
⑨マスジッド
⑩⑪⑫商店
⑬鍛冶屋
⑭WELCOME OUR HAZIR IMAM
⑮貯水タンク
■住家屋
□季節的に利用されている家屋

うにと，宗徒がペンキを塗った石を並べて作ったものである。このときアーガー・ハーン四世は，ここから 20 km ほど上流のパンダル村に着陸し，宗徒の前で短い英語のスピーチを行なった。そして「子供たちを学校に行かせなさい。その後のことは私が責任を持ちます」と宗徒を諭すと，再び飛び去ったという。

1　イスマーイール派としての村人

　ギルギットから遠く離れたピンガル村は，カラーコラムに典型的な農村であり，そこで展開されている生活も，農民のそれである。この地方の人々は，男も女もみなシャルワール・カミーズ（*sharwar kamiz*）を着用しており，その外見からイスマーイール派宗徒を識別できるわけではない。同派の成人男性は，一部のスンナ派に特徴的なあごひげを長く伸ばす習慣を持たない。しかしスンナ派でもこざっぱりした口ひげだけで，あごひげは剃っている人がこの地方には多いので，これによっても確実に宗派を見分けることはできない。女性の場合も外見から判断するのは難しい。全身をすっぽりと覆うブルカを被っていればスンナ派とわかるが，私がそのような女性を目撃したのは，1度限りである（1995 年，ヤスィーン谷）。外見や野良仕事に励む人々の姿からは，その宗派を言い当てることはほとんど不可能である。

　しかし，客間に通された瞬間に，その家の宗派ははっきりとする。イスマーイール派の家には，必ずと言っていいほど，イマームであるアーガー・ハーン四世の写真が飾ってあるからである。即位したばかりの頃の若々しい青年期から，髪はかなり後退しているが柔和な表情の中に貫禄を漂わせている壮年期まで，実にさまざまな時期のイマームの写真が大切に飾られている。そして家の主人が誇らしげに紹介してくれる。

　「我らがイマーム，ヒズ・ハイネス・プリンス・カリーム・アーガー・ハーン！」

　しかし，イマームがパリに住んでいること，学校や診療所を作り，あるいは組合の活動を支援して生活の向上を導いていることは教えてくれても，教義に関する位置，すなわちイマームとは何ぞやという質問に答えが返ってくることは決してない。

ジャマーアト・ハーナ
庭では、DJ学校の青空教室が開かれている。

　他宗派と比較してイスマーイール派を特徴づけるのは、この教義の秘密保持であり、宗教儀礼の閉鎖性である。イスマーイール派の礼拝はジャマーアト・ハーナで行なわれる。そこはイスマーイール派だけに許された排他的な空間である（スンナ派住民もそのことはよく承知している）。このジャマーアト・ハーナは、どのイスマーイール派の村に行っても、すぐに目に付く場所に建てられている。フンザ谷で調査をした矢島は、ジャマーアト・ハーナの構造について具体的な記述を行なっているが、これはそのままピンガルのジャマーアト・ハーナにも当てはめることができる[1]。私が見た限り、カラーコラムの村々にあるほとんどのジャマーアト・ハーナは、同一の建築様式のもとに建てられている。一目見てすぐそれとわかる、コンクリートで作られた堅牢な建物である（ただし、小さな集落では、住居と同じ土と石で固めた、古いジャマーアト・ハーナを見かけることがある）。

　1度許可を得て、側面にあるベランダから窓を通して中を覗いたことがある。司会用のテーブル、掛け時計、そして向かい側の壁にイマームであるアーガー・ハーン四世の写真が飾ってあった。覗いた側の壁にも、イマームの写真があったはずである。主要な宗教儀礼はここで行なわれるが、非宗徒による観察が許されることはない。以下の記述は、アウトラインを示すために、ごく限られた観察と、複数の宗徒の語りをつなぎあわせたものである。

　イスマーイール派は1日に3回礼拝を行なう。ただし後半の2回は続けて行なわれる。アザーンによる礼拝の呼びかけはない。早朝と夕方の2回、宗徒は男女を問わずジャマーアト・ハーナへと向かう。建物の正面には、男性用と女性用、2つの入口が並んでいる。実際にジャマーアト・ハーナを訪れる若い女性は、比較的少ない印象を受けた。1回の参加者は20～30人ほど

である。宗徒の中から任期限定で選出されるムキとカムリヤが礼拝の司会を務める。礼拝では必ずドゥアー (*dua*) が唱えられる。イスマーイール派のドゥアーとは，ファーティハで始まり歴代イマームの名前で終わる，6部構成の定型の祈禱文である。各パートの最後では，頭を下につけて平伏する行為が繰り返される。なおドゥアー全文は，ラッタンジー論文 (Rattansi 1987) に資料として収録されている。

礼拝中，男性と女性は部屋の左右に分かれて座っている。そして最後に，両隣の相手と相互に手をつないで，兄弟あるいは姉妹であることを確認する。金曜日やチャーンド・ラート (*chand rat.* イスラーム暦各月の初日夕方) の礼拝には，より多く数十人が参加する。これらの礼拝においては「清浄な水」(*ab-e-safa*) が配られる。イマームから届けられる白色の水を薄め，参加者で分け合い飲むのである。イマームのファルマーンの読み上げも，やはり礼拝の際に行なわれる。

イスマーイール派が対外的に表明することはなくても，次のことはここで確認しておいてよいだろう。アーガー・ハーン四世は紛れもないアリーの直系であると信じられている。と同時に歴代のイスマーイール派イマームは，ムハンマドの直接の後継者であるアリーと精神的には同格の存在であり，それは第49代イマームであるアーガー・ハーン四世にも当てはまる (Hunzai 1984. なおシーア主義におけるアリーの位置については，嶋本 1985を参照のこと)。

またカラーコラムのイスマーイール派を代表する宗教学者フンザイーの詩には，宗徒にとってイマームがいかに絶対的な存在であるかが端的に表現されている。その第1節と最終節は次の通りである (Kassam 1996: 124-5)。

The Slave of Mawla Ali

I am the slave of Mawla Ali,
of Shah Sultan who is my Ali;
my obedience, pilgrimage and prayer,
my religion and faith is Ali.

> Know that the Ali of our time
> is Sultan Muhammad Shah, who
> is generous in both the worlds,
> and the king of all kings.

　この詩が創作されたのは，スルターン・ムハンマド・シャー，すなわちアーガー・ハーン三世の時代である。このため，作者の忠誠は三世へと向けられている。しかし現在にあっては，それは当然アーガー・ハーン四世に対して表明されるべきものである。

　一方，スンナ派の礼拝は，後述するハキメーの屋敷の一隅，客室に隣接する部屋を用いて行なわれている。村のスンナ派人口が少ないので，マスジッドとして作られた専用の建物はない。時間になるとアザーンが告げられ，通常数人，多くても10人程度の男性たちが礼拝を行なう。山地農民として多くの共通点を持つ村人は，礼拝の場面ではイスマーイール派とスンナ派にはっきりと峻別される。両者が交わることはない。

　しかしイスマーイール派とスンナ派に分かれていても，村人が皆同じ地域共同体に属することは，婚礼や葬儀といった社会的場面において表現されている。婚礼の祝いの食事，あるいは楽士の演奏に合わせて夜更けまで続く祝いの踊りは，宗派に関係なく同席して楽しむ場となっている。これには親族や友人ばかりでなく，そのとき村に居合わせた人間も招待される。葬儀においても，宗派に関係なく集まった男性たちが埋葬作業を行なう。その後，家族によって振る舞われる食事にも両者は参加する。あるイスマーイール派の40日忌（*chahlum*）では，クルアーンの一節が2人の男性によって順番に唱されたが，彼らはそれぞれスンナ派とイスマーイール派に属していた。ギズル地方ではまた，男性同士が友情を深めたり，相手に対する尊敬を表現するために，宗派を超えてしばしば乳兄弟（*chir brar*）の関係を結ぶ。[2]

2　社会組織

　先に述べたように，ギズル地方はデとゴルから成り立っており，ここでの資源利用が，現在でも定住村や村落群といった地域共同体のあり方に大きな

影響を及ぼしている。まず定住村について，ピンガル村を事例に見ていきたい。

村の人口は，表1-1-1に示したように，複数の父系出自集団カームから成る。それぞれのカームは，周辺の谷から異なる時期に移住してきた男性に出自をたどるため，相互に系譜上の結びつきはない。主要村での聞き取りだけからでも，カームの数は60を超えるが，ギズル地方全体ではおそらく100以上のカームが存在する（Nejima 1998．表1-1-2）。これらのカームを，さらに上位で統合するような系譜関係は存在しない。

さて，ピンガルに現存するカームで最初にやってきたのは，ビルゲーであるとされる。このカームに属するパイクシ村のアーリム・ハーン老人は，次のようにその由来を語っている。彼の話を順次たどりながら，カームの特徴を述べていきたい。

> 我々の祖先はチラースに近いゴール谷の出身だ。ゴールにいた我々の祖先の名前はグヨ。その子孫はゴールにもいるし，ダーレールにもいる。ゴールからその子孫がダンガリ（*Dangali*．ダーレールとターンギール谷を指すコワール語）へ。ダンガリでは，我々のカームはグエと呼ばれている。あちらはスンニー。
>
> ダンガリから我々の祖先にあたる兄弟2人が，さらにこの国へ。ここにやってきたのがビルゴ。その子孫がピンガルにいる我々だ。ビルゴには2人の兄弟がいた。1人には子供がいなかった。もう1人の子孫は，ヤスィーンのツイにいる。我々はここに来てイスマーイーリーとなった。ビルゴがイスマーイーリーになった。ビルゴからニティロ，マナ，ムルカリー，マナーゴ。その息子が私の祖父のガーズィー。その息子が私の父のディナール。そして私アーリム・ハーンである。（1995年5月23日，パイクシ村）
>
> （ママ）

まず，カームの名前は，ビルゴ（Birgo）の子孫がビルゲー（Birge）というように，通常は始祖の名前に接尾辞 e をつけたものとなっている。シェールカーンの子孫がシェールカーネー，シュムルの子孫がシュムレーといった

表1-1-1 ピンガルのカーム

カーム	世帯数	人口	宗派	ラージャー制期
ホザレー	13	128	イ派	ハシマット・ディヤック
ラタセー	12	124	イ派	パタニ
ビルゲー	11	81	イ派	ハシマット・ディヤック
シェールカーネー	11	106	イ派8,ス派3	パタニ
ハキメー	3	66	ス派	ハキーム
シャレー	2	26	ス派	
シュムレー	2	23	イ派	
ガダイー	5	42	イ派2,ス派3	
合 計	59	596	イ派48,ス派11	

イ派=イスマーイール派,ス派=スンナ派(1994年10月現在)

表1-1-2 ギズル主要村のカーム

ダヒマル	アバジェー,ギルキセー(=ギルキス),クンシューレー,シェールカーネー,チャデー,ブデー,マクサーテー,ムケー,ワリエー
ピンガル	シェールカーネー,シャレー,シュムレー,ハキメー,ビルゲー,ホザレー,ラタセー
シャマラン	アラメー,シェフニエ,ショボケー,ダシュマネー,チュマレー,ドシェー,パグエ,ハージャ(=ピール),バルグエ,ボヘー,ホレー,ムラダーレー,ラデー,ワリエー
チャーシ	アラメー,シュムレー,スケー,ダリエー,チュマレー,チョロテー,ティネー,バエハーネー,ハキメー,バラケー,ボヘー,ホレー,マハジャーネー,ムラダーレー,ラタセー,ワリエー
パンダル村バルコルティ(=ドロマル)	ギリテー,ジカネー,シャムシェーレー,シュカエー,シュムレー,スケー,ドベー,ドーラット・ショエー,ドーラネー,ブエ,プテー,ホジェー,ボジョケー,ボドンゲー,ホネー,マハジャーネー,ムニエ,ラデー,ラバカーネー,ラマネー,ワリエー
ハンダラップ	コズィエー,ザレー,シュカエー,トンゲー,バロシェー,ブティエ,マサフェー,ムケー,ワリエー
テルー	ショボケー,チョロテー,ドベー,バドレー,ブティエ,ホネー,マショレー,ヤラケー,ワリエー

具合である。さらに出身地（ギルトからギリテー。ギルトはギルギットのコワール語名），あるいはラージャー制の官職（ハキームからハキメー）に由来する場合もある。

　アーリム・ハーンは自分をカームの始祖ビルゴから7世代目に位置づけている。また他のカームの成員も，ビルゴの子孫であるということは認めるが，実際に出自をたどっていくと，彼らから3世代より上の系譜関係はあいまいになる。また系譜を何らかの形で証明する文書記録は存在しない。これらの点はほとんどのカームに共通する（**図1-1-2**参照）。しかし幸いなことに，ピンガルではラージャーの代官であるハキーム職を代々輩出したハキメー・カームが文書を保持しているため，19世紀末以降ならば，語られている事柄が起こった年代を絞り込むことができる（**図1-1-3**および**資料4,5**参照）。

　ビルゲーはヤーギースターンのゴール谷起源で，ダーレールを経て，ギズルへとやってきたとする。ギズル地方のカームにはこのビルゲーのように，ヤーギースターンから流入してきたと主張するものが多い。ホザレーはサイ谷，ハキメーはフドル，シュムレーはチラース，そしてシェールカーネーはビルゲーと同じゴール谷に起源を求める。これらの谷は，**地図序-2**の右下端，インダス川流域のブンジとチラースの間（ただし対岸部）に位置している。

　ピンガル村で，コワール語の中心地であるチトラール地方からの移住を主張するのは，ラタセーとシャレーである。前者はアフガニスタンとの国境に接するナルサットから来たとする。後者はシャーンドゥール峠のすぐ向こう側に位置するラスプールから移住してきた。

　ヤーギースターン起源を主張するカームは，ギズル地方ではピンガルに限らずきわめて多い。この起源の主張を直接証明する文書資料は存在しないが，イエットマーによる報告は，おそらくこのような移住が実際にあったことを示唆している（Jettmar 1980）。すなわち，ヤーギースターンでは，その住民の隣接地域への移住を強制するメカニズムが働いており，これがギズル地方への不断の人口流入を生み出したと考えられる。

　イエットマーによれば，ヤーギースターンの谷ごとに成立している共同体では，「ジルガ」と呼ばれる評議会が日常の紛争を解決することになってい

図1-1-2 ピンガル村主要カームの系譜

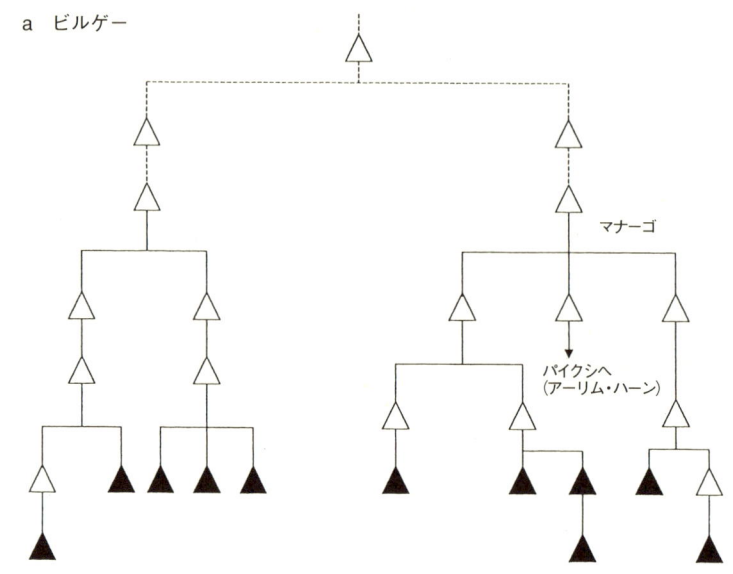

a　ビルゲー

マナーゴ

パイクシへ
(アーリム・ハーン)

(注)　点線の部分に関する記憶はあいまいである。▲は，現世帯主を表わしている（以下の図においても同様）。

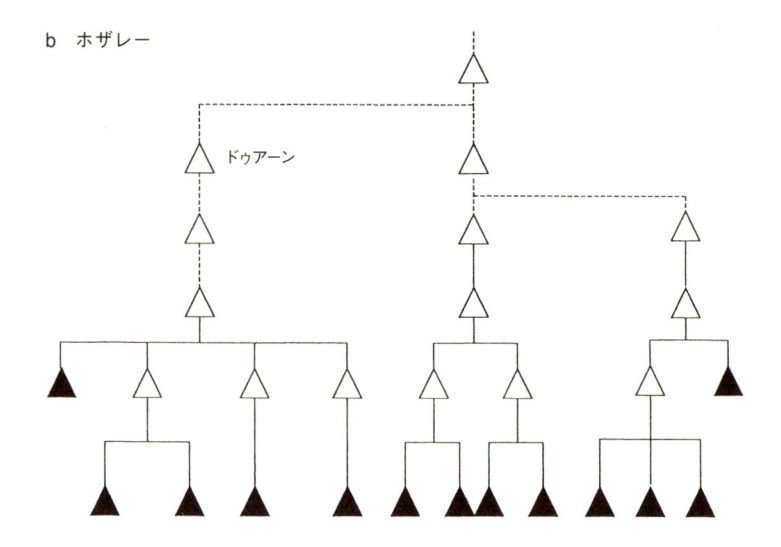

b　ホザレー

ドゥアーン

c　ラタセー　　　　　　　　　　　　　アタレグ・ムラード

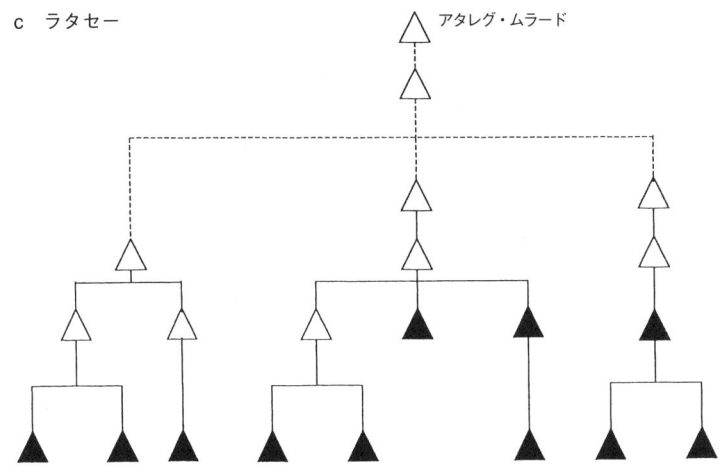

（注）　さらにもう1世帯が洪水後にソトから移住。

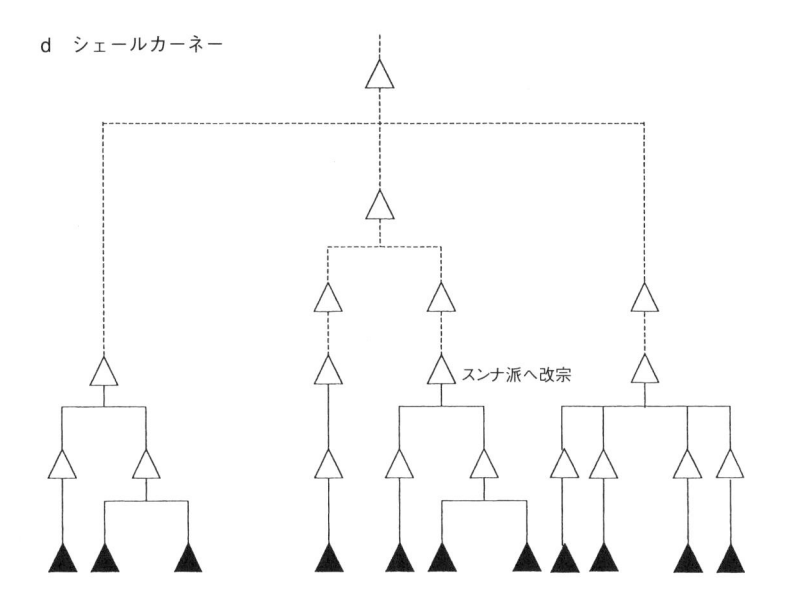

d　シェールカーネー

スンナ派へ改宗

図 1-1-3　ハキームの系図

スポ
｜
△ ?
｜
スコ
｜
△ ?
｜
ドーラット
｜
ラフマット（1890年頃没）
｜
メヘルバーン・シャー（1900年頃没）
｜
ラガール・シャー（1936頃年没）
｜
ムハンマド・ヤクート・シャー（1995年没）

（注）ドーラットよりも前の世代に関する出自の記憶はあいまいである。

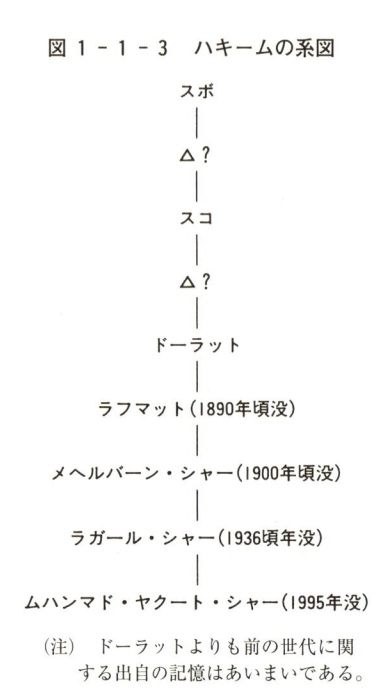

る。重要な決定は，複数の村，あるいは谷の代表者が合議する大ジルガによってなされる。しかし実際には，この体系が大した効果を発揮しないため，派閥間のあらゆる種類の復讐はなされるがままとなっている。

統一政体を持たないヤーギースターンでは大小の争いが続けられたため，周囲への避難民もまた絶えなかった。その結果としてギズル地方にも多くの人間が流入し，現在の多様なカームを形成する一環を担ったと考えられる[3]。さらにこのことは，イスマーイール派への改宗が，何百年も以前に遡るものではないことを示唆してもいる。

ここで宗派とカームの関係を考えてみたい。カラーコラムでは，ギズルやその西に隣接するチトラール，あるいはフンザといった諸水系においてイスマーイール派の布教が行なわれてきた。これに対してヤーギースターンの谷々はパシュトゥーン人の部族地域に隣接しており，そこではスンナ派の影響が著しく強い（Staley 1969）。過去にイスマーイール派の布教が行なわれた形跡はまったくない。

ピンガルでは，かつて一時的にせよ，主要カームのすべてがイスマーイール派に属していたことが村民の間で認められている。ヤーギースターン出身の主要4カームの祖先たちが，ギズル地方への定着後に，イスマーイール派へと改宗したというのである。そしてハキメーとシェールカーネーの一部が今日スンナ派であることは，その後イスマーイール派の一部がスンナ派へと変化したことを示している。この宗派変更がいかに起こったかは，それぞれのカームにおいて語り継がれている。

ハキメー・カームの祖先スコはヤーギースターンからパンダル村に移住し

シャーンドゥール峠でのポロ

た。そしてその村の未亡人と結婚し，イスマーイール派となった。スコの子孫であるスケー・カームは，今日までイスマーイール派である。しかしスケーの中から，スンナ派へと宗派を変更する人物が現われた。ホシュワクト家の最盛期を作ったメヘタル（ラージャー），ゴーハル・アマーンの重臣として活躍したラフマット（1890年頃没）である。彼がスンナ派となった時期は19世紀中葉であると考えられる。ホシュワクト家のワズィール（*wazir.* 大臣）やハキーム（*hakim.* 地方代官）として活躍したラフマットの子孫は，その後スケーから分かれて，新たにハキメーを名乗るようになった。その成員すべてがスンナ派である。

シェールカーネー・カームは自らをゴール谷の出身とする。シェールカーネーもまたギズルに移住後，イスマーイール派へ改宗したとする。現在スンナ派となっているシェールカーネーの成員によれば，スンナ派へと宗派を変更したのは彼の祖父である。この祖父はグピスのグラーブ・シャーに同行し，ターンギール谷でイスラームを学んだ。グラーブ・シャーはやはりシェール

カーネーに属するが，1912年にクー＝ギズル国が作られた際，ワズィールに任命された人物である。この変更が比較的最近であるため，ピンガルのシェールカーネーでスンナ派に属するのは3世帯のみである。

ハキメーとシェールカーネーの双方において，宗派変更者が支配層への上昇を果たした人物，あるいはその従者であることは，宗派変更がスンナ派の支配者に対する忠誠を示す政治的行為だった可能性を示している。また**資料6**からは，19世紀後半までイスマーイール派も対外的な布教活動を行なっていたことを知ることができる。つまり1世紀ほど前のギズル地方にあっては，宗派変更はそれほど珍しい現象ではなかったことが推察される。

これに対して，本人あるいは父親の代にピンガル村へ移住してきたスンナ派は3世帯あるが，もはや彼らがイスマーイール派となることはない。今日，他宗教，他宗派への移行は，スンナ派においては死をもって償われるべき重大な違反行為である。またイスマーイール派は，他宗教および他宗派からの改宗を原則として認めていない。ただし同派から他宗教・宗派への改宗は許されている。

さらにアーリム・ハーン老人の話を続ける。

　ビルゴが来たとき，ここピンガルには誰もいなかった。良い場所だった。水はたっぷり。土地は肥え，薪もある。1人がこれを見て，もう1人のところへ行って言った。
　「おい兄さん，いい場所がある。あそこに住もう」
　それ以前には誰も住んでいなかった。我々とカースィムの，つまりドゥアネーの祖先が一緒に来た。
　　ホザレーの祖先の名前はドゥアーン。ドゥアネーはその子孫。彼らはかつてチトラールで団結していたが，あるとき喧嘩がもとで別れた。ホザレーは後からつけた名前だ。そしてポンゴ・デ (*pongo deh*. 下村) は我々が，ワルゾ・デ (*warzo deh*. 上村) はホザレーが手に入れた。
　　ピンガルには，まずビルゲーとホザレーがやってきた。その後，ハキメー。それからずいぶん経ってからシェールカーネー。そしてまただいぶ経ってから最後にラタセーがやってきた。

ピンガルのジャマーアト・ハーナから上手のワルゾ・デは，かつて全部ドゥアネーのものだったが，彼らはシェールカーネーに土地を与えた。自分たちの娘が嫁いだからだ。ハキメーは，ムンという男の土地を得た。ムンには子孫がなかったか

ピンガル村の「上の水路」（ジャング・ジョイ）

らだ。その土地を得たのはメヘルバーン・シャーで，ハキーム（ムハンマド・ヤクート・シャー）は，ムンから受け継いだ12枚の畑を持っている。

　ポンゴ・デは全部ビルゲーのものだった。後からラタセーが入ってきて，我々から多くの土地を買った。

　ムジャ・ジョイ（muzha zhoy．真ん中の水路）は，ビルゲーとホザレーの祖先が作った。その後，シェールカーネーやラタセーが来て，ジャング・ジョイ（zhang zhoy．上の水路）は，我々みんなで作った。仕事はカームの者たちがやった。アーホンザーダー（人名）に1000ルピーやって，工事を監督させた。(1995年5月23日，パイクシ村)

　アーリム・ハーンの言葉は，今日のカームの村内分布をよく表わしている。村は川の上手であるワルゾ・デと下手のポンゴ・デに大別される。ジャマーアト・ハーナとそこからギズル川に伸びる道が境界になっている（**概念図1-1-1**）。ホザレー（しばしばドゥアネーと言いかえられている）は，ワルゾ・デに住んでおり，そこにシェールカーネーが入ってきた。また，その一角にはかつてモンが住んでいたとされ，現在はハキメーが住居を構えている。ビルゲーはポンゴ・デに住んでおり，そこにラタセーが入ってきた。これによ

って，比較的古い時期から住んでいるカームの配置が示された。カームを構成する各世帯は，兄弟やいとこが同一の祖先の土地を分割することで成立している。このため互いに隣り合って住んでいるし，行き来も頻繁である。

シャレーは，現世帯主（兄と弟）の父親が，チトラール県ラスプールから二次村の水路建設のために呼ばれてきた。そして，労働の報酬としてピンガルの一角に土地を受け取り，定着した。シュムレーは上流のパンダル村から祖父の代に移住してきた。彼らはポンゴ・デに住んでいる。

表1-1-1で「その他」に分類した5世帯は，ピンガルとは日常生活のレベルではほとんど交通がないカンディヤやイシュコマーンの谷から，単身あるいは1家族で流入してきた移住者が作った世帯である。村とあまり交通のない地方からの移住者の場合，村の女性と結婚することによって「義理の息子」(*jamar*) となり，妻のカームとの関係を築いていく。妻の父親から土地を取得したり，家畜を分けてもらいつつ，徐々に社会的な紐帯を広げていくのである。これらの世帯は，姻戚関係を持つカームの周辺に家を構えている。これらの人々は一括してガダイー (*gadai*) と呼ばれる。村では，ガダイーの意味は「新来者」であると教えられたが，原義はおそらくペルシア語の「乞食，物もらい」であり，蔑称に近い。比較的近いところから移住してきたシャレーとシュムレーの場合，カーム自体がピンガル村民から認知されているため，ガダイーとは呼ばれない。ただし，現在のガダイーも，将来的には独立したカームを形成すると考えられている。

これらさまざまな来歴を持つカームを結び付けているのが，結婚である。カームは原則的には外婚単位となっており，同一カーム内の結婚は避けられる傾向にある。結婚相手は，主としてピンガルおよび周辺村に分布する別のカームから選ばれる。ピンガル村では世帯主の結婚59例中，カーム内婚は2例にとどまる。内婚の事例は，どちらもハキメーによるもので，上流のチャーシ村やギズル谷に隣接するヤスィーン谷の親族から女性を娶っている。彼らはそれを「自分たちの土地財産を維持するため」と説明する。ラージャー制の時代に，ギズル地方を統治していたこのカームは，たしかに破格の広さの土地を所有している。

姻戚関係は，特に女性を通して強調される。結婚後の女性は夫のカームの

成員とみなされるが，出身カームとの関係がその後も継続する。娘夫婦に対しては女性の生家からしばしば贈り物が届けられる。「種つかみ」(**資料7**)や，家畜が村へ降ろされる日，あるいはイスラームの祭礼であるイードには，特製のあんこ (*shosip*) や肉が，娘へと届けられる。また女性は結婚1年後，5年後，あるいは20年後などいずれかの時期に夫同伴で村へ戻り，自分の出身カームの成員から家畜を受け取る権利 (*jehz*) を持っている[4]。一方では，夫は義理の両親に対して献身的に働かなければならないとされる。これをコワール語のことわざでは，「ロバと義理の息子は同じ」(*gordogh oche jamar barabar*) と言う。こき使われるという意味である。

　イスマーイール派とスンナ派の間でも，スンナ派男性がイスマーイール派の女性を娶る形で通婚が行なわれてきた (世帯主の結婚59例中，5例)。ただしここ十数年来，両者の間では結婚が行なわれていない。スンナ派の住民はこれを「イスマーイール派が娘を出さなくなった」と表現している。イスマーイール派の結婚は，同派の憲章によって規定されている (Anderson 1964)。おそらく，両者の結婚を禁止するファルマーンが発布されたと推測される。そしてこのことは，先のハキメーの内婚にも影響を与えていると考えられる。

　定住村の基礎である水路も，村人を強固に結び付けている。まずビルゲー，ホザレーの祖先が最初にピンガルへ入植し，1本目の水路を作った。その後，主要カームがそろった時期に2本目の水路は作られた。この2本の主要水路は村の共有財産として管理され，維持補修が行なわれている。これはどの村にも通じる基本原則である (**資料7**の混合山地農業に関する記述によって，水路の重要性を確認されたい)。

　ラージャー制期のカームは，祖先が支配者から与えられた報奨 (*mehrbani*)，特に荒れ地の開墾や自然資源の利用によって特徴づけられていた。ビルゲー・カームは，ピンガル周辺の枝谷 (ゴル) に関して，ラージャーから特別な権利を与えられていたと，アーリム・ハーンは主張する。

　　ホトルティ，ヨジャ・ガー，ジョジャート，ソソト・ゴル (ピンガル周辺の枝谷の名前)。これらはビルゲーとホザレーのもの。ゴーハル・アマーン (1860年没) の時代，ラフマットがハキームだったとき，我々はゴ

ル・ハツム（*gol khatsum*. 枝谷の主人）の権利を獲得した。ラフマットは当時チャーシにいた。

　シェールカーネーやラタセーの連中が娯楽に狩りに出かけ，獲物を得たとき，我々はその獲物の皮を受け取る権利を持っていた。我々を無視して，狩りをすることはできなかった。ハキームでさえ，野生ヤギ（*tonush*）の狩りをすると，獲物の皮を我々に差し出した。ゴルの土地の権利も我々は持っていた。メヘタルでさえ，荒れ地を誰それに与えたいが，と聞いてきた。勝手にはできなかった。しかしパキスタンの時代になって，我々のカームにはしっかりした人物が欠けていた。遅れをとってしまった。そして最後のメヘタルの時代になって，我々はみんな平等になった。しかし今でも我々は権利を持っている。(1995年5月23日，パイクシ村)

　アーリム・ハーンは今でも枝谷の権利を主張するが，これは他のカームからは認められていない。しかしかつてのカームの権利には，ラージャー制の廃止によっても消滅せず，後述するように変形しながら現在まで保持されているものもある。

　ピンガルのカームについて語るアーリム・ハーンだが，彼は実際にはピンガルから約5km下流の対岸部に位置するパイクシ村に住んでいる。この村の開拓を通して，二次村の形成過程と資源利用の慣習の広がりを見ていきたい。

　パイクシには集落はなかった。ここで我々の祖先は家畜を放牧していた。ヤギの放牧をしていたこの土地を，メヘルバーン・シャー（ハキーム。1900年頃没）から報奨として得た。パイクシに最初の水路を掘ったとき，シャベルはなかった。マナーゴ（アーリム・ハーンの曽祖父）が野生ヤギの角を使って，泉からわずかばかりの水を引き，ブルブル・ハーンの家の近くに池を作った。そして畑を開いた。

　祖父ガーズィーの時代に，ラージャー・ムラード・ハーン（クー＝ギズル国の支配者。在位1912～32年）の報奨として，ホトルティ・ゴルからの水路作りが許可された。まずノゴール・レシュト，次にここまで水路

を引いた。工事はマーリク（シャレー・カーム）の父，ブルブル・ジャーンに請け負わせた。それまでパイクシには2枚の畑があるだけだったが，水が充分来るようになって集落ができた。ピンガルの畑6枚は全部ブルブル・ジャーンにあげて，我々はこちらに移った。

　もともとパイクシには，マナーゴが1人。その息子が5人。ガーズィー，ラーズィー，ナディール，グラーブ，グル。そして今では14軒。それが全部1人の祖先の子孫だ。(1995年5月23日，パイクシ村)

　外部の谷から繰り返し人口が流入してきたギズルでは，最初の定住村の近辺にまず簡単な出作り村（夏の間だけ耕作をするが，冬は利用しない）を作り，さらにそこに水路を整備することによって二次村を形成してきた。これを繰り返すことによって，人口増加に対応してきたのである。今でもギズル地方のあちこちに出作り村を見ることができる（これらの出作り村も，やがて定住村となっていくだろう）。ラージャー制の時代，すなわち1970年代初頭まで，新たな村を開くには，ラージャーやハキームから未開墾地を「報奨」として授けてもらう必要があった。このためにも，人々は支配者に忠誠を尽くさなければならなかった。通常，「報奨」の土地は定住村の近辺に与えられた[5]。ピンガルの場合，パイクシにとどまらず，ゴリアン・コチからカ

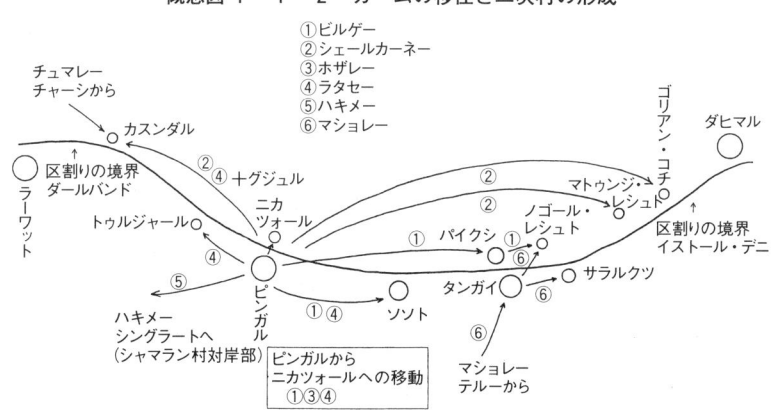

概念図 1-1-2　カームの移住と二次村の形成

① ビルゲー
② シェールカーネー
③ ホザレー
④ ラタセー
⑤ ハキメー
⑥ マショレー

スンダルにいたる村落のほとんどが，ピンガルの諸カームの移住によって形成されてきた（**概念図1-1-2**）。たとえば，マトゥジ・レシュトはシェールカーネーの移住によって，トゥルジャールはラタセーが開拓することによって，定住村へと発展していった。このパターンから唯一外れるのがタンガイ村で，ここはテルーから来たマショレー・カームが主体となって切り開いたものである。彼らもやはりラージャーの「報奨」として，この開拓移住を許されている。

ピンガルを母村として形成された諸村落——マショレーの住むタンガイも含む——は，山地で生活していく上で，決定的に重要な自然資源を共有する単位ともなっている。そしてこれらの村に住む約2000人の人々は緩やかに「ピンガル村民」（*Pingalik*）という感覚を共有している。この単位を，本書では「区割り」（*hissa*. 文字通りには取り分，部分を意味する）と呼ぶことにする。

3　ピンガルの生業と区割り

本項では，自然資源を共有する単位としての「区割り」をより具体的に記述し，その地域共同体としての重要性を明らかにしたい。

カラーコラムのイスマーイール派は，自分たちを土に生きる農民（*zamindar*）であるとする。村の標高が2000 mを超えるギズル地方で彼らが営む生業は，「混合山地農業」と呼ばれる様式のものである。その1年のサイクルは**資料7**および**図1-1-4**に示した通りである。ヨーロッパ・アルプスやネパール・ヒマラヤにも通じるこの生業様式では，標高ごとに異なる土地保有制度が併存することが指摘されている。[6]

ギズル地方の混合山地農業の特色は，定住村の耕作地や近隣の牧草地は世帯ごとに所有しながらも，上流の家畜放牧地や森林といった，分割しては利用ができなくなる資源の用益権に関する慣習（*riwaj*）を「区割り」全体で共有していることにある。またこれらの資源にアクセスするための灌漑水路や山道も共同で維持，管理されている（村人は放牧地や森林の所有権を主張しているが，「正式な所有者」はパキスタン政府である）。また一部の枝谷では，ゴル・ハツム（枝谷の主人。ラージャーによって与えられた特権を持つカーム）が，今日までその権利を保持している。

第1章　今日のギズル地方　59

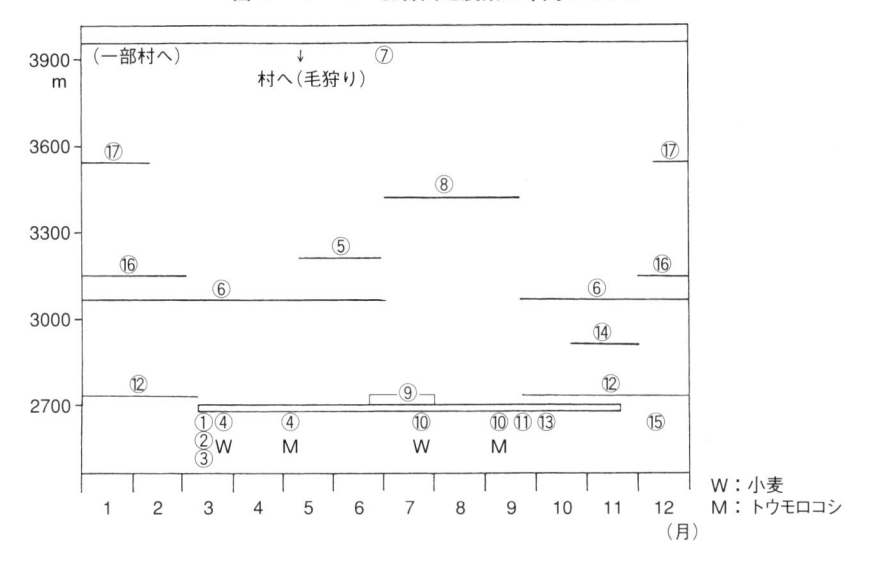

図 1-1-4　混合山地農業の年間サイクル

　ピンガルの区割りは，イストール・デニの台地からダールバンドの石の壁までである（**地図序-3参照**）。内部の住民であればどのゴルでも，自由に家畜放牧と薪採取ができる。ただし実際には，ピンガル村がヨジャ・ガーもしくはジョジャート，ソソトとタンガイ村がソソト・ゴル，パイクシ村がホトルティ，サラルクツ村がサヨ・ガーに集中する傾向が認められる。

　私がこの区割りの存在をはっきりと理解したのは，次のエピソードがきっかけである。1994年にソソト・ゴルで洪水が発生した。そして無数の木々が流され，その一部は下流のダヒマルに流れ着いた。ピンガルの住民は「これらの流木はピンガルの区割りから流失したのだから，自分たちのものである。ダヒマルの連中には権利がない」と郡長に訴えた。この主張は認められ，彼らはトラクターでその流木を回収してまわった。それまではたとえば「森は住民（*awam*）のものだ」とする発言を聞きながら，「住民」の範囲を確定できずにいたのである。その後，数年前に次のような事件があったこともわかった。上流のラーワットの住民がダールバンド（*darband*. ラージャー制期に使用されていた防御壁）の境界を越えて，密かに山の斜面の木を切り出そう

ピンガル村の生業
(a) 春の施肥作業
　家畜小屋にたまった糞を隣近所が協力して運び出し、畑に撒く。

(b) トラクターによる耕作

(c) 小麦畑に水路より引き込んだ水を行き渡らせる。

(d) 冬の日帰り放牧
　　夕方になって戻ってきたヤギ群を迎える少年たち。

とした。しかし，それはピンガルの住民に発見された。彼らは押っ取り刀で駆けつけ，違反者を吊し上げたという。ダールバンドは，もちろん山の斜面全域にわたって伸びているわけではない。しかし石壁の延長線上に，人々は「見えない線」を見ているのである。

　ピンガルの区割りの特徴をはっきりさせるために，より上流の区割りと資源利用の慣習を見ていきたい。

　ピンガルに接するチャーシの区割りは，ダールバンドからマトゥティ橋である。ここでは，放牧と薪集めに利用できるゴルが村ごとに指定されている。チャーシ村の住民はチャーシ・ゴルもしくはバフシュタロを利用する。併用は不可である。シャマランとラーワット村はバフシュタロを，パンダル村はチャーシ・ゴルを利用する。なおセールバル・ゴルは非常に狭く，利用価値は著しく低い。

　ゴローグ・ムリの区割り（マトゥティ橋〜シャーンドゥール峠）における慣習は，1940年代にイギリス人行政官立会いのもとで取り決められたとされる。放牧はどのゴルでも自由とされるが，実際には各村最寄りのゴルを使っている。

　しかしここでは，薪に関しての取り決めがやや入り組んでいる。ゴローグ・ムリ村はククシ・ゴル，ハンダラップ村はシュンジ・ゴルで，それぞれ放牧と薪集めを行なう。ゴローグ・トリ村はチュマルハーンとグトバル・ゴルを利用する。さらにゴローグ・トリ村の住民は，各世帯ごとに年間ロバ30頭分の薪をシュンジ・ゴルからも取ることができる。テルー村はマショランとチュマルハーン・ゴルを利用する。さらに各世帯ごとに年間ロバ30頭分の薪をククシ・ゴルからも取ることができる。

　この区割りの最上流部は，北西辺境州との境をなすシャーンドゥール峠（標高3734 m）である。この峠の周囲は広大な自由放牧地（*mushtarakah*）となっている。ギズル谷に存在する唯一の自由放牧地には，北西辺境州側や，数は多くないがチャーシ，ピンガルからもロバや牛を夏の間，文字通り自由放牧させる住民がいる。木がまったく生えていないため，薪という貴重な資源を巡る争いが起きる心配はない。ただし燃料となるピート（泥炭）の採取はゴローグ・ムリの区割りに権利があり，外部の人間が持ち出すことはでき

ない。

　ゴローグ・ムリの区割りでは，資源利用をめぐって内部で複雑な対立が生じている。2つの訴訟が，グピスの裁判所で過去十数年にわたって争われており，どちらも膠着状態に陥っている。

　1つはハンダラップ村内部における，ゴル・ハツム対非ゴル・ハツムの争いである。彼らは，シュンジ・ゴルにおける放牧料（*qalang*）徴収を巡って衝突している。南の丘陵地帯から上がってきて，このゴルを利用する遊牧民バックリワールからの放牧料は，毎年2万5000〜5万ルピーに達するとされる[7]。その全額をシュンジ・ゴルのゴル・ハツムである2つのカームが受け取っている。これに対して，他のカームは自分たちへの放牧料の平等な分割を求めている。バックリワールによる利用は，ここ数年差し止めとなっている。

　もう1つの争いは，ハンダラップ村とゴローグ・トリ村の間に生じている。ここではハンダラップ村民は一致して守勢にまわっている。ゴローグ・トリ村は先に見たようにチュマルハーンとグトバル・ゴルを使用するが，薪に関しては世帯ごとに年間ロバ30頭分を，シュンジ・ゴルから採取することが慣習で認められている。しかしこの薪とはヤナギやカバであり，住民から最も高く評価されるネズは含まれていない。ゴローグ・トリ側はネズの採取も認めるよう求めているが，シュンジ・ゴルに最も近く，その資源に全面的に依存するハンダラップ村が反対している。

　区割りは，混合山地農業を自律的かつ排他的に営む単位であり，明確な地理的境界を持っている。そして内部に複数の定住村と枝谷を包含し，その生態学的条件と集団間の力関係によって生み出される独自の慣習を保持している。この区割りとその慣習は生業の自律性，つまり山地農民の生活基盤を支えるものである。それゆえ，ラージャー制からパキスタン政府へと行政制度が変わっても，区割りの原則には大きな変更は生じなかった。しかしこの地域共同体にあっては，カームとカームの間，村と村の間，さらに場合によって区割りと区割りの間で，何かしらもめごとや争いが生じている。違反者への制裁が，村レベルで迅速かつ効果的に行なわれる限りにおいて，各区割りの慣習も安定した規範として機能し得る。山地農民にとって欠くことのでき

結婚式に集まったハキメーの男性親族
前列右から2番目がムハンマッディーン

ない地域共同体レベルの紛争調停がラージャー制の時代にはどのように行なわれていたのか、そしてその廃止後、政府やイスマーイール派の宗派組織がどのような役割を果たしているのか。この点については、第5章と第6章で重要な考察対象となる。

4 現金収入の必要性

　村や区割りといった地域共同体が、自然資源との関係から、カラーコラムの社会組織において大きな重要性を持つことを指摘した。この地域共同体の枠組みの中で、経済的な単位として機能しているのが世帯である。本項では、特に農業外の職業による現金収入の観点から、世帯に目を向ける。

　世帯に該当するコワール語はクシュン（*kushun*）であり、その文字通りの意味は「煙」である。炉の火が煙となって天井の穴から立ち昇る、村ではよく目にするこの光景からの連想で、煙の下に一緒に暮らす人々の集団をもクシュンと呼ぶ。

　図1-1-5は家屋の見取り図である。Aが本来の住居であり、BとCは後から建て増しされたものである。家屋Aの中心に位置する炉は、煮炊きや暖房のために火を起こす場所であり、それを囲んで人々は食事をしたり会話を

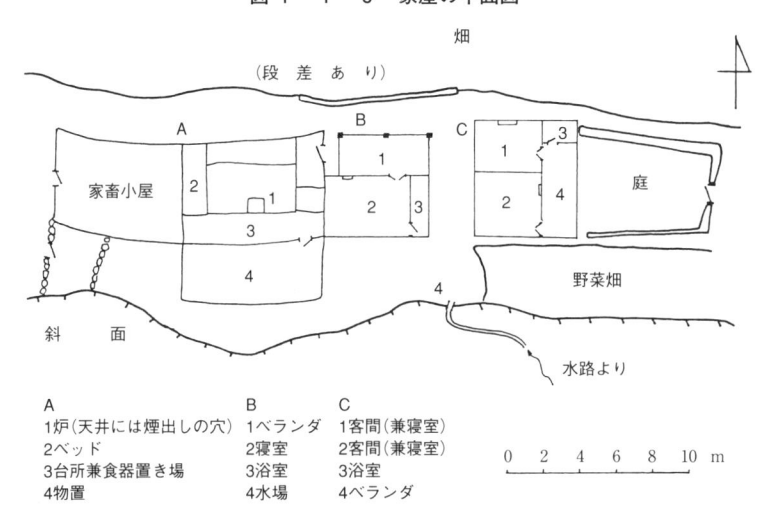

図1-1-5　家屋の平面図

A
1 炉（天井には煙出しの穴）
2 ベッド
3 台所兼食器置き場
4 物置

B
1 ベランダ
2 寝室
3 浴室
4 水場

C
1 客間（兼寝室）
2 客間（兼寝室）
3 浴室
4 ベランダ

交わす。また夜になると，炉の周りがすなわち寝所となる。

　ピンガル村では，世帯の構成人数は5人から15人に大部分が集中しており，59世帯中47世帯を占める。1世帯の平均人数は10人である（表1-1-3）。旧ハキーム，ムハンマド・ヤクート・シャーの世帯が村で最も大きく，33人（男16，女17）を数える。なお世帯の構成員には，ギルギットで商店経営することで家族の生活を支えている男性や，カラーチーで仕送りを受けながら勉強する学生も含まれる。

　すべての世帯は定住村やその近くに耕地を所有し，小麦（gom）やトウモロコシ（juwari）を栽培している（表1-1-4 a, b）。数世帯は副次的に他世帯から耕地を借りているが，固定した地主－小作関係は存在しない。最も広い耕地を持つのはハキメーだが，代官職にあったこのカームにしても，現在では自ら土地を耕している。ヤギ（pai）やヒツジ（keli），あるいは牛（leshu）といった家畜も世帯ごとに所有されている（表

表1-1-3　世帯の構成人数
（1994年10月現在）

1～4 人	4 世帯
5～9	28
10～14	19
15～19	5
20 以上	3
合　計	59

表 1-1-4　世帯ごとの穀物生産量と消費 (1994年10月現在)

a　小麦生産

200 kg 未満	5
200〜400 未満	22
400〜600 未満	15
600〜800 未満	8
800〜1,000 未満	2
1,000 以上	7
合計	59

b　トウモロコシ生産

200 kg 未満	16
200〜400 未満	23
400〜600 未満	7
600〜800 未満	6
800〜1,000 未満	4
1,000 以上	3
合計	59

c　小麦購入量

200 kg 未満	5
200〜400 未満	3
400〜600 未満	10
600〜800 未満	9
800〜1,000 未満	11
1,000 以上	21
合計	59

d　購入小麦の消費に占める割合
小麦購入量÷(小麦＋トウモロコシ生産)

20％未満	7
20〜40 未満	6
40〜60 未満	27
60〜80 未満	18
80 以上	1
合計	59

1-1-5a〜c)。ヤク (*zogh*) も数世帯で所有されている (**資料7-⑦参照**)。また家屋の周辺には，ポプラ，ヤナギ，アンズ，クルミなどが植えられ，野菜が栽培されている。

　今日でも混合山地農業が村における生活の日々のリズム，そしてその集積である1年のサイクルを作り出していることは間違いない。またそこでの労働の成果として，村人が摂取する基本的な食物が獲得されている。人々は小麦やトウモロコシで作ったパン (*shapik*) を食べ，ヤギや牛の乳を紅茶に入れる。さらに家の周辺で作った野菜や家畜の肉がおかずとなる。夏の間はこれにバターやチーズなどの乳製品が加わる。アンズやクルミはお茶受けとして好まれる。ドライフルーツにして保存すれば，1年を通して口にすることができる。混合山地農業による生産物の一部——ヤギやヒツジ，建材として利用価値の高いポプラ，あるいはクルミ——は村の中で売買したり，ギルギ

表 1 - 1 - 5　世帯ごとの家畜所有数（1994 年 10 月現在）

a　ヤギ

1〜4 頭	18
5〜9	11
10〜14	10
15〜19	6
20〜24	8
25 以上	6
合　計	59

b　ヒツジ

1〜4 頭	25
5〜9	16
10〜14	11
15〜19	5
20 以上	2
合　計	59

c　ウシ

1〜4 頭	28
5〜9	26
10〜14	4
15 以上	1
合　計	59

ットへ向かう商人へ売却することで収入源となっている。しかし大部分はやはり自家消費に回されている。

　ただし，そこに想定される自給自足的なパターンは，今日大きく崩れている。急激な人口増加によって，穀物の不足が顕在化したからである。ギズル県を単位とする人口は 1931 年の 2 万 5000 人から 1981 年には 7 万 2000 人，さらに 1994 年には推計で 11 万 7000 人と大きな伸びを示し続けている。この傾向はピンガル村でもはっきりしており，15 歳以下の人口が半分以上の 309 人を占める（図 1 - 1 - 1 参照）。

　小麦やトウモロコシが自給自足的であり得たのは，1960 年代までだと言われる。[8] その頃までは人口増加に合わせて，人々が荒れ地を切り開き，二次村へと移住する形で対応していたのである。しかし 1960 年代の後半には，穀物の不足が感じられるようになり，かなりの量の小麦が町から送られてくるようになった。

　この問題に対して，政府は食糧貯蔵所（通称デポ。Depository の略）を設置し，小麦の安定供給を図っている。ギズル川上流部では，グピス（1972 年），パンダル（1974 年），テルー（1993 年）の各所にデポが設置されている。このうちグピスでは年間 640 t，パンダルでは 480 t を扱っている。平原部からの輸送費は政府からの補助金で賄われ，小麦 100 kg の価格は 460 ルピーである（1994 年 4 月現在）。1994 年，ピンガル村全体では，主食の小麦が 26 t，トウモロコシは 20 t それぞれ生産されたが，これに対して小麦の購入量は

44tであった（この数字は，各戸からの聞き取りをまとめたものである。**表1-1-4，5**を参照）。その多くはパンダルのデポから購入されている（ただし小麦粉の袋を村まで持ち帰るのは大変なので，実際にはギルギットからトラクターで運ばれてきた際に，村で降ろされている）。

混合山地農業が山地の環境にうまく適応した生業様式であることはたしかだが，それだけでは，現在必要な穀物の消費量の半分にしか達しない（**表1-1-4c,d参照**）。またさまざまな種類の生活物資購入のためにも，各世帯ごとに現金収入が必要となっている。

世帯ごとに従事している職業は，**表1-1-6**に示す通りである。この40世帯には，以前何らかの職業に従事し，定収入を得ていた世帯も含まれている。村の中で得られる定職には次のようなものがある。政府系の仕事として，男子小学校（教師2，用務員1），郵便局（配達夫2），施薬所（職員2），道路補修（2）。アーガー・ハーン開発ネットワーク系列の仕事が，DJ学校（教師2），AKHS診療所（看護婦2，門番1）。ただしこれらの仕事には転勤があるので，必ずしもピンガルの村人が従事しているとは限らない。また診療所の看護婦とDJ学校の女性教師として働く能力を備えた女性は，今のところ村にはいない。このため，ギズル川のより下流の地方から人材が派遣されている。これらの仕事から得られる月給は，職種や勤続年数，あるいは手当ての有無によって異なるが，2000～3000ルピーである。門番や用務員は1000ルピー程度である。

さらに自営業として商店経営者が3人いる（うち1軒は営業が不定）。大工は5人いる。腕のいい大工は，日給で150ルピー前後とっている。大工仕事は，夏の間はピンガル村およびその周辺で容易に仕事を見つけられるが，冬にはギルギットへ出ないと仕事を見つけることはできない。鍛冶の仕事は，ターンギールから来た新来者の1人が依頼に応じて行なっている。定期的にまとまった収入をもたらすわけではない。運転手は自前のジープを持たないため，家にいることの方が多い。このためギルギットへ出る村人は，上流からやってくるジープや，隣のソストから出るジープに乗っている。

定収入の確保は基本的に世帯ごとの問題である。しかしかつてのハキームのカーム，ハキメーが，カーム全体としては最もうまく定収入の口を確保し

表 1 - 1 - 6 　ピンガル村世帯別職業一覧 (1994 年 10 月現在)

世帯	職　　業
1	元軍隊 1
2	商店経営 1 (元軍隊)
3	軍隊 1 　元軍隊 1
4	軍隊 1 　元軍隊 1
5	軍隊 1
6	元軍隊 1
7	軍隊 3
8	大工 1
9	軍隊 1
10	軍隊 1
11	AKHS 職員 1 　道路整備夫 1
12	郵便配達夫 1 　軍隊 1
13	元軍隊 1
14	政府施薬所 1 　商店経営 1 (ギルギット) 　元軍隊 1
15	鍛冶 (ただし依頼があるときだけ)
16	軍隊 1
17	大工 1
18	元軍隊 1
19	DJ 小学校教師 1
20	大工 1
21	軍隊 1 　大工 1
22	元軍隊 1
23	軍隊 1
24	ジープ運転手
25	郵便配達夫兼商店経営 1 　元軍隊 1
26	政府職員 2 (ギルギット, チラース各 1) 　AKHS 職員 1 (パンジャーブ)
27	軍隊 1
28	軍隊 1 　元軍隊 1
29	政府高校教師 1 (グピス) 　政府小学校門番 1 　政府施薬所 1 　元軍隊 1
30	政府職員 1 　政府小学校教師 2 　公共事業請負兼商店経営 1
31	軍隊 1
32	大工 1
33	元仕立て屋 1
34	元軍隊 1
35	元軍隊 1
36	元警官 1
37	軍隊 1 　AKHS 診療所門番 1
38	警官 1 　道路整備夫 1
39	軍隊 1
40	軍隊 1 　大工 2

ている。政府系職員9名のうち，小学校の2教員と事務員，郵便配達夫，そして施薬所職員と5つのポストを占めていた。

いずれにせよ村で得られる定職は限られているし，また転勤もあるため，やや離れた村や町で働いている者もいる（グピスで政府高校教師1。ゴローグ・ムリで警官1，AKHS診療所の事務職1。ガクーチで政府役人1。ギルギットで商店経営1，政府役人1。チラースで政府役人1）。遠くカラーチーのAKHSで事務職を得た者も1名いる。最も多くの成人男性が「出稼ぎ先」としているのは軍隊である。調査時には，18名が志願して軍役に就いていた。軍隊はカラーコラムにおける伝統的な職業となっており，ピンガルでも，かつて軍隊で働いた経験のある者は14名を数える。山地出身の人間は，インドとの国境問題で緊張するカシュミールの部隊に配属される場合が多く，文字通り命懸けの仕事である。にもかかわらず多くの人間が志願するのは，教育のない人間にとって，最も手っ取り早い就職先であること，そして退役時に，他の仕事と比べて破格の退職金が支給されるからである。私のホストだったムハンマッディーンの弟は，20年間軍隊で働き，30万ルピーの退職金を得た。そして，「とりあえず」家の横に新しい客室を建設した。

軍役に就いている者を中心に，公務員，商店主，大工など収入を得るために村から離れて暮らしている男性の数は常時20人を超えている。軍隊で働く男性たちには，各自年間2か月の休暇が与えられる。彼らはこの期間を利用して村へ戻ってくる。

表に出てこない19世帯，これら定職を持たない世帯では，夏場に家屋の新築や改築の手伝い，あるいは道路工事に出て日銭を稼いでいる。冬の間は，自分で集めた薪を家で使わずに売ったりする。単純な肉体労働（*mazduri*）によって得られる日給は，50〜60ルピーである。

消費する物資は，主として小麦や米，茶や塩といった食料品である。これに服地の購入が時に加わる（1994年当時のギズル地方における物価の概要は，**表1-1-7**を参照）。ある商店経営者によれば，店1番の得意先で月額約2000ルピーを消費している。定収入のある世帯でも，せいぜい800〜1000ルピーだという。日雇いで稼ぐ世帯の月々の購入額は，わずかに300ルピー程度である。彼らは小麦価格の3倍から4倍もする米を買うことはほとんどなく，お

第 1 章　今日のギズル地方　　71

表 1 - 1 - 7　バーザールにおける価格一覧 (1994 年 1 月現在)

ピンガル

小麦粉 (80kg)	430〜450ルピー
食用油 (1kg)	35
米 (1kg)	12
バスマティ米 (1kg)	18
茶 (1kg)	100
燈油 (1リットル)	12
バター (1kg)	130
靴下	25
ビスケット	10〜20
ひげ剃り替刃 (1個)	1
タバコ (1箱)	7〜12
ボールペン	2
ノート	5〜10
プラスチック靴	20〜30

家畜 (取引価格)

乳ヤギ	800〜1,200ルピー
仔ヤギ	400〜500
ヒツジ	800〜1,000
乳牛	5,000〜6,000
雄ヤク	9,000〜12,000
雌ヤク	8,000

グピス・バーザール

お茶	2ルピー
コピー (複写)	2
コカコーラ	12
バス (ギルギット行き)	35
食事 (野菜カレー)	20
(肉カレー)	50

茶や燈油もぎりぎりまで節約している。特に長い冬の間は，厳しい生活を送っている。

第 4 節　ま と め

　本章では，調査地であるギズル地方，特にピンガル村の概要を述べた。イスマーイール派は，ジャマーアト・ハーナで行なわれる宗教儀礼において，スンナ派とはまったく別個の存在となっている。しかしギズル地方において両者の差異が確立し，それが越えられない，越えるべきでない境界として成立したのは，おそらくそれほど遠い時代のことではない。この時期を特定することはできないが，カシュミール藩王国がギルギットに進出した 19 世紀中葉が，1 つの契機となっただろうことが推測される (第 2 章参照)。
　閉鎖的な宗教儀礼の場においては一体化すると推察されるイスマーイール派だが，社会生活の単位となっているのは，小規模の父系出自集団カームである。カームの祖先たちは，現在の成員が暮らす土地を開墾してきた人々である。その歴史はラージャー制と密接な関係を持っており，カームごとに異

なる権利関係の束を生み出してきた。このことは，資源の少ないギズル地方において，カーム間にさまざまな争いや不和が生じやすいことを意味している。また個々のカームの地位は，ラージャー制の中で階層づけられており，不平等なものだった（この点は次章で詳しく述べる）。

混合山地農業のための資源を共有する地域共同体には，このカームが通常，複数存在する。イスマーイール派宗徒が農民として日々を送る社会的空間は，地縁的な性格を強く持っており，必ずしも宗派原理で構成されているわけではない。そして，そこで生じる幾多の問題——区割り間の紛争，区割り内部の資源配分，特定カームの特権への異議申し立て，あるいはカーム間や内部における土地争い——の調停・仲裁を図る制度が機能していてこそ，この生業様式を維持するのに貢献してきた慣習も，維持存続していくことができる。逆に統治者が有効な制度を提供しない場合には，多くの困難が生じることが予想されることになる。

また，ギズル地方の人口に対する穀物の生産供給は，近年ますます不足の度を増している。これによって世帯単位で食料の不足を現金収入によって補うことが，焦眉の問題となっている。またそれには，現金さえ払えば食料が買えるという，安定した物資の供給体制が前提とされている。議論を先取りして言えば，地域共同体の慣習の安定した維持も，さらには食料の安定供給の一部さえも，担っているのはイスマーイール派の宗派組織とNGOである。峻険な山岳地帯で，イスマーイール派宗徒は山地農民として生きている。この山地農民の地域共同体に，都市部で構築された組織が接合されることになったのだが，それは機械的な移植ではなかった。この接合の過程を理解するには，少なくとも1970年代初頭まで存続したラージャー制にまで遡って山地農民の社会を考える必要がある。次章では，村々の年長者の記憶をたどりながら，この点を検討していくことになる。

1)「ジャマアト・ハーナは石造りであり，アーチ型の窓には木製の枠があり，ステンドグラスとほぼ同一のガラスがはめられている。屋根はマスジッドのように円形のドームや尖塔もなく，ハの字型に傾斜のついた形になっている。さらに，石を煉瓦のように積み上げた高さ2mほどの土台の上に建っているので，

第 1 章　今日のギズル地方　　73

出入り口までは石の階段を使用するようになっている。……また出入り口に向かって右側には，建物の約半分程の屋根のない広場があり，出入り口と広場に面した外側には木製の細い柱がそれぞれ 9 本，5 本ずつにより支えられているアーケード状の空間がある。そしてその角には，太く四角い石の柱がある。木製の部分は「イスラームの色」とされている緑色に塗られている」（矢島 1996：37-8）。

2)　ピンガル村では 6 例を数える。最も印象的な事例は，スンナ派の中年男性 A とイスマーイール派の男子（8 歳）の乳兄弟関係である。息子を亡くした A が B（イスマーイール派）を訪ね，新たに男子を授かるようにと護符の作成を依頼した。その後まもなく A の妻は妊娠し，やがて男子を出産した。喜んだ A は B に対して「あなたは私の父親だ」と言い，B の息子と乳兄弟の関係を結んだ。

3)　この流入過程は，パシュトゥーンとバローチ民族の間において進行している境界の変更過程を想起させる（Barth 1981：ch.5）。

4)　1986 年に結婚したあるシェールカーネーの男性は，1992 年に妻と一緒にゴローグ・ムリ村のブエ・カームを訪れた。このとき，彼らは 24 頭の家畜を受け取っている。妻の父親が雌牛 1 頭，ヤギ 4 頭，ヒツジ 4 頭を授けたほか，近い親族たちがそれぞれヤギやヒツジを 1 頭ずつ，婚出した自分たちのカームの女性に贈っている。女性に贈り物をする慣習については，次のような説明がなされる。いわく，女性にも親の遺産を相続する権利が備わっている。にもかかわらず，たとえ自分の村の中で結婚しても，女性に土地が分与されることはない。彼女に対して，その兄弟（＝彼女の分の土地も相続した人間）は，いろいろな形で面倒をみなければならない。1 年を通して食物を送り，あるいは家畜を与えなければならない。

5)　ギズル地方を統治していたハキームのカーム，ハキメーにはこのような制約はなかった。1960 年代，自ら選んだバフシュタロ・ゴルの出会いに入植し，新たな集落シングラートを形成している。最後のハキームとなったムハンマド・ヤクート・シャーの兄弟 8 人が，土地の細分化を避けるため移住したのだった。

6)　ヨーロッパ・アルプスやネパール・ヒマラヤの事例については，次の文献を参照のこと（Netting 1972; Rhoades and Thompson 1975）。カラーコラムでも近年，資源論をふまえた事例研究が行なわれている（Herbers and Stöber 1995; Langendijk 1991, 1992）。

7)　パキスタン・ルピーの為替レート（対米ドル）は，1993 年 28.1，94 年 30.6，95 年 31.6 であった。

8)　もちろんいくら時代を遡っても，ギズル地方の生活がまったくの自給自足だったわけではない。パラーチャと呼ばれるパシュトゥーン商人による夏の行商

は，ジープ道路が開通する前から続けられていた。
　「30年くらい前までは，毎年6月から9月にかけて，多くのパラーチャがチトラール側からやってきた。ロバや馬の背に商品——砂糖，塩，燈油，たばこ，マッチ，毛布，服地——を積んできた。我々はお金を貯めておいて，1年の必要な物品を購入していた」（サイヤド・パーインダ・シャー。1995年5月4日，シャマラン村）。

第2章　記憶の中のギズル地方

　第1章では，現在のイスマーイール派の村落生活について記した。本章では，時代をやや遡り，カラーコラムに特徴的な政治制度だったラージャー制について述べていく。パキスタン建国以降も存続したラージャー制のもとでは，支配者を頂点とする政治制度に各カームは組み込まれていた。このラージャー制のあり方を，まずピンガル村にあってギズル地方を治めたハキームの統治という視点から記述する。また当時の村々では，ジルガと呼ばれる紛争解決機関が，治安や慣習の維持に大きな役割を果たしていた。次にこのジルガの役割を，ピンガルおよびその周辺の村々に暮らす年長者の記憶をたどることで再構成していく。

第1節　ラージャー制

　かつてカラーコラムの中心地であるギルギットとその周辺の水系には，ラージャー制の国々が発達していた。この政治制度のもとでは，メヘタル，ミール，あるいはラージャーなどの称号で呼ばれる支配者に率いられた国々が，互いに戦いを繰り返していた（Dani 1987,1989）。
　王家同士の抗争が続く時代は，1842年に大きな転換点を迎えた。この年，すでにカシュミールを併呑していたスィク王国は，ギルギットの王位争いに介入して軍隊を派遣した。しかしその後，イギリスとのスィク戦争に敗れて同王国が瓦解すると，今度はイギリスからカシュミールの譲渡を受けたドーグラー一族がギルギットを支配した。イギリスもまた，中央アジアからインド進出を狙うロシアの動向をうかがいながら，カシュミール藩王国を通して，

徐々にその支配をカラーコラムへ浸透させていった。私は以前の研究において，ラージャー，ドーグラーの支配するカシュミール藩王国，そしてイギリスという三者の関係がいかに変化していったかを，ギズル地方を事例に次のようにまとめた（子島 1997）。

①ラージャー独立時代（～1895 年）

　ヤスィーン谷に本拠を置いて，ギズル川水系を支配していたのはホシュワクト家である。その勢力は，ゴーハル・アマーンのもとでスィクのギルギット進出の前後から強まっていた。ゴーハル・アマーンは 1852 年にカシュミール藩王国の軍勢を放逐することに成功し，ギルギットをその支配下に置いた。しかし 1860 年に彼が死ぬと，ホシュワクト家内部では抗争が始まり，カシュミールの軍勢に再びギルギットを奪われる。その後も，ホシュワクト家や他国のラージャーたちとカシュミール藩王国との間には，頻繁に戦いが繰り広げられたが，カラーコラム勢は 2 度とギルギットを回復することができなかった。

　1889 年，イギリスはギルギットに政務駐在官を送り込み，カシュミール藩王国に代わって，自らが統治に乗り出す体制を構築し始める。そしてフンザとナガルにおける戦役やヤーギースターンの「平定」を経て，1895 年にはカラーコラム最大の勢力を誇ったチトラール国を実質的な支配下に置くことに成功した。この年，ラージャー制の国々の政治的独立は完全に失われた。

②カシュミール＝イギリス支配（1895～1947 年）

　この時代，各国内でのラージャーの自治は認められていたが，ラージャーの任命権そのものはギルギットのイギリス人政務駐在官が握っていた。ギズル川流域のホシュワクト家の領土は，1912 年にヤスィーン，イシュコマーン，そしてクー＝ギズルに分割され，同家の力は徹底的に削がれた。

　さらに 1935 年，イギリスはギルギットにおける行政を一元化するため，以後 60 年間にわたってギルギットを租借するとの協定をカシュミ

グピスの砦の一角

ール藩王との間に結んだ。これによって，イギリスによる間接統治の体制が完成した。

③パキスタンの建国以降（1947～1970年代前半）

建国に際して，パキスタン政府はカラーコラムの政治制度をそのまま存続させた。イギリス人に代わって，パキスタン人の政務駐在官がギルギットに駐在した。すなわち建国は，ラージャー制のさらなる変容を引き起こすことはなかった。ヤスィーンでは1967年のメヘブーブ・ワリー・ハーンの死後，支配者であるメヘタル位は空位とされた。イシュコマーンとクー＝ギズルは1972年，他の国々とともに正式に廃止された。

英領インド政府によるラージャー制下の国々の位置づけは，1935年のギルギット租借で明瞭となった。ここで示された枠組みは，基本的に1972年まで維持された。このときイギリス人政務駐在官が行政，司法，軍事そして対外的関係を一括することになった。カシュミール藩王国の官吏および軍隊は，インダス川対岸に位置するブンジに撤退した。イギリスは行政的観点から，当時のカラーコラムを以下の3つのカテゴリーに分類している（Dani

1989：287)。

A カシュミール藩王国領（Kashmir State Territory）
B 行政県（The Political Districts）
C 非行政地区（Unadministered Area）

　Aのカシュミール藩王国領は，ギルギットを中心にブンジとアストールも含んでいた。その行政はカシュミール藩王国から送られた官吏が担当した。ここからギルギットをイギリスは租借した。ラージャー制の国々は，Bの行政県の範疇に含まれている。各国が政治的独立を喪失していたことが，「県」扱いによって明示されている。ヤーギスターンの一角を占めるチラースが含まれているのは，1892年以来 APA（Assistant Political Agent）が駐在していたからである。またチトラールが含まれていないのは，1895年以来北西辺境州マーラーカンド管区に統合されていたからである。
　このカテゴリーに属する国は，名目上カシュミール藩王国の宗主権を認め，毎年スリーナガルへ朝貢していた。フンザやナガルは砂金，チラースは現金，イシュコマーン，ヤスィーン，クー＝ギズルは，穀物，ヤギ，そしてバター（*ghi*）を送っていた（Gazetter 1908：111）。
　Cの非行政地区とはヤーギスターンを指している。この範疇に含まれたのは，ダーレール，ターンギール，カンディヤ，ジャルコート，サズィーン，シャティアール，ハルバンなどインダス川支流の谷である。これらの地域共同体の内部にイギリスの統制は及ばなかった。しかしパクス・ブリタニカのもとでは，もはや谷同士の大規模な襲撃や戦闘は不可能となっていた。
　「行政県」の長（Governor）は，多くの場合，引き続きラージャーの一族から選ばれた。イギリスは後述する「辺境犯罪規制法」（Frontier Crimes Regulations, FCR）の施行によって，領土内での一定の自治を許していたから，彼らは従来通りメヘタルやミール，あるいはラージャーとして住民を統治し続けた。ただし，ワズィールやハキームといった上級官吏の任命，あるいは殺人事件の裁決など重要事項の権限は，政務駐在官が握っていた。
　FCR は，英領インドの行政県で適用された法律(the Indian Penal Code and

Criminal Procedure Code）と対置される。北西辺境のパシュトゥーン部族民に自治を許しながら，最低限の「法と秩序」を維持しようとしたイギリスの妥協案である（Trench 1986：7）。このFCRがカラーコラムでも適用されていた。FCRでは，県を統括する副行政官（Deputy Commissioner）が法的権限を有した。カラーコラムでこの地位に相当したのは，ギルギットの政務駐在官だった。また英領インド政府（後にパキスタン政府）は「敵対的あるいは非友好的な部族」に対して拘留や財産没収，あるいは建築物の破壊を行なう権限を有した（Salar n. d.：174-5）。

　各国の政治制度は細かい面では異なったが，基本的には同様の構造を持っていたことが，これまでの研究から明らかである（ギズル，チトラール，フンザの事例はそれぞれ子島 1997；Barth 1956；Müller-Stellrecht 1979 を参照のこと）。

　支配者は土地をはじめとする自然資源を究極的には所有しており，耕地や放牧地，あるいは森林資源を使用させる見返りとして，農民から税を物納（穀物，バター，仔ヤギなど）や労働奉仕の形で徴収していた。支配者の周囲には，ワズィールやアタレグ（*ataleg*. 税の監督官）などの高官がいた。また地方にはハキームが置かれ，その下の村々にはチャルヴェロ（*charwelo*）が[1]任命されていた。

第2節　ギズル地方におけるラージャー制
―――ハキームの統治―――

　カラーコラムにおけるラージャー制の大枠は，上に示した通りである。ここでは調査村であるピンガルで，ラージャー制が具体的にどのように運営されていたかを記述する。

　19世紀後半，ギズル川水系を支配していたのはホシュワクト家だった。ホシュワクト家の支配者はメヘタルを称していた。またラージャーとも呼び習わされていた（本書の以下の文章でも，これらの称号は，言い換え可能なものとして使われている）。同家はヤスィーン村に本拠を置き，最盛時にはギルギットからマスツージ地方（現北西辺境州チトラール県）までを，その版図に収めていた。そして，ヤスィーン本村から遠く離れたギズル地方には，代官で

あるハキームを置いていた（シャーンドゥール峠の向こう側に位置するマスツージにも，別の行政職が置かれていた）。

ギズル地方のハキーム職は，伝承によれば，ワリエー，チョロテー，ラタセー，ブエ，トンゲーなどのカームの成員によって担われてきた。今日でもこれらのカームは，かつて祖先がハキーム職にあったことを誇りとしている。

同時代の記録によって確認できる最初のハキームは，トンゲー・カームのラフマットゥッラーである。1888年，イギリス人行政官デュランドはギルギットからチトラールへ向かっていた。そのときチャーシ村で彼を出迎えた人物が，ラフマットゥッラーだった（Durand 1899：55）。

このラフマットゥッラーが，トンゲーから出た最後のハキームとなった。ハキメー・カームによれば，1895年に隣国のチトラールでメヘタル位を巡る血なまぐさい抗争が起こったとき，ラフマットゥッラーはイギリスに反抗して失脚した。そして後継者としてハキーム職に任命されたのが，メヘルバーン・シャーだった。彼の父は，勢力を誇ったラージャー，ゴーハル・アマーン（1860年没）に仕えたラフマットである。メヘルバーン・シャー，ラガール・シャー，そしてムハンマド・ヤクート・シャーの3代にわたり，この一族がギズル地方を治めた（図1-1-3，ハキームの系図を参照のこと）。そして本来スケー・カームに属していた彼らは，いつの頃からか「ハキメー」を称するようになった。

1912年にホシュワクト家の領地がイギリスによって分割され，ギズル川の流域がマクポーン家の下でクー＝ギズル国に属することになっても，ハキームの制度に変更はなかった。ラージャー家の交代は，ギズル地方におけるハキーム統治の枠組みに，ほとんど影響を与えなかったのである。なお，「ギズル」の語を多義的に使用して混乱を生じさせないため，ハキームが統治したギズル川上流部を，一貫して「ギズル地方」とすることをここで確認しておきたい。

それまでチャーシにいたハキームがピンガル村へ移住してきたのは，メヘルバーン・シャーの時代，すなわち19世紀後半である。以降，1972年のラージャー制廃止まで，この村がギズル地方の政治の中心となった。

ラージャー制の下では人口はいくつかの階層に分かれていた。ラージャー

楽士ドームによる演奏（ヤスィーン村）

の周囲で働くのがパタニ（*Patani*）である。ピンガルではハキメーに加えて、シェールカーネーとラタセーがパタニであり、税を免除されていた。シェールカーネー・カームからは、新しくできたクー＝ギズル国のワズィールが出ていた（ただし、ワズィール職に就いたのはピンガル出身者ではなく、在グピスの同カームの成員である）。ラタセーはかつてギズルのハキームだったとされるカームである。

　ラージャーへの納税義務を負うカームはハシマット・ディヤック（*Hashmat diyak*）と呼ばれた。コワール語でハシマットは「食物」を、ディヤックは「差し出す者」を意味する。文字通り、彼らはトウモロコシやヤギを物納していた。さらにラージャー巡行の際には、食事や馬のまぐさを提供することが義務づけられていた。ピンガルではビルゲーとホザレー、それにタンガイのマショレー・カームである。

　ハシマット・ディヤックの下に位置づけられていたのが、ドーム（*Dom*）とラーヤット（*Rayat*）である。前者は農作業のかたわら、楽士や鍛冶師の仕事に従事した。後者はラージャーの荷物持ち兼雑用係である。ラージャーは土地無しの人間にいくばくかの耕地を与え、ギズルのあちこちの村にラーヤットとして配置していた。彼らは、パタニはもちろんハシマット・ディヤック層からも軽蔑され、結婚の対象とはみなされていなかった。ただしピン

ガルには該当するカームは存在しなかった（ピンガルの鍛冶屋はガダイーである）。

　かつて独立したラージャー同士が領土拡張にしのぎを削っていた時代には，個々のカームの位置は必ずしも固定されたものではなく，ある程度の流動性を持っていた。支配者に対して大きな貢献を行なった人物はワズィールやハキームといった高位の官職に取りたてられ，その子孫もパタニとして認められた。ハキメーの祖先であるラフマットも，ヤギの放牧中にラージャーであるゴーハル・アマーンから見出されたと言われている。ラフマットが「リクルート」された時の模様は，その子孫によって次のように語り継がれている（なおラフマットの名前は，イギリス人が残した文献にも見出すことができる。Drew 1875 : 447-54 ; Leitner 1889 : 73）。

　　あるとき，ゴーハル・アマーンがパンダル村を訪れた。彼は放牧途中のラフマットを見かけると，声をかけた。
　　「見所がありそうだ。私の従者になりなさい。」
　　ラフマットは従った。その夜未明，ゴーハル・アマーンが礼拝のため寝所から起きると，眠っている従者たちの方から光が差してくるのが見えた。彼は光を放っている人物に数珠をかけ，礼拝へ向かった。
　　翌朝，彼が従者たちを見ると，数珠はラフマットの首にかかっていた。この若者がただ者でないことに気づいたゴーハル・アマーンは，自ら刀剣の使い方をラフマットに教授した。当時のゴーハル・アマーンは，スィクやドーグラーに対抗して何度もギルギットで矛先を交えていた。その攻防戦の中で，ラフマットは頭角を現わし，ゴーハル・アマーン，およびその息子パヘルワーンのワズィールとなった。（アクバル・シャー，1995年5月25日，ピンガル村）

　ごく一部の戦士に限られたにせよ，戦場での勲功の見返りは大きかった。それはラージャー制における地位の獲得とともに，新たな耕地，森林の利用，他人が狩りで得た獲物の一部を要求する権利などという，峻険な山岳地帯において貴重な資源へのアクセスを意味していた。これらの権利は最終的には

すべて支配者に属し，彼に対する貢献への報奨として住民に与えられた。反対に，支配者に逆らう者は国を追放された。

ギズル川流域の南の山々を越えると，ヤーギースターンに属する谷々が分布している。これらの谷から，部族間の抗争に敗れた結果としてギズル側に流入する者が常に存在したことを先に指摘した。支配者はこれらの移住者を，自らを頂点とするヒエラルキーにうまく取り込み活用していた。

この流動性は，しかしながら，19世紀末のパクス・ブリタニカの到来とともに失われていった。何よりも秩序を重んじるイギリスの間接統治の下では，動乱の芽は早い段階で摘み取られ，ラージャー同士の戦いがなくなった。それによって，かつての階層間の流動性もまたほとんど失われてしまったのである。

資料4（ハキーム家の古文書）からは，イギリス人がギズル地方をしばしば訪れていた様子がうかがえる。彼らは現地で情報収集に努めていたのだろう。そしてそれらの情報をもとにしつつ，現状に急激な変革を来すことがないよう細心の注意を払って，政治的な判断を下していた。**資料5**は，その実例である。1911年，ヤスィーンの支配者シャー・アブドゥル・ラフマーン・ハーンが，イギリスに対し謀反を図ろうとして失敗するという事件が起こった（子島 1997：135）。これに連座してラガール・シャーはハキーム職を解任された。その5年後，彼のハキーム再任を巡って，実に細かいやり取りがイギリス人行政官の間で繰り返されている。ギルギットの政務駐在官は，ラガール・シャー個人の記録や，その一族のプロフィール，敵対関係，周囲の人間の意見などを綿密に調査し，他に適当な候補者がいないことを確認したうえで，再任をスリーナガルの駐在官に提案している。その結果，給料を減額したうえで，ラガール・シャーの復職が認められている。

1916年のハキーム再任後，ラガール・シャーと，続くムハンマド・ヤクート・シャーはその勢力を盤石なものにした。ラージャー制の下では，子孫が絶えた家（*la waris*）の土地は支配者に接収された。また自分に反抗的な人間を国から追放処分（*zila watan*）とすることも，支配者には可能だった。これら没収地の一部は，ワズィールやハキームに再分配されていた。ムハンマド・ヤクート・シャーの時代には，ハキームは，ハンドラップ，ヘルクシ，

ゴローグ・ムリ，パンダル・パイン，バルコルティ，チャーシ，チャーシ・ゴルなどギズル諸村の各地に耕作地を所有し，その土地から収穫量の半分にあたる小作料を得ていた。

さらにハキームは，在所のピンガル周辺をラージャーから封土（*jagir*）として認められていた。ここからの徴収物が，彼の職務に対する報酬だった。当時のハキーム家には何人ものグジュルが下男や下女として働いており，耕地や家畜を世話していたという。

ラージャー制廃止後の1979年，最後のハキームだったムハンマド・ヤクート・シャーは，政府に補助金の支給を求めて申請書を提出している。このときの彼の訴状のコピーがハキーム家には残されている。それによれば，ハキームが毎年得ていた徴収物は次の通りである。

・穀物45マン（＝1800 kg。1マンは約40 kg）
・ヤギおよびヒツジ計30頭
・バター1.5マン
・ウールの外套（*choga*）1着
・雌牛1頭
・ギズル地方のジルガにより徴収される罰金総額の4分の1
・政府補助金130ルピー

ハキームはギズル地方の統治者として，イギリス人ばかりでなく，この村を訪れる旅人に食事や宿を提供していた。上記の穀物や家畜は，この客人接待（*mehman nawazi*）にその多くが消費されていた。夏になるとやってくるパシュトゥーン人の行商人，パラーチャに無料で宿を提供したのもハキームだった。

第3節　村のジルガ

クー＝ギズル国最後の支配者となったフサイン・アリー・ハーンの息子，アスガル・フサインによれば，ラージャーはハキームをしばしばグピスに呼

び寄せ，地方の問題を討議したり，状況報告をさせていた。また1年に1度，ラージャーは村々を巡行（*daura*）し，未解決の問題に最終の裁決を下したが，その際にはハキームも同行した。このハキームの手足として，主要村で働いていたのがチャルヴェロである。パキスタン建国以前，チャルヴェロはゴローグ・ムリとパンダルにそれぞれいた。その後パキスタンの建国直後に，チャルヴェロ職は増員され，テルー，ハンダラップ，チャーシ，そしてピンガルの各村にも置かれることになった。チャルヴェロは小麦10マンをラージャーから報酬として得ていた。その仕事は税の徴収，支配者巡行の際の手配，行政官の宿泊の世話などであるが，最も重要だったのは村の仲裁・紛争解決機関であるジルガ（*jirga*）の召集だった（1995年5月28日，グピス村，アスガル・フサイン氏からの聞き取り）。

ヤーギースターンにおける部族会議もジルガと呼ばれる。しかし部族民にとってそれはあくまでも話し合いの場であり，交渉はしばしば決裂した。ラージャー制にあっては，最終的な裁定権は支配者の手にあったため，たとえ当事者に不満があっても，紛争解決は迅速に行なわれていた。

ピンガルのチャルヴェロに任命されたのは，ラタセー・カームのグラキン・シャーだった（調査時，彼はトゥルジャールの集落に住んでいた）。そしてジルガのメンバーであるジルガダール（*jirgadar*）は，パタニであるハキメー，ラタセー，そしてシェールカーネーの有力者によって構成されていた。パキスタン建国後も，村レベルの水利，境界争いから殺人にいたるまでの多様な問題を扱ったのは，彼らジルガダールだった。ジルガダール自身のカームが紛争に関わっている場合には，他村からジルガダールが呼ばれた。ジルガダールの裁定に，最終的な判断を下すのはハキームだった。グピスのラージャーのお抱え猟師を務め，その後ピンガルでジルガダールとなったシェールカーネーのムハンマド・アーザム・ハーン（1920年頃生まれ）によれば，裁定はおおよそ以下のラインに沿って，その場で即座に下されていた。ただし賠償額は時代を追うごとに変わり，上昇していったと考えられる。

① 他人の妻への侮辱は，罰金として1頭の雄牛。肉は分配され，関係者各自が家で調理して食べる。

② 他人の腕もしくは歯を折った場合，被害者に500ルピーを支払う。
③ 駆け落ちは，男女ともに国から追放。男の土地は没収され，夫に与えられる。
④ 殺人は16年間刑務所で服役。パキスタン平野部の刑務所に送られた。ただし姦通の現場を押え，妻と相手を殺害した場合には罪は問われない。

ジルガの開催には，必ずしも特定の場所が必要なわけではなかったが，ピンガルでは行政官の宿泊施設であるレストハウスで行なわれていた。このレストハウスの門番を1950年代から80年代にかけて務めていたのは，先のアーリム・ハーン老人である。彼は当時の様子を次のように述懐する。

　　パキスタンができてからも，メヘタルとハキームが物事を決めるやり方はそのまま続いた。ずっと後になって，グピスに郡長が来て，メヘタルの体制は終わった。それまではこの地方一帯を2人で治めていた。
　　グピスでは，ラージャーのもとにジルガダールを召集してジルガを行なった。殺人事件でも15分で解決した。たった15分。今，グピスには20の役所がある。そして鶏のジルガに2年かかる。なんと強力な政府だったことか。貧乏人を食べる，困難をもたらすそんな政府ではなかった。
　　ギズル地方のジルガで裁定を下していたのは誰か？　ハキームだ。ハキーム抜きでラージャーが直接手を出すことはなかった。そしてハキームが決めたことは，必ずラージャーによって後追いで許可された。
　　ピンガルそのもので開かれるジルガは少なかった。1年に1回，2回，もしくは3回。問題は土地や結婚に関わるものだった。殺人はごくまれで，10年に1度あるかないかだった。それもまったく正当性を欠いたものではなかった。つまり，夫が自分の妻の上に他の男がいるのを目撃する。そして彼らを殺す。それは権利として認められていた。勝手に，たとえば財産のために人を殺したりはしなかった。（1995年5月24日，パイクシ村）

ジルガには，グピスのラージャーの下で開かれる場合と，ハキームを中心にギズル各地の村々で裁定を下す場合があったことがわかる。ジープ道ができた現在でも，ピンガルからグピスまで歩けば丸1日の道のりである。当時，ギズルで起こった問題のほとんどの裁定は，ハキームの権限によって下されていた。ピンガルより15kmほど上流の，シャマラン村でジルガダールを務めたムハンマド・ナズィール（1910年頃生まれ）は次のように語っている。

　　傷害，土地争い，詳い，姦通などの問題が起きると，チャルヴェロがジルガを開いた。ジャッジの権限は我々ジルガダール3，4人の手に握られていた。ジルガダールはメヘタルによる任命だった。問題が起きた人の家に行き，お茶や食事の接待を受けた。それは客人への接待だ。しかしその家が貧しければ何も出ない。賄賂（*rishwat*）は受け取らなかった。ジルガは1回切りで物事を決定し，仕事がすめばさっさと帰った。決定はチャルヴェロやハキームを通して，メヘタルへもたらされた。
　　チャーシ，シャマランには我々がいた。パンダルやギズルには，それぞれそこのジルガダールがいた。ジルガダールは場合によっては，テルー，スマ，ラオシュン（ギズル川流域の村々）まで行った。ヤーギースターンのターンギールまで行って，傷害事件のジルガを開き，その解決にあたったこともあった。我々の時代には，ジルガは1回切り，それでおしまいだった。メヘタルの時代にはそうだった。ハキーム，チャルヴェロ，そして我々ジルガダールが実際に決定を下していた。（1995年5月5日，シャマラン村）

ムハンマド・アーザム・ハーンにしろ，ムハンマド・ナズィールにしろ，

ムハンマド・ナズィール

彼らはパタニとしてジルガに参加していた。宗派はイスマーイール派だが，スンナ派のハキームの下で，村の有力者として活躍していたのである。ただしジルガの機能は，紛争裁定機関のそれに限定されており，公共工事を行なったり，宗教的な問題に関与することはなかった。

> 水路を補修したりするのはジルガの仕事ではなかった。住民の財産が破損した場合は，チャルヴェロが補修を指揮した。農民が自分たちで直した。道路は政府のものだから，それは政府の仕事だった。枝谷への道は，我々が自分で作った。ジャマーアト・ハーナはイスマーイール派の，そしてマスジッドはスンナ派の管轄で，それぞれが維持管理していた。
> （ムハンマド・ナズィール，1995年5月5日，シャマラン村）

やはりシャマラン村のサラーム・ハーン（仕立屋兼農民。1935年頃生まれ）は，ハシマット・ディヤックに属した人間として，この時代を次のように語っている。

> ラージャーの巡行は1972年まで，定期的に行なわれていた。秋の11月。もしくは春の5月，6月。15頭から20頭の馬に乗って，一行はやって来た。人々は大きな訴訟の裁定を求めた。メヘタルはワズィール，ハキームらを従え，ジルガを行なった。ラーヤットがメヘタルの馬やロバを操った。チャルヴェロがメヘタルからの命令を伝達し，どこの家が食事を用意するかなど，巡行の際の段取りをつけた。
> 　メヘタルがグピスから出発する。シャマランにやって来るとの知らせが届く。メヘタルは言った。
> 「ハシマットのバターを持ってこい。ハシマットの仔ヤギを持ってこい。馬のまぐさを持ってこい。」
> 良質のバター，肉が供される。手を洗うための準備や薪の用意をした。一行のための部屋を空ける。彼らが寒いと言えば火を用意した。服を洗った。枝谷へ狩りに行くとなれば，卵，バターを差し出した。たいそうな苦労だった。

メヘタルは随行者とジルガを行なった。しかし，それは私のような貧乏人のために行なわれたのではなかった。そしてウスタード（楽士であるドームを指している）が太鼓を演奏し，メヘタル一行はここからさらにチャーシ，パンダルの村へと上がっていく。
　秋になると，伝令がやってきて，ハシマットを要求した。ジープやトラクターはなかったから，ロバや馬の背に乗せて，グピスまで運んだ。夕方に到着した。トウモロコシや空豆，ヤクや雄ヒツジなども持っていった。そこで荷は計量され，足りないと罰が下された。メヘタルの屋敷には何十人も従者——ボディガード，家の女性，下男——などがおり，彼らがハシマットを食べた。政府に出すのがマーリヤで，これは小麦だった。小麦は政府の事務所へ届けた。
　当時，公共工事（scheme）は全然無かった。薪を持ってこい，粉を挽いてこい，砂糖がない，馬を引け。土地を差し出せ。何の施策もせず，メヘタルは全部食べてしまった。公共物の補修には，メヘタルもしくは政府は一切携わっていなかった。村人自身が行なった。メヘタルの時代には圧政（zulm）が行なわれていた。最後に至るまで，メヘタルの力は強かった。
　ただしジルガの時代には，賄賂はなかった。ジルガは清廉（saf）だった。女性や傷害に関わる事件があれば，メヘタルが来て裁定を下した。1時間で解決した。賄賂が横行し始めるのは，もう少し後のことだ。今の役人は，自分で公金を食べている。
　ブットー・サーヒブ（当時のパキスタン首相）がラージャー制を廃止し，人々を奴隷のような生活から解放した。グピスの郡長が，以後はこの地方を管轄している。ハシマット，そしてマーリヤも廃止された。全部廃止だ。そしてメヘタルは力を失った。今じゃ人々は，ラージャーに対してろくに挨拶もしない。（1995年5月5日，シャマラン村）

　ラージャー制では，カームと支配者の関係が，地域共同体内における社会的関係の基盤にあり，そこで紛争の仲裁や解決にあたっていたのはジルガだった。ジルガのメンバーはパタニに属するカームの有力者たちであり，彼ら

はしばしば問題が生じた場所に出向いて関係者の言い分を聞き，そのうえで迅速な解決を図っていた。おそらく裁定に関して不平や不満はあっただろうが，ジルガダールが彼らなりに公平な立場から判断を下していたことは広く認められている。彼らは賄賂とは無縁の存在だった。もちろん，かつての支配層にしてもジルガが万能だったと主張するわけではない。ましてやラージャー制自体に，多くの不公平が内在していたことは，会話を交わした住民のほとんどすべてによって，はっきりと認識されていた。ハシマット・ディヤック層から集められた税も，結局はラージャー制を維持するためだけに消費されていた。支配者が積極的に（たとえ規模は小さいにせよ）公共事業を行なうことはなく，日常使う既存の道路や橋も，ほとんどの場合は住民が自ら維持補修にあたっていた（学校教育に対しても不熱心だったことは第4章参照）。結局のところ，それは「圧政」だったのである。そしてパキスタンの都市部から隔絶されたカラーコラムの峻険な谷に暮らす住民にとって，ラージャーは絶対的な存在だった。

　しかしパキスタン政府に対しては，そのラージャーたちも提示された政策を受け入れるしかない存在だった。1960年代末から，カラーコラムのラージャー制の国々は順次廃止され，パキスタンに統合されていく。まず1969年，北西辺境州内に位置するスワート，ディール両国とともに，チトラールがパキスタンに併合された。この併合は，移行期間もなくパキスタン政府によって突然断行された（バルト 1998：217）。カラーコラム最大の領土を持ち，数万のイスマーイール派が住むチトラールに続いて，1972年にはヤスィーン，イシュコマーン，プニヤール，ナガルとともにクー＝ギズルも廃止された。これもまた事前の通告なく行なわれた。小国の支配者たちは，ラジオを通して先祖代々受け継いできた国の消滅を知らされたのだった。1974年には，最後に残ったフンザも廃止された。

　ラージャー制の廃止に伴いギルギット管区は北方地域となり，ギルギット，ディヤマル，バルティスターンの3県で構成されることになった。ギルギット駐在の政務駐在官に代わって，行政県の長としてコミッショナーが置かれた。プニヤール，イシュコマーン，ヤスィーン，そしてクー＝ギズルは，フンザやナガルと同様にギルギット県に吸収された。[5)]

パキスタン政府の下では，ハシマットその他の税や強制労働，および封土は廃止された。その際，旧支配者には補償として手当てが支給された（このとき，ハキメーもその小作地の大部分を売却している）。法的な面ではFCRが廃止され，パキスタンの現行法が適用されることになった（Ali 1990：218-20）。

　現在，ラージャー制の復活を望む者は，もちろん1人もいない。しかしそのうえでなお，年長者，特に支配層に属した人々にとってジルガは，過ぎ去りし日々への追憶にとどまらない。その清廉潔白さは，痛烈な「現状批判」として物語られている。過去についての老人たちの語りは，知らず知らずのうちに，パキスタン政府の腐敗を批判する調子を帯びている[6]。奴隷のような生活から解放してくれた同じ政府が，今では「貧乏人を食べる」ことに対する強い憤りが感じられる。

第4節　ま　と　め

　本章では，特にパキスタン建国以降のラージャー制のあり方について述べた。それによって，以下の点が明らかとなった。ラージャー制という政治の枠組みは，ギズルではハキームの統治という形で1970年代初頭まで存続した。この政治制度において，村レベルで最も重要な役割を果たしていたのがジルガだった。ジルガでは宗派に関係なく，ラージャーから任命されたパタニ出身のジルガダールたちが働いていた。その特徴は，問題に対する迅速な対応にあった。また開催場所も固定されておらず，各地をジルガダールが訪問して問題解決に取り組んでいた。村レベルで生じる問題，特に土地争いや水利など生業と直接関わる紛争の解決機関は，地域共同体の内部にあって機能する必要があった。ジルガはその要請にそれなりに応えていた。復讐の絶えることがないヤーギースターンのジルガと比べるとき，ラージャーと政務駐在官の権威の下で，ギズル地方のジルガははるかに安定していた。

　興味深いのは，老人たちの回想が期せずしてジルガの特徴とパキスタン政府の行政を比較し，現在の行政に厳しい目を向ける傾向を示していることである。パキスタン政府を賄賂と結びつけて，その腐敗ぶりを批判する姿勢が

鮮明に出ている。後で見るように，若い世代も政府行政を批判するのだが，その時の比較の視座は異なっている。そしてその違いこそが，ギズル地方における変化を的確に示してもいる。この点については，第5章および第6章で詳述することになる。

1) ナンバルダール（*nambardar*）の名称でも知られる。
2) アーダムザーダー（*Adamzada*）と呼ばれることもある。
3) イギリスが新設した税（*maliya*）は，パタニ，ハシマット・ディヤックの区別なく一律にかけられた（子島 1997：145-6 参照）。
4) 今日ではドームもラーヤットも差別を含意する蔑称として意識されている。コワール語を修得する過程で，私はこれらの言葉を使わないようにと何度か注意された。ラーヤットの職務はラージャー制の廃止とともに消滅した。ドームの演奏する音楽は，現在でも結婚の祝いやポロのゲームに欠かせない。彼らは尊敬を示すウスタード（*ustad*）の語で呼ばれるようになっている。ウスタードは「先生」の意であるが，専門技術に習熟した人間を指す一般名詞としても使われる。しかし，旧パタニやハシマット・ディヤック層による彼らへの蔑視は，決してなくなったわけではない。
5) その後1974年，ギルギット県は二分され，旧クー＝ギズルはギズル県の一部となった。しかし1978年，ギズル県は再度ギルギット県へ統合された。そして1989年に再び単独県として復活と，行政単位が安定しないまま現在にいたっている。
6) この点は，スワートの支配者，ワーリー・サーヒブが残した自伝（ノルウェーの人類学者バルトが聞き取りを行ない，編集した。バルト 1998）にも共通する。

第2部

変革するイスマーイール派

イマーム歓迎と記された山腹の文字

第3章　イスマーイール派の系譜と
　　　　近代における再生

　本章では，イスマーイール派の概要を明らかにする。同派の研究はどうしてもファーティマ朝やアラムート期の歴史研究に注意が向かいがちであり，アラムート陥落後，特に近代以降の動向や現在の地理的分布等についての知識は，きわめて不十分な形でしか紹介されていない。これまでの研究の到達点を具体的に確認しながら，カラーコラムに先行する近代的ジャマーアト構築の歴史について述べる。

　まず第1節では，本書で問題とするところのイスマーイール派，すなわち「シーア・イマーミー・イスマーイーリー」の概要を明らかにする。イスラーム全体におけるイスマーイール派の位置づけと，イスマーイール派内部におけるさらなる諸派への分裂を確認する。第2節では，イスマーイール派の近代における発展を追う。19世紀後半，イマームのもとに集権化された組織を備える共同体へとまず変容していったのは，インドのホージャである。そこでのイマームの権威の再確立とジャマーアトの近代化を追う。第3節では，パキスタン建国後にホージャが果たした経済的発展と，イスラームが政治問題化していく中で迎えた緊張状態について述べる。

第1節　イスマーイール派の系譜

1　シーア派[1)]

　イスラームは，主としてスンナ派とシーア派という2宗派によって構成される。スンナ派は多数を占める「正統派」であり，今日のムスリム人口のおよそ9割を抱えている。一方シーア派は，特にイスラーム史初期には反体制

図 2-3-1　イスマーイール派系統図

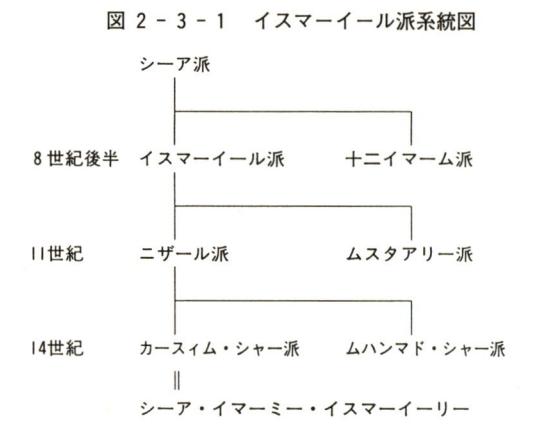

```
                シーア派
                  │
        ┌─────────┴─────────┐
8世紀後半  イスマーイール派      十二イマーム派
          │
     ┌────┴────┐
11世紀 ニザール派   ムスタアリー派
       │
   ┌───┴───┐
14世紀 カースィム・シャー派  ムハンマド・シャー派
       ‖
   シーア・イマーミー・イスマーイーリー
```

の思想であり、少数派であり続けた。イスマーイール派はそのシーア派の一分派である。

シーア派の「シーア」とは「党派」を意味する言葉であり、「アリーを支持する党派」の略称である。このシーア派思想の特徴は、アリーを預言者ムハンマドの後継者、イスラーム共同体の指導者、すなわちイマームとすることである。そしてアリーの死後には、その血統に代々イマーム位が継承されるとする。アリーの信奉者たちは彼の死後、その長子ハサンを、そしてハサンの死後にはハサンの弟フサインを指導者として奉じた。フサインはムアーウィヤの息子ヤズィードの軍隊に果敢に戦いを挑み、カルバラーの地で激闘の末に倒れる。この「カルバラーの悲劇」(680年) が、シーア派成立の重要な契機となった。今日まで、フサインの殉教はシーア派にとって最も重要な宗教的シンボルとなっている。アーシューラー月10日、シーア派はフサインの死を悼んで行進を行なう。自分の胸を打ちながら歩く参加者は、やがて自分の背中を鎖で打ち始め、血を流しながら行進を続ける。

シーア派の系統で最大の勢力となったのは、十二イマーム派である (図2-3-1参照)。このためふつうシーア派と言えば、十二イマーム派を指している。この名称は、940年に12代イマームのムハンマド・アル・マフディーが大幽隠（ガイバ・クブラー）の状態に入り、以後新たなイマームが現われていないことに由来する。十二イマーム派の教義では、ムハンマド・アル・マフディーは終末に再臨することになっている。

規模はきわめて小さくなるが、十二イマーム派に次ぐのがイスマーイール派である。十二イマーム派で第6代、イスマーイール派において第5代イマームに数えられるジャーファル・アッサーディク (765年没) の息子の代に

おいて，両者の分裂が生じた。

2　イスマーイール派諸派

　ムーサー・アル・カーズィム (799年没) に従ったのが十二イマーム派，そしてイスマーイール (754年没) を支持した人々がイスマーイール派を形成することになった。イスマーイール派には，アリーの特定の系統を絶対無謬の指導者として仰ぐ傾向が著しい。そしてこの宗派原理は，イマーム位を巡るさらなる分裂をもたらしていった。

　第11代イマームを名乗ったウバイドゥッラーは，北アフリカのベルベル人の支持を結集することに成功し，ファーティマ朝を樹立する (909年)。ここにイスマーイール派イマームが，スンナ派のアッバース朝に対抗するカリフとしても君臨することになった。ウバイドゥッラーに続くイマーム＝カリフの時代においてもファーティマ朝は拡張を続け，14代イマーム，ムイッズの時代にはカイロを新首都として建設した (972年)。今日，イスラーム世界最古の最高学府とされるアズハル学院も，やはりこの時に創設されている。この時代，ファーティマ朝の版図はモロッコから紅海，シリアまでの広大な地域に及んだ。カイロからは多くのダーイー (*dai*. 伝教師) が，帝国内外の各地へ布教のため派遣された。今日に至るまで，この時期のファーティマ朝は，イスマーイール派の黄金時代とみなされている。

　第18代イマーム，ムスタンシルの治世は繁栄のうちに始まったが，天災と内部抗争の結果，その末期にファーティマ朝は衰退期を迎える。ムスタンシルが死ぬと (1094年)，イスマーイール派は彼の2人の息子，ニザールとムスタアリーをそれぞれ支持する派に分裂する。ムスタアリー派とニザール派である。

　ムスタアリー派の系統は，その後もファーティマ朝のカリフ位を継承するが，第20代イマーム，アル・アーミルの死後，1133年に再分裂した。従兄弟でカリフ位を継承したハーフィズと，息子アル・タイーブとに従う派であり，それぞれハーフィズ派とタイーブ派と呼ばれる。しかし同王朝が1171年に滅亡すると，ハーフィズ派はほどなくして地上から姿を消すことになった。

一方のタイーブ派はイエメンに本拠を移し，西インドへの布教活動によって勢力を取り戻す。同派の教義では，タイーブはアル・アーミルの死の直後から「お隠れ」(*satr*, この用語については，Daftary 1990：565 参照) の状態に入っている。現在に至るまで，彼の子孫は不可視の領域でイマーム位を継承しており，いつのときか再び宗徒の前に姿を現わすとされる。それまでイマームに代わって宗徒を統率するのが，ダーイー・ムトラク (*dai mutlaq*) である。

　タイーブ派の系統は，1591年にそれぞれのダーイーを奉じるダーウード派とスレイマーン派に分裂した。この分裂には，インドの宗徒 (＝ダーウード派) の本拠地イエメン (＝スレイマーン派) からの独立という動きが認められる。

　ダーウード派は，インドのグジャラート州スーラトにいる第52代のダーイーに従っている。同派の推定人口は50万，うち40万がインドに暮らしている。そのほとんどは「ボーホラー」というビジネス・コミュニティに属している。この集団は社会的にも指導的な地位に就く人物を輩出してきた。インド・ムスリムの法廷弁護士第1号はボーホラー出身である。スレイマーン派の人口はイエメンに集中しており，5〜7万である。イエメンに住む第49代ダーイーに従う (ここでのボーホラーに関する記述は，Daftary 1990：ch.5 ; Dimaggio 1992 ; Hollister 1953：ch.XVII ; Lokhandwalla 1967 を参照している)。

3　ニザール派の系統

　ファーティマ朝のカリフ位を踏襲したムスタアリー派から分かれたニザール派は，アラムートを本拠地に，ペルシアやシリア各地の山城を結んで活動を展開した。自らの理想とする社会を実現するため，ニザール派は暗殺をはじめとする地下活動を繰り広げ，スンナ派君主から恐れられる。と同時に，繰り返し迫害や虐殺を経験することになる。また「自分たちの母や姉妹や娘たちを汚す」という烙印も，スンナ派史家によって押しつけられた (ルイス 1973：161)。

　井筒俊彦はアラムート期におけるニザール派の信仰について論じている (井筒 1986 a, b)。この時期のイマーム概念は，第24代イマーム，ムハンマドの時代において次のように表明される。

「神そのものではないが神である，神ではあるけれども，神そのものではない」という，神であることへの極度の近接性をイマームはもつにいたったのである。それはちょうど太陽とその光の関係にたとえられる。太陽の光を通じて太陽を見るように，人はイマームを見ることによって，神を見るのである。(井筒 1986b : 147)

　この前後にイスマーイール派の教義は，イスラーム法シャリーアの停止からスンナ派への転向という激しい揺れ動きを見せる。この時期の動向はまさしく過激であり，山の上の老人が遣わす暗殺者というイメージとともに，今日にいたるまでイスマーイール派のイメージを決定するものとなった（井筒 1986 a, b；ルイス 1973：第4章；Daftary 1990：ch.6 に特に詳しい)。

　アラムート陥落（1256年）以降，ニザール派は数世紀にわたって沈黙を続ける。ペルシア文化圏でのイスマーイール派は，迫害を逃れるために久しくスーフィー教団を装ったため，「イスマーイール派化したスーフィズム」と「スーフィズム化したイスマーイール派」の判別はつかないとイワノフが指摘する状態にあった。イスマーイール派はルーミー，アッタール，サナーイーなどの神秘主義詩人たちを，自分たちの教えを秘密裏に書き記した人物だとみなすようになっていた（Ivanow 1932, 1959)。

　この間，ニザール派はムハンマド・シャー派とカースィム・シャー派への分裂を経験する。この分裂はおそらく 14 世紀に生じたと推定される。ムハンマド・シャー派はインドに本拠を置き，一時期はカースィム・シャー派を凌いでいた。しかし 18 世紀末の第 40 代イマームを最後にその系統は絶えている。その宗徒は，現在シリアに 1 万 5000 人が数えられるのみである（Daftary 1990：534；Ivanow 1938)。

4　シーア・イマーミー・イスマーイーリー

　ここで本書で問題とする「イスマーイール派」にたどり着いた。カースィム・シャー派の系統がそれである。ただし，宗派自身がカースィム・シャー派を名乗っているわけではない。「シーア・イマーミー・イスマーイーリ

ー」(Shia Imami Ismaili) が正式な名称であり，ふだんは単にイスマーイール派と称している。

近代の「シーア・イマーミー・イスマーイーリー」の歴史を見ていくと，その中核を担ったのが，インドの「ホージャ」と呼ばれる集団であることが理解される。ムスタアリー派の系統に属するボーホラー同様，ホージャも主として商業に従事する。またこの集団はパキスタン建国の父ジンナーを生み出している。

ホージャ人口は 1960 年の時点で，パキスタンに 6 万，インドに 5 万，移住先の東アフリカに 5 万の計 16 万人と推定されている。このうち人口が最も集中しているのはカラーチーで，2 万 5000 人である (Papanek 1962 : 11)。東アフリカのホージャは，アフリカ社会主義の影響を受け，その後多くが北米やイギリスに移住している (Clarke 1976, 1978 ; Williams 1988)。ホージャの総人口は現在おそらく 30 万人前後と考えられる。

全世界のホージャに匹敵する，あるいはそれを上回る宗徒人口が南アジアから中央アジアの境界領域にかけての山岳地帯に集中している。現時点までの先行研究を検討すると，ここがイスマーイール派最大の集住地域であることはほぼ確実である。かつてその中心部がバダフシャーンにあったことから，この地域の宗徒はバダフシャーニー・イスマーイーリーとも呼ばれる。

この地域では，現在多くの国々の国境が接しているが，バダフシャーニー・イスマーイーリーの人口が最も多いのはパキスタン北部，すなわち本書で言うところのカラーコラムである。1980 年代初頭に約 20 万人と推定されている。これに隣接するアフガニスタンのバダフシャーン地方 4 万 5000 人，タジキスタンのバダフシャーン地方 5 万人，中国タシュクルガン周辺部 2 万 2000～5 万人が加わる (Holzwarth 194 : 8,113)。その後の人口増加を加味すれば，カラーコラムだけで 25 万人を超えると推定される。バダフシャーニー・イスマーイーリー全体では 40～50 万人に達するだろう。ホルツワースはさらに，シリア 5 万 6000 人，アフガニスタンの他地域で 10 万人，イラン 2～3 万人を宗派人口に加える。これらすべてを合計すると，現在のシーア・イマーミー・イスマーイーリー人口は 100 万人前後と推定される。なお，同派の人口はしばしば 1200 万～1500 万人と紹介される (最大では 2000 万人)。

しかし，この数字が具体的な地理的分布とともに示されたことは，一度もない。本書では先に挙げた分布と数字をもとに，次の2点を以後の議論の重要な前提とする。[3]

① カラーチーがホージャ最大の拠点となっている。
② パキスタン北部に，シーア・イマーミー・イスマーイーリーの最大集住地域が存在する。

イマームであるアーガー・ハーン四世はパリ近郊に本部を構えているが，宗徒の大部分はパキスタンに暮らしている。12〜13頁の**表序-1a〜c**に見えるように，アーガー・ハーン開発ネットワークのすべての事業がパキスタンで行なわれている。この極端な集中が同国の重要性を物語っている。

これまでの記述によって，イスラームにおけるイスマーイール派の位置づけ，および多様に枝わかれしたイスマーイール派内部における「シーア・イマーミー・イスマーイーリー」を確認することができた。要約すれば，歴史上イスマーイール派は，イスラーム世界における危険な過激派だとみなされてきた。実際その教義や行動は無謬のイマームに従い，しばしば過激な方向へと走っている。多様な展開を見せたイスラームのスペクトラムにおいても，同派が一方の極に位置していることは間違いない（11世紀にイスマーイール派から分かれたドルーズ派に至っては，もはやイスラームの枠から外れた異教だとみなされることもある。宇野 1996参照）。

「シーア・イマーミー・イスマーイーリー」は，イスマーイール派諸派の中では，外部から最も広く知られる存在となっている。それに大きく貢献したのは，まず西洋ではほとんどフォークロア化した大富豪アーガー・ハーンの伝説である。そして近年では，「アーガー・ハーン開発ネットワーク」のNGO活動によって，マスメディアで大きく取り上げられるようになった点が大きい。すなわち，この派だけが今日でもイマームの系統を戴いており，かつアーガー・ハーンの称号で知られる歴代イマームが外部社会に向かっても重要な働きかけをしてきたことが，同派のインパクトを大きくしている。

次節以下では，特に断らない限り，イスマーイール派とは，カースィム・

シャー派の系統である「シーア・イマーミー・イスマーイーリー」を指すものとする。なおこの立場は，神学的な正統性の議論とは無関係である。

第2節　歴史への再登場
　　　――近代におけるホージャの発展――

　近代以降のイスマーイール派は，めまぐるしい変化を遂げてきた。そして，これまでのホージャに関する研究は，一方で変化の過程を追いながら，この変化の原動力としてイマームの指導に注目してきたことは，先に先行研究の検討でも指摘した通りである。本節では次の2点についてまとめている。まず，イマームの権威がイギリスによる植民地統治という社会的状況において，再確立していった過程を示す。次に，その後の共同体の組織的な発展を扱う。

1　再確立されたイマームの権威

　アラムート陥落以降のイスマーイール派は，再び政治的勢力として自らを確立することはなかった。中東からインドまでの広範な地域に散在する各地の共同体は，それぞれの社会・文化的環境に適応していった。その多くは辺境の農民であったが，インドには商人コミュニティを形成する宗徒がいた。ホージャである。イマームがペルシアからインドへ移住し，このホージャの経済力を手中にしたことが，イマーム集権制が再確立される契機となった。ホージャの間におけるイマームの権威確立は，実際には簡単には進まず，宗派内部で多くの軋轢を生むことになった。イマームの権威，集団としてのホージャの規定が明確となる過程においては，植民地政府の司法制度が重要な役割を果たしたことが，研究者によって繰り返し指摘されている（Clarke 1978 ; Masselos 1978 ; Morris 1958 ; Nanji 1974）。

　1817年，シーア派（十二イマーム派）ウラマーの煽動によって殺害された父の後を継ぎ，ハサン・アリー・シャーが第46代イマームとなった。カージャール朝のファト・アリー・シャーの庇護を受けていた彼には，アーガー・ハーン（*Agha Khan*）の称号が授与された（その後，宗派のトレードマークとなる称号であり，「指導者」あるいは「主人」を意味する）。アーガ

ー・ハーン一世はキルマーン地方の知事に任命されたが，同地方の支配を巡る争いに破れ，アフガニスタンへ走った。さらにスィンド地方（現在のパキスタン）に逃れると，そこで第二次アフガン戦争を戦うイギリスに協力，その信任を得ることになった。1845年，一世はさらにインドへ移住した（Alger 1968）。

すでにペルシアにいた時代から，自らの権威を強めようとしていた一世がインドへやって来ると，一部の宗徒との間に強い緊張状態が生じることになった。やがて両者の間で，イマームの権威を巡って一連の裁判が開始された。

当時ボンベイには，およそ600家族のホージャが暮らしていた。彼らは主として商業に従事する内婚集団を形成しており，内部の問題はジャマーアト（当時は成人男性の会合を意味していた）での話し合いによって処理されていた。まとめ役のムキ（mukhi）と補佐のカムリヤ（kamria）を中心に，ヒンドゥーの慣習に基づいて決定を下していたのである。その信仰は後述するギナーンによって表現されていたが，埋葬地付属のマスジッドの管理はスンナ派のムッラーに任されるなど，イスマーイール派としての明確な規定は存在しなかった。ペルシアに住むイマームへの送金も，同様にはっきりとした規則に基づいて行なわれていたわけではなかった（Masselos 1978 : 104）。

アーガー・ハーン一世と，イマームに対抗して改革を主張する一部宗徒の間の対立は，「アーガー・ハーン訴訟」の名で知られる裁判によって決着がつけられた。1866年，一世の主張を認める決定が，ボンベイの高等裁判所で下されたのである。

その主たる内容は次の3点である（Masselos 1978 : 110）。

① ホージャは「シーア・イマーミー・イスマーイーリー」の共同体である。
② アーガー・ハーン一世は同共同体のイマーム，精神的首長である。
③ ホージャから慣習的に徴収されている税および共同体の共有財産は，全面的にイマームに属する。

この「アーガー・ハーン訴訟」以降はその判例が基本的に維持され，イス

即位60周年記念式典におけるアーガー・ハーン三世
体重分の金を，信徒から献呈された

マーイール派と他宗派との境界を明示する役割を果たした。イマームの権威とホージャのイスマーイール派としてのアイデンティティ，両者が植民地政府の司法機関の裁定によって確立されたのである。ここにイスマーイール派イマームが，不可謬の神学的立場と大きな経済的力を併せ持つことになった。[4]

2　近代的なジャマーアトの構築

　その絶対的な権威のもとにイマームが具体的な指導力を発揮したのは，宗派組織の改革だった。アーガー・ハーン一世死去の後，イマーム位を継承した二世は4年間の在位の後に急死した。幼少にしてアーガー・ハーン三世となったスルターン・ムハンマド・シャー（在位1885～1957年）は，その長い在位期間を通じて，ジャマーアトの近代化を推進した。

　イマームを頂点に仰ぎながらも，宗教的な事項と世俗の諸領域を明確に分離する組織群を構築していく。これが近代的ジャマーアトの特徴である。アーガー・ハーン一世のインド移住以前のホージャはいわゆる商人カーストであり，イマームとの連絡もそれほど密接ではなかった。しかし「アーガー・

ハーン訴訟」を経て，スンナ派でもシーア派（十二イマーム派）でもない，イスマーイール派としての性格を強めていく。ジャマーアトが単なる宗徒の集まりではなく，内部にイマームと直結したさまざまな制度を構築していくにつ

図 2-3-2　1950年代のイスマーイール派組織図

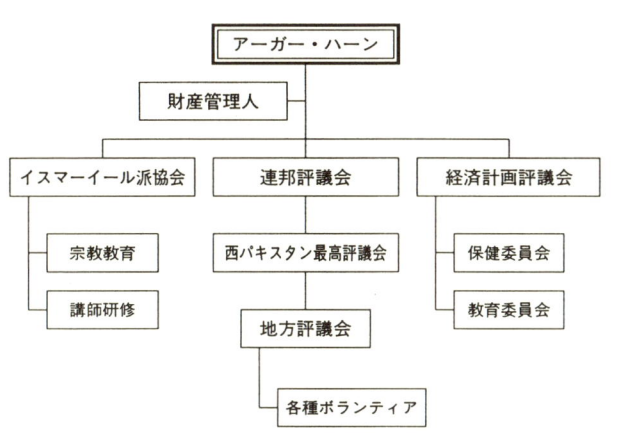

```
アーガー・ハーン
　└ 財産管理人
　　├ イスマーイール派協会
　　│　├ 宗教教育
　　│　└ 講師研修
　　├ 連邦評議会
　　│　└ 西パキスタン最高評議会
　　│　　└ 地方評議会
　　│　　　└ 各種ボランティア
　　└ 経済計画評議会
　　　├ 保健委員会
　　　└ 教育委員会
```

（注）　東パキスタンにも同様の制度が存在する。
（出所）　Papanek 1962:211 を簡略化して作成。

れ，同派の成員と他宗派・他宗教の成員との境界も明確になっていった。またホージャの分布はその商業活動の拡大に比例して広がっていったが，各地のジャマーアトは地域や国ごとに編成され，イマームを頂点とするトランスナショナルな統合体を形成することになった。

図 2-3-2 は，パキスタンにおける組織の概念図であり，1950年代にカラーチーで調査を行なったパパネクが示したものである。この組織の要となるのが評議会制度である。評議会メンバーは，イマーム任命の「名誉あるボランティア」たちであり，熟練した行政能力が要求されるポストを無給で担った。彼らは結婚や財産に関わる争いをジャマーアト内部で調停するとともに，住宅問題，保健衛生，教育などの分野をも管理下に置いていた。さらにパパネクが事例として挙げるガーデン・エリア地区のジャマーアトでは，評議会の下に17ものボランティア組織が恒常的に，あるいは特別の祭礼の際に活動していた。この当時ボーホラーやメーモンといった他のビジネス・コミュニティの間にも同様の組織は見られたが，ホージャには及ばないとパパネクは述べている（Papanek 1962：223-37）。

評議会に重きを置く新たな組織のもとでは，ムキとカムリヤの役割は宗教的な儀礼の監督と税の徴収に限定された。徴収された税は，財産管理人を通

して各組織へ再配分された。これに加えて、イマームの在位25年、50年、60年を祝う式典の際に集められた基金から、商人層であるホージャのための商業保険や融資の制度が作られていった（Papanek 1962 : 210-2）。

宗教教育と内部宣教のために活動するのがイスマーイール派協会（Ismailia Association. 後にタリーカ・宗教教育委員会に改称）である。同協会は1910年代初頭、ボンベイに設立された。組織の構築に際してはサルベーション・アーミー（救世軍）をモデルにしている。初期には非イスマーイール派への布教活動も行ない、ボンベイ近郊の掃除人の村を集団改宗させている。また1920年代末には、外部研究者に対して初めてイスマーイール派の資料を公開している（Papanek 1962 : 238）。協会はワーイズ（*waiz.* 協会職員である宗教講師）をジャマーアト・ハーナへ送るため、ムキやカムリヤとの接触が多いが、組織的には無関係である。教義や信仰に関わる協会は、世俗の問題を扱う評議会からも独立した、イマーム直属の機関である。協会は教義に関わる情報の流通を内部に制限する一方で、外部に対しては、他宗派にも受容されるイスマーイール派イメージを創造する責任を負っている（Papanek 1962 : 243）。

これらイマームの奨励するボランティア活動は周囲の揶揄や冷笑から無縁であるばかりか、功労者には栄えある称号がもたらされた。ジャマーアト内部での名誉と威信を求めて、裕福なホージャの間では、しばしば任命を巡る競争さえ生じた（Kaiser 1996 : 53 ; Morris 1958 : 467 ; Papanek 1962 : 220）。

制度構築の先行した東アフリカでは、1905年に「イスマーイール派憲章」が発布された（Anderson 1964）。イマームの権威と共有財産、ならびにイスマーイール派の組織に関する規定を示したこの憲章は1926年に改められ、評議会ばかりでなく経済や教育分野の組織の発達を促した。また植民地勢力の官僚制度と交渉する上でも、貴重な経験をホージャの指導者層に与えた（Morris 1958 ; Nanji 1974）。憲章はその後、インド亜大陸の宗徒に対しても発布された。また北米やヨーロッパでも、やはり評議会制度を中心とした組織作りが行なわれている（Clark 1976, 1978 ; Nanji 1983 ; Williams 1988）。

図2-3-2からは、この宗派組織は複雑で官僚的に見える。しかしながら、イマームとジャマーアトのコミュニケーションは頻繁であり、それが社会の変化にダイナミックに対応する活力を、この組織にもたらしていた。

イマームはしばしばパキスタンや東アフリカの都市部のジャマーアトを訪問した。指導者層に対しては，個人的に言葉をかけるような近い存在でもあった。ホージャの有力者たちの多くが，イマームとの個人的な会話を誇りにしている (Frischauer 1971)。

ジャマーアト全体に対する指導は，ファルマーン，すなわちイマームの布告を通して行なわれた。同時代に生きる「時のイマーム」を戴く意味が，ここに如実に現われている。常人には隠されているクルアーンの真の意味 (*batin*) ——文字通りの意味 (*zahir*) と対比される——を開示する存在であるイマームのファルマーンは，発せられると直ちに発効し，宗徒が変化の激しい時代に対処していくための指針となったのである。

次々に発せられる新たなファルマーンは，それまでの指導を改めることに躊躇することがなかった。神学的な議論は好まれず，現実世界の必要に関わるアドバイスがその主要な案件となっている。三世自身，自分の時間の99％は，宗徒の世俗の用件のために使われているが，そうでなければあなた方宗徒の生活に支障をきたすだろうと述べているほどである (Papanek 1962：123)。ビジネスの重要性，福祉や教育（特に女子）が繰り返し強調されるとともに，飲酒やギャンブル，そしてぜいたくな食事や婚礼が戒められている。場合によっては香辛料の使いすぎを抑制するよう，宗徒に語りかけている (Adatia and King 1966)。ホージャに経済的成功をもたらした起業家精神も，ファルマーンにおいて盛んに鼓舞されている。

　　固まって暮らしてはならない。外に飛び出して行きなさい。商売が成功しそうだと思えば，町のわが家を離れて未開の奥地へ向かいなさい。
　　　私があなたに与えるこのお金は，聖なるものであるから，細心の注意を払って使いなさい。その1シリングから，2シリングの利益を生み出すよう努力するのです。(Clarke 1976：486)

アーガー・ハーン三世は，ヨーロッパの社交界で多彩な交友関係を結んでいた。その自伝には，チャーチルからストラヴィンスキー，エドワード八世からチャップリンまで多彩な人物が登場する (Aga Khan III 1954)。イマーム

とヨーロッパの支配層との交流は，宗徒にとって誇るべきことだった[5]。またそれが自分たちに有用な情報をもたらすことも宗徒は認識していた。西洋に通じたイマームの指導に従う形で，ジャマーアトの組織作りは実用主義に則って進められていった。

第3節　パキスタン建国後の新たな展開

1　ビジネス・コミュニティとしての成功

商業活動によって得た利益を，イマームが再分配機構として教育や保健衛生，あるいは独自の融資制度へと投入することで，ホージャのジャマーアトは社会・経済的に発展した。パキスタンの産業資本層に焦点を当てた研究（Kochanek 1983；Papanek 1972；山中 1992, 1993a）は，メーモンやボーホラーとともに，ホージャがパキスタン有数のビジネス・コミュニティへと成長したことを明らかにしている。

パキスタンの独立以前には，資金の欠如から工業分野に進出したムスリム資本は少なかった。ムスリム系最初の銀行はハビーブ銀行であるが，その成立には1940年まで待たなければならなかった（なおハビーブ財閥は，イスマーイール派から十二イマーム派へと改宗したホージャに属している）。ヒンドゥー系の銀行はムスリムに融資を図らなかったため，ムスリム資本は，自己のコミュニティ内の信用組織に依存して資本調達を行なっていた（山中 1992：300）。ホージャ内部でも信用組織が整備されていった。特にアーガー・ハーン三世の即位50周年（1935年），60周年（1年遅れで1946年に開催），さらに70周年記念（1954-55年）の際に宗徒からの献金をもとに基金が創設，拡充された（AKFED 1992：298）。

1947年の独立に際してパキスタンが継承した工業生産施設，工業企業家層，そして都市労働者階級の規模は極端に小さかった。工場数921のうち34工場（鉄道，綿紡績，製糖，ジュート紡績，造船），事業者総数の9.6%，雇用労働者総数の6.5%に過ぎなかった。インドから移住してきたムスリムの商業資本は，ヒンドゥー資本の逃避で生じた空白を埋める形で，新国家の新しいビジネス・リーダーとなっていった（山中 1992：298）。

新政府の官僚エリートは輸入，輸出，投資，生産の各分野にわたって新興の産業資本家層を統制した。このため官僚に対する交渉手段として，産業資本家層は贈収賄を実行する。やがてパキスタンでは「汚職は社会の潤滑油」となり，それなくしては経済活動も行政も機能しなくなった。産業資本家層は官僚との個人的なつながりによって，利権の入手と確保に走った（山中　1992：307-8；山中　1993a：226）。

　アイユーブ政権期（1958～69年）には経済力の集中の結果として，「12家族」あるいは「22家族」と呼ばれる一握りのビジネス・グループが工業資産と金融資産を独占した。これら上位グループは工業活動の66％，保険基金の70％，銀行資産の80％を支配するにいたったが，ホージャの財閥であるファンスィー・グループもこの中に含まれていた（Papanek 1972：27；山中 1992：312）。これらのビジネス・グループは，血縁関係を中心とした同族企業として発展した。ビジネスの規模が大きくなり，家族経営から会社形態へと組織を転換しても，経営代理制度によって経営の実権は一族のメンバーが掌握し続けた（山中 1992：304）。経営代理制度では，中核となる親企業（持ち株会社）が，企業群の設立，融資，経営を行なう。一握りの株式所有者が利益を独占する排他的機構である。

　1972年のバングラデシュの独立，つまり東パキスタンの喪失と，続くブットー政権（1971～77年）の社会主義政策によって，産業資本家層は大きな打撃を受けた。1972年初頭，10大基幹産業の31企業の国有化が実施され，同年3月には32の生命保険企業の国有化が続いた。さらに1974年1月には，民間銀行も国有化された。産業資本コントロール強化のため，経営代理制度も廃止された。この過程で各ビジネス・グループが受けた打撃にはかなり差があったが，ホージャのファンスィーはほとんどの資産を失った。そしてパキスタンから中東に基盤を移さざるを得なくなった（Kochanek 1983：317；Norman 1988：78；山中 1979）。

　ブットーからクーデターによって政権を奪取したズィヤー将軍の政権下（1977～88年）ではイスラーム化政策が強調されたが，一方ではIMF・世界銀行主導の民活路線も開始されていた。ブットーの社会主義化政策は否定され，国有化企業の民間への返還や諸規制の緩和が行なわれた。民間投資に対する

優遇措置も実施された（山中　1992：324）。この期間に急速に台頭したのはパンジャーブ人であるが，カラーチーのホージャからも，新たにラークサンズ・グループが，たばこ，石鹸，洗剤，ボール紙などの消費財の生産と販売で事業を拡大し，パキスタン有数の財閥へと成長した。ホージャとしてはさらにハシュワーニー・グループがあり，国内のホリデイ・インやパール・コンチネンタル系の高級ホテル経営で急成長した（山中　1992：326-8, 1993 a：239）。

ズィヤーの事故死による民政移管以降に首相となったベーナズィール・ブットー，あるいはナワーズ・シャリーフの政権下では経済回復が至上命題とされ，IMF・世界銀行路線が定着している。これは民間の経済活動がより活発となるための条件が，パキスタンでも整備されつつあることを意味している（黒崎　1992, 1996；山中　1993b）。しかしその一方で，産業資本家による公的金融機関からの不正融資もまた表面化している。過度の資本集中によって，以前から産業資本家のイメージは著しく悪い。縁故主義と賄賂，その他あらゆる不正行為によって，彼らは金儲けをしているとみなされている（Kochanek 1983：182）。

紆余曲折を経て，経済界で確固たる地位を築いたホージャだが，彼らもまた「金儲けに汚い産業資本家」というネガティブなイメージでとらえられかねない所に位置している。もちろん，すべてのホージャが裕福な財閥のメンバーであるわけではなく，その多くは事務能力に秀でた中産階級を構成しているのだが，彼らの資金を社会の公益へと還元する必要性の１つがここにある。

2　教義をめぐる緊張

しかし，ホージャが抱えていたより深刻な問題は，彼らの教義，特にそのイマーム概念を巡る緊張だった。この点で，彼らはより深刻な状況に立たされていた。

イスマーイール派の教義は，イマームの指導不在の長い時期の間に，大きな地理的変差を示すことになったが，最も特徴的な変容はインドで起こり，ホージャはそれを継承していた。ニザール派のインドへの布教開始時期については，はっきり同定されていないが，その概要は明らかにされている。ホ

ージャの伝承に従えば，サトグル・ヌール，ピール・シャムス，あるいはピール・サダルッディーンらのピール（＝ダーイー），すなわちイスマーイール派の伝教師によって，その教えはインドにもたらされた（Hollister 1953）。ロハーナ・カーストを改宗させ，新たにホージャの名を授けたのは，ピール・サダルッディーンであるとされる（Nanji 1978：74）。改宗時期はおおよそ15世紀と推定されている。

　この布教の過程において，イマームの概念もきわめてインド的な形で提示されることになった。すなわちヒンドゥー教の枠組みに適応するように変換され，ヴィシュヌの10番目の，すなわち最後の化身とされたのである[6]（Nanji 1978：110）。ホージャが伝承してきた「宗教歌」であるギナーン（$ginan$）において，このイマーム概念は表現されている。最も重要とされるギナーン「ダサ・アヴァターラ」（$Dasa\ Avatara$）には10の化身の名前が，やや変形した形（たとえばカルキがナクランキーへ）で表現されている（Nanji 1978：112）。

　ギナーンはアラビア語やペルシア語ではなく，パンジャービーやスィンディー，あるいはグジャラーティーといったインド亜大陸の地域語で創作されており，日々ジャマーアト・ハーナで，あるいは社交の場で詠唱される。都市部の大ジャマーアト・ハーナで，1000名以上の宗徒が声をそろえて詠唱するとき，あるいは美声の持ち主が独唱するとき，宗徒は大きな宗教的感動を覚えるという（Asani 1991：10）。その伝統は，東アフリカや北米に移住したホージャの間にも受け継がれている（Asani 1992：103）。

　アーガー・ハーン三世の時代においても，ヴィシュヌの化身というイメージでイマームをしばしば表現していたことは，三世の即位50周年を記念するポスターからも見て取れる。そこでは次のような文句が謳われている。

　　The Aga Khan is the Divine Link with Adam!
　　The Aga Khan is the Lineal Descendent of the Prophet Muhammad!
　　The Aga Khan is the Manifestation of Lord Vishnoo!

　　　　　　　　　　　　　　　　　　　　（Papanek 1962：117-8）

さらにイスマーイール派の教義において中心的な位置を占める，イマームへの絶対服従は「動物への輪廻」という教義において表現されている。すなわち，宗徒は死ぬと埋葬直後に，その時代のイマームを認めていたどうかを問われることになる。もしその答えが肯定ならば天国へと導かれる。しかし否定の場合には，840万回も動物としてこの世に生を受けた後，もう一度人間として生を授かる。この過程は，彼が時のイマームを認めるまで永遠に繰り返されることになる（Clarke 1978 : 72 ; Hollister 1953 : 395-6）。このようなヒンドゥー的な表現は，そのままでは以下に述べる建国後のイスラームを巡る状況において，イスマーイール派の立場を危うくさせかねないものだった。

新生パキスタンが引き継いだ国土は，その大部分が農村地帯だった。1951年の国勢調査によれば，農村人口に対する都市人口は18%（当時の西パキスタンのみ）に過ぎなかった。そして農村の大部分では，ピールが大きな力を持っていた（ここでのピールは，イスマーイール派の布教者を指すのではなく，イスラーム聖者の子孫というより一般的な意味で用いている）。祖先を祭る聖者廟を管理することで宗教的権威を保持するピールたちはまた農村の大土地所有者であり，現在にいたるまで地方的な政治力を維持している。そして政権基盤がイスラーム主義者からの異議申し立てで揺らぐとき，世俗的な指導者たちはピールたちと連携することで状況を打開しようとしてきた（Sherani 1991. Ewing 1990 もピールの政治力を重視するが，世俗的政権との関係のとらえ方が前者とはやや異なる）。

地方で保守的な勢力を維持したのはピールだったが，国家レベルのイスラームの問題に大きな発言力を示したのは，都市を基盤とするイスラーム主義者たちだった（アフマドが認めたように，ゲルナーの指摘はここでもあてはまる）。パキスタンにおけるイスラーム主義者の代表格はジャマーアテ・イスラーミーである（Ahmed 1994 ; Khalid 1978）。イスラーム憲法実現のため，アフラール会議とジャマーアテ・イスラーミーは大衆動員によって政府に圧力をかけた。イスラーム主義者は世俗的かつ腐敗した国家体制に代わるイスラーム国家樹立のために行動する勢力と理解されるが，この局面で彼らが用いた「戦術」は，少数派で異端視されるアフマディー派を標的とすることだった。同派の非ムスリム宣言と公職追放要求に始まった運動は，1953年に

はパンジャーブ州でのアフマディー派襲撃にまでエスカレートし，宗教的な少数派に大きな不安を与えることになった（加賀谷・浜口 1977：268-81；Munir 1980）。

　反アフマディー派運動の勃発と前後して，危機感を覚えたイスマーイール派は教義の改編を試みる（本節の以下の議論は，主として Rattansi 1987 に拠る）。同派にとっての一番の課題は，ギナーンのヒンドゥー的な要素を変更し，「正統的な」イスラームに歩み寄ることだった。1956 年，魚，亀，ラームといった言葉（背後にある濃密なヒンドゥー神話を想起されたい）は，アーダム，ノア，イブラーヒーム，イーサーなど，クルアーンに登場する預言者へと改められた。同年にはまた，それまでグジャラーティーで唱えられていたドゥアーがアラビア語へ改められた。イマームを指してナクランキー・アヴァタール（＝ヴィシュヌ最後の化身）としていたドゥアーは，新しくファーティハ（*fatihah*. クルアーンの開扉の章）で始まり，歴代イマームの名前で終わるものとなった。

　1977 年，軍事クーデターで政権を掌握したズィヤー大統領が「イスラーム化政策」を開始すると，宗派意識が先鋭化する状況が生まれ，ホージャはさらに新たな対応を迫られることになる。同年 12 月，宗教雑誌「アッラーシード」において，イスマーイール派をカーフィルと断じるファトワー（*fatwa*. イスラーム法の解釈・適用に関し，有資格の法学者が提出する意見）が発された。その理由は，ホージャがヒンドゥー儀礼を執り行なっているというものだった。批判の書は 1980 年にも出版される。そこでは，ホージャがイマームこそ「生きて，語るクルアーン」であり，聖典を不完全なものだとみなしていること，あるいは初代イマームのアリーをアッラーの光と同格視することなどが批判された。1982 年には，北西辺境州のチトラールでスンナ派によるイスマーイール派住民への暴動が発生し，宗徒が殺害された。さらに 1983 年から 84 年にも同様の批判が繰り返され，アーガー・ハーン四世への公開質問状が提出された。

　逆風とも言える状況の中で，イスマーイール派は新たな打開策を展開していく。まず，クルアーンの重要性をより強調し，イマームの神性を（少なくとも公の場では）強く否定するようになった。雑誌記事を巡る騒動が，この

点を明らかにしてくれる。1983年,『ライフ』誌はアーガー・ハーン四世の特集記事を組んだ。そして文章の冒頭で,「25か国に住む1500万のムスリムにとって,彼は生ける神であり,ムハンマドの末裔であり,全能のアッラーのスポークスマンである」と,アーガー・ハーン四世を紹介した[7]。これに対してイマームの書記局は即座にコミュニケを発表し,生ける神であること,また全能のアッラーのスポークスマンであることを否定した。

ギナーンのさらなる見直しも進められた。アーガー・ハーン四世の指導で1977年と1981年にワークショップが開催され,ヒンドゥー的要素の改編作業が進められた。この時点で,たとえばハリ (*hari*. 神) がアリーへと変更された。またヒンドゥー的要素があまりにも明確なギナーンは,ジャマーアト・ハーナでの詠唱が禁止された。これらの言わば消極的な措置と同時に,イスマーイール派はかつての黄金時代であるファーティマ朝の「伝統」を前面に押し出すようにもなった。それによってインド色は,少なくとも外部からは確認しづらくなりつつある。

さらに社会開発への本格的進出が始まる。AKRSPやアーガー・ハーン大学の事業が,積極的に新たな宗派アイデンティティを打ち出すものとなった。アフマドがムガル朝のオーラングゼーブ帝になぞらえたように,ズィヤーの追求したイスラームは形式を重んじる厳格なスンナ派のそれだった (Ahmed 1986: ch.1)。しかしこれらの事業によって,イスマーイール派は,同大統領から賞賛を引き出したのである。先のイスマーイール派批判がすべて散発的なものにとどまり,パキスタンのマスメディアで大きく取り上げられることも,大衆行動に結びつくこともなかったのは,この積極的な社会開発活動と無縁ではあるまい。ダンカンも,イスラームの「正統派」からほど遠いホージャが迫害を受けないばかりか,敵意さえ回避しているのは,「慈善活動と非政治性のおかげ」だと指摘している (Duncan 1989: 90)。

近年における宗派の公式声明からは,ヒンドゥー色は払拭されている。そこではアリーから連綿と受け継がれるイマーム位への信仰に加えて,「正統的な」イスラームへの接近が明らかであり,「多元的な」イスラームへの志向が表明されている (Williams 1988: 196参照)。

第4節　まとめ

　イスマーイール派は，連綿と続いてきた（あるいは続いてきたと信じられている）イマームの系統を軸に，その歴史を展開してきた宗派である。イマームの系統は，これまでの歴史の中で錯綜し，イスマーイール派内部においてもさまざまな分派を生み出してきた。アラムート陥落から数百年後，近代におけるホージャの経済的成功もまた，ゲルナーの指摘するように，組織，指導性，血統に導かれたものだった（ゲルナー　1991：第3章）。この点は，やや単純で直線的な図式の下にではあるが，これまでの先行研究が十分に明らかにしている。アリーから続く神聖なる血統は，ヒンドゥー教の概念をも取り入れながらインドで発展し，植民地政府のお墨付きを得ることで，その権威を再確立することになった。

　パキスタンという新生国家においても，ホージャは東アフリカ同様の経済的成功を収めた。しかし，彼らに成功を与えたこの国における政治とイスラームの緊張した関係が，新たな課題をもたらしてもいる。この局面において，同派にとってカラーコラムにおける社会開発が，実にさまざまなレベルで積極的な「意味」を持ちうることを，ここで確認しておきたい。

① ラージャー制廃止後のカラーコラムにおける，イマーム集権制の構築。
② イスマーイール派＝ホージャの時代に作られたヒンドゥー色の払拭。
③ イマームのイメージに集約して表わされることになった，新たな宗派アイデンティティの創造。

　カラーコラムを舞台に，あるいはカラーコラムの活動を材料にしての開発言説を展開することによって，これら3つのレベルにおける作業は相互に絡み合いながら，積極的に進められている。次章以降では，第1に挙げたラージャー制廃止後のイマーム制構築を，村レベルの参与観察で得られたデータから記述，分析していく。さらに，このローカルなレベルの視点から，第2，第3のレベルとの相互作用を照射していくことを試みる。

1) 第1節1及び2，Daftary（1990），Esmail and Nanji（1977），Holister（1953）を参考に記述した。
2) ホージャの重要性を反映して，現在のイスマーイール派はしばしば「ホージャ派」とも呼ばれる。しかしながらこの用法は，いくつかの点で不正確であり，無用な混乱を招くものとなっている。具体的には下記の理由から，本書では使用していない。
    ① ホージャは「シーア・イマーミー・イスマーイーリー」の一員であり，彼ら独自のイマームの系統を奉じているわけではない。同派には，民族的にはホージャとまったく関係のない集団が含まれている。
    ② ホージャはカーストとしての要素を色濃く保持している。すなわち主として商業に従事する内婚集団である。しかし所属宗派は必ずしもイスマーイール派には限定されない。
3) この前提に疑義をはさむには，その他少なくとも1000万人にのぼるとされるイスマーイール派人口の所在を明確にしなければならない。
4) イマームの権威に反発して破門されるグループは，その後も繰り返し現われている（Papanek 1962：275-310）。イマームは宗徒に対して「身体と心とお金」（Tan, Man, and Dhan）による奉仕を求めるが，宗徒の側からその権威に対して「改革」を図ることは許されていない（Meherally 1991）。脱会は，イマームの絶対的な権力に対する宗徒からの最終的な異議申し立てであると言えるだろう。
5) ヴィクトリア女王が，アーガー・ハーン三世をローマ法王の席に着かせて，周囲の人間を仰天させたという伝承が，東アフリカのホージャの間で発行されたパンフレットには誇らしげに記録されている（Morris 1958：459）。
6) シヴァと並んでヒンドゥー教の最高神であるヴィシュヌは，「リグ・ヴェーダ」においては，太陽の光り輝く作用を神格化した神であった。このヴィシュヌの信仰が一般に普及する拠り所となったのがアヴァターラ，すなわち権化・化身の思想である。これらの化身の意義は，不正義がはびこる時代に現われて，正義・道徳（ダルマ）を興すことにある。一般的には10の化身が知られており，それは①マツヤ（魚），②クールマ（亀），③ヴァラーハ（野猪），④ヌリシンハ（人獅子），⑤ヴァーマナ（倭人），⑥パラシュラーマ（斧を持つラーマ），⑦ラーマ，⑧クリシュナ，⑨ブッダ（仏陀），⑩カルキである（菅沼 1985：79）。
7) *Life*，December 1983.

第4章　周縁部のジャマーアト I
―― 衰退するピールの力 ――

　第3章の末尾で提示したように，評議会制度をはじめとする宗派組織のカラーコラムへの接合を「下からの視点」から描き出し，イマームとそれに従う宗徒という従来の単線的な図式を乗り越えていくことが，本章と続く第5章の課題である。

　カラーコラムという地方的な枠組みにおいては，かつてピールたちが絶対的とも言える宗教的な権威を行使していた。しかし今世紀に入ると，ボンベイで確立されたイマームの権威が，次第にその影響をこの辺境の地にまで及ぼすようになる。それは未だ間接的なものではあったが，パクス・ブリタニカが創り出した社会的状況とも相俟って，徐々にピールの力をそぎ落とす方向へと作用していった。本章では，このピールの力の衰退する過程を扱う。

第1節　カシュミール勢力の進出とイスラーム

　19世紀後半以降，主として植民地行政官としてカラーコラムにやって来たイギリス人は，当時のイスラームの状況についても記録している。この当時，ギルギット周辺の住民はすべてムスリムであり，スンナ派，シーア派（十二イマーム派），イスマーイール派に分かれていた。またバルティスターン地方には，シーア派の分派であるヌール・バフシュ派がいた。

　ドリューは，19世紀中葉にカシュミール軍がギルギットへ進出したときの将であるナトゥ・シャーの視点を借りて，次のように述べている（ナトゥ・シャーは預言者ムハンマドの子孫の一族とされるサイドの出身だった）。いわく，ナトゥ・シャーの目に映じたカラーコラムの住民は「弱いム

スリム」だった。アストールでは火葬が執り行なわれ，ギルギットではアイボイ（*Aiboi*）という「非イスラーム的」な祭りが毎年行なわれていた。ナトゥ・シャーはギルギットの住民を「良きムスリム」たらしめようと，これらの習慣を放棄させた。より意識的にイスラームの教えを守るよう，また女性にパルダの習慣を守らせるよう説得した。パルダとは，女性を男子や未知の人の目に触れないようにするための幕やカーテンを意味する。転じて，女性の名誉を守るために隔離する習慣である（Drew 1875：429 参照。アイボイの祭りについては Biddulph 1880：101-2 にまとまった記述がある）。

ギルギットではシーア派系の住民が大勢を占めていた。しかしカシュミールの進出に伴い，スンナ派が伸長を始めた（Leitner 1889：49）。ギルギットの民間伝承によれば，今世紀はじめのカシュミール官僚の計らいによって，それまで一緒だったスンナ派とシーア派の礼拝が，別々に行なわれるようになったとされる（Sökefeld n.d.：97）。この前後にチトラールの支配者となったシュジャーウル・ムルクはマッカ巡礼を経験し，熱心にスンナ派ウラマーを擁護した。またその一方で，イスマーイール派を宗教的に迫害していた（ショーンバーグ 1976：31, 88）。やや遅れて 1930〜40 年代に，ギルギットの東に位置するスカルドゥでは，タージヤ（フサイン殉教を悼む，ムハッラム 10 日に行なう一連の行事）の行進途中，裸の上半身をナイフ（*janjir*）で打つ慣習が導入された（Sagaster 1993：309-10）。シーア派のアイデンティティの源泉とも言えるこの宗教行為は，それまで知られていなかったと思われる。

カシュミール藩王国によるギルギット経営は，同国の中心部であるスリーナガル経由による，インド平原部からの人・物資・情報の流入を意味した。そしてカラーコラムにおけるイスラーム各宗派のあり方にも，徐々にではあるが変化をもたらしたことが，上の事例からも理解される。

第 2 節　19 世紀におけるイスマーイール派の概況

中央アジアにおけるイスマーイール派の中心地はカラーコラムの西方，アフガニスタンのバダフシャーン地方にあった。同地におけるイスマーイール派の歴史は 11 世紀にまで溯り，イエメン同様，古文書の保管場所となって

かつて使われていたジャマーアト・ハーナ

いた。カラーコラムへの布教も，このバダフシャーンを発信地としていた（Holzwarth 1994：9）。バダフシャーンにおけるイスマーイール派の時代区分は，大まかに次のように示すことができる（Holzwarth 1994：11）。

① 形成期：11世紀後半。バダフシャーンの王国は，ファーティマ朝の宗教的・政治的指導力の下にあった。
② ニザール派再興期：1450〜1550年。2つのイマームの家系がバダフシャーンでの影響力を争った。
③ イマームとの関係が安定する時期：1740〜1840年。カースィム・シャー派の系統がイランで政治的地位を獲得。その後アーガー・ハーン一世は英領インドへ移住する。

カラーコラムにおけるイスマーイール派の定着を，ホルツワースは17世紀とする。そしてこの地方の名前が，イスマーイール派の文献に現われるのはようやく18,19世紀になってからである（Holzwarth 1994：19）。この時代，カラーコラムのイスマーイール派を指導していたのは，ピールたちだった。ピールとはイマームが布教のために送り出した伝教師を指し，ダーイーと同

義である (Daftary 1990：564)。ピールはその出自をイランあるいはアラビアに求めるサイヤドであり，文化的基盤をペルシア語に置いていた。そしてパミール地方にあって，ファーティマ朝やアラムート期の文献を継承していた (Holzwarth 1994：39)。彼らはホージャと異なり，ヒンドゥー的な様相を帯びてはいなかった。

19世紀後半当時のイスマーイール派について，ギルギットで行政官として働いたビダルフは次のように記述している。まず，彼らがボンベイのアーガー・ハーンに従うとした後，以下のように述べる。

> マウラーイー派[1)]には多くのピールが存在するが，彼らがその信奉者から集める尊敬はたいへんなものである。……たとえピールがその家の息子や娘を要求したとしても，それに逆らうことなど信奉者には思い持つかぬことである。あるピールはかつて私にこう語った。「私が息子を殺すように命じても，父親がそれを拒んだりすることはないだろう」。
>   ……ピールはどこへ行っても多数の信奉者に迎えられ，夥しい贈り物を受ける。マウラーイー派は自分の所有物の中でも最も価値ある物をピールに捧げる。馬，牛，服地，果物，小麦などが絶えず献呈されている。その一部は現金に換えられ毎年アーガー・ハーンのもとへ送り届けられている。ピールの下にはハリーファがいるが，その任務は供物の徴収以上のものではない。ピールは各自でアーガー・ハーンと直接交渉を持っている。(Biddulph 1880：119-20)

ボンベイでイマームがその権威を確固たるものにしていた19世紀末の時点でも，カラーコラムではピールがかなりの程度までに自律的な宗教的権威を保持していたことが理解される。宗徒から徴収した献金や品物も，すべてがイマームへ送られていたわけではなかった。ピール自身が自分のものとしたり，あるいはその権限で共同体内部の貧者へ再分配したりしてもいた。それも一定の決まりに従ったわけではなく，ピールの裁量に任せられていた (Holzwarth 1994：41)。

第3節 ピール制

　当時のイスマーイール派には，ピール，ハリーファ[2]，そして彼らに服従する一般宗徒であるムリード（*murid*）という不平等な位階制が見られた。イワノフによれば，ペルシア文化圏でのイスマーイール派は，迫害を逃れるために久しくスーフィズムを装っており，神秘主義教団に影響されていた。その指摘はここでも当てはまるようである（Ivanow1932, 1959参照）。ピールへの個人的な服従を示す通過儀礼が行なわれていたことも，それを裏づけている（Holzwarth 1994：39-41）。このようにピールが強い権威を持つ宗教的体制を，以下ではピール制と呼ぶことにする。

　宗徒とイマームの仲介者として働くピール自身が，19世紀のカラーコラムで強い宗教的権威を持っていたことは，ビダルフの記述からも明らかである。ピールは支配者の要請を受けて，時にこの影響力を政治的あるいは軍事的な動員力へと変換することもあった。すなわち国と国の間の仲介者や，特定のラージャーのパートナーとして働いたのである。しかし逆に，その影響力を恐れる支配者から領土外へ追放処分を受けることもあった（Holzwarth 1994：43）。当時の為政者にとって，ピールは無視できない存在だった。ピールを自分にうまく引きつけておくことは，統治や軍事攻略において重要な要素を構成していた。またピールにとっても，布教を進めるうえで支配者と友好関係を維持することが欠かせなかった。**資料6**からは，ギズルのピール，サイヤド・カラーム・アリー・シャー一世の一族が，あるときは支配者から追放され，またあるときには支配者に促されて軍事行動に関わっていたことを知ることができる。

　ピールの宗教的権威は，イマームの仲介者としての役割と，ペルシア語の書物によって伝えられた難解な宗教的知識の独占によって支えられていたと言える。そして村の宗徒たち──読み書き能力を持たない山地農民──は物質的な贈り物を送るほかに，ピールが超自然の力を持っていると語ることで，崇敬の念を示していた。それは次のようなピールの奇跡譚からうかがい知ることができる。

聖者廟（ダヒマル村）
子宝を願う人々が訪れる場所として知られている。

サイヤド・カラム・アリー・シャー一世はミルザー・カチャット（MirzaKachat）なる化け物を懲らしめ，召し使いにした（Müller-Stellrecht 1980：195‐6；Shah 1974：102）。また，この地方に最初にイスマーイール派をもたらしたとされるナースィレ・フスロー[3]は，チトラールの各地で奇跡を行なった。イズー村にはナースィレ・フスローの小さな祠がある。彼はここでスンナ派ムッラーの襲撃を受けたが，姿をくらまして狂信者たちを簡単にいなしたとされる。さらにアルカリ谷オウィールでは，ナースィレ・フスローがいた間，収穫は豊かだった（ショーンバーグ 1976：88, 95）。

第4節　ピール制の弱体化

　カラム・アリー・シャーの一族のように土着化したピールもいたが，その多くはパミール地方から，村レベルでの代理人であるハリーファを通じて宗徒と連絡を取っていた。このピール主導の宗派体制は，19世紀末の国境画定作業（1893年，英領インドとアフガニスタン間のデュランド・ライン決定。1895年，英露間の影響圏の相互確認）によって大きな影響を受けた。新たな，しかも当時の国際関係を反映して緊張を含む国境の出現によって，ピールは遠隔地の宗徒と容易には連絡を取れなくなってしまったのである。
　パクス・ブリタニカの到来はまた，アーガー・ハーン三世がより的確にカラーコラムの状況を把握し，明確な指示を下すことも可能とした。三世は，カラーコラム諸国において政治的影響力を持つ土着化したピールたちにも，政務駐在官をはじめとする行政官との協調を命じた（Holzwarth 1994：53）。イスマーイール派の「布教史」（Hunzai 1991）においても，ピール主体の歴史記

述は，ほぼこの時期をもって終わる。代わってカラーコラムにおけるイマームの代理人の地位を獲得するのは，フンザ国の支配者である。フンザのミール，ムハンマド・ナズィーム・ハーンは，1903 年にデリーを訪れた際に，初めてイマームへの接見を許された (Müller-Stellrecht 1979：56-7)。彼の息子の1人もイマームへの表敬のため，はるばるザンジバルを訪れている (Müller-Stellrecht 1979：375)。それ以前，イマームを訪れる役割はピールが独占していた。

カシュミール藩王国を通したイギリス支配のもとで，ラージャーたちはそれまでの権力を保持し続けたが，もはやそれは植民地勢力の統制下に置かれていた。独立性を失った支配者間の駆け引きや戦いがなくなったとき，ピールが政治や軍事の領域へと関与する可能性も失われた。

パクス・ブリタニカが浸透する社会的状況において，アーガー・ハーン三世もまたカラーコラムにおける最初の組織改革に着手した。改革の拠点となったのは，やはりフンザである。1922 年に三世の親族であるアブドゥッサマド・シャー，引き続き翌年にはサブズ・アリーが，バダフシャーンからヤールカンドにかけた一帯の宗徒を訪問し，フンザにも立ち寄った。その際，ホージャの間で構築された近代ジャマーアトの組織が，部分的ながらカラーコラムにも導入された。それは次の2点にまとめられる (Kreutzmann 1989：154-8 ; Müller-Stellrecht 1979：218-20)。

①ジャマーアト・ハーナの建設
　ジャマーアト・ハーナは，イスマーイール派の礼拝および集会活動の場で，共同体の心臓部と言える。その管理はイマーム任命の担当者の仕事となった。同時に，女性の礼拝も奨励された。
②イマームへのザカート
　それまでピールが届けていたザカート (*zakat.* 十分の一税) は，イマーム任命の担当者が徴収し，ギルギットからの為替送金となった。

フンザ国の王家は 1838 年以来イスマーイール派を国教と定めていたため，この改革の際にも三世から重視された。その後 1951 年には，フンザの支配

者は中央アジア全体のイスマーイール派の長に任命される。この改革によって，ピールはイマームと宗徒の仲介役という重要な役割を失った。これ以降ピールの公式レベルにおける宗教的権威は，イマームによって確実に削減されていった。

しかしこの改革には，自ずと限界があった。イマームとジャマーアトとの間のコミュニケーションはきわめて限定されていたし，ましてやアーガー・ハーン三世自身がカラーコラムを訪れて直接指揮をとるということもなかった。またフンザのミールも，他国のイスマーイール派の問題には関与できなかった。そして当然のことながら，山地農民にはホージャ・コミュニティの経済力もなかったのである。宗徒がピールに尊崇の念を示し，その指導を仰ぐという地方的なイスマーイール派のあり方は，最初の改革以降も急激に変わることはなかった。

第5節　移行期のピール
──サイヤド・パーインダ・シャー──

パキスタンの建国前後から，カラーコラムのイスマーイール派内部では，宗派近代化のための準備がゆっくりとではあるが始まっていた。本節ではこの点について，ギズル地方の1人のピールに焦点を当てて論じていく。

1923年にアーガー・ハーン三世が導入した改革によって，カラーコラムのピールの影響力は確実に弱まっていった。フンザ国では，自らがイスマーイール派である支配者が，ピールに取って代わった。しかしラージャーがスンナ派に属するギズル地方では，新たな在地の宗派指導者は現われなかった。NGOも含む現在の活発な活動の基礎を準備したのは，逆説的ではあるがやはりピールだった。

この点を，サイヤド・パーインダ・シャーの一族の変遷から探っていきたい。彼の一族はカラーム・アリー・シャーとはまた別のピールの家系に属する。1946年になってシャマラン村（ピンガルの上流約15 kmに位置）に移住してきた。以下の文章は，1993年から95年にかけて，繰り返しこのピールの家を訪れた際に聞き取った話をまとめたものである。

パーインダ・シャーはバダフシャーン出身のハージャ・カームに属している。彼によれば，その祖先は当時イランに住んでいたイスマーイール派イマームから，ハージャ（Khwaja）の名前を与えられた。ハージャとは，彼によれば「支配人」（sarbara）を意味し，このときバダフシャーンのイスマーイール派の宗教的な指導者に任命されたのである。14世紀にバダフシャーンから軍を起こし，チトラール，さらにはギルギットを征服してイスマーイール派

シャマラン村の「ピール・サーヒブ」，サイヤド・パーインダ・シャー

の教えを広めたとされる伝説のタージ・モゴル王も，彼によればやはりハージャだったという（タージ・モゴルに関しては，Dani 1989：ch.VI）。パーインダ・シャーの祖父は，典型的なピールとして活動していた。ワハーンに住んでいた祖父は，毎年，イマームへの謁見とザカート送付のため，ボンベイへ向かった。そして帰ってくると，今度はイマームの命令を村々へ伝えていた。1908年前後に，この祖父は息子たちを連れてワハーンから中国のヤールカンドへ移った。その後，一家はヤールカンドに25年間いたが，東トルキスタン一帯の治安が内戦により悪化したため，1933年に再びカラーコラム山脈のこちら側へ移住してきた。そして1933年から1946年まではチトラール国のマスツージに住んでいたが，さらにシャマランへと移り住んだ。1946年にパーインダ・シャーの一家が移住した時点で，形式上はシャマラン村のジャマーアト・ハーナ運営もイマーム任命の宗徒に任されていた。しかしパーインダ・シャーの父親は指導者として，ジャマーアトから厚い尊敬をもって迎えられた。グピスの支配者も彼に敬意を払ってハシマットを免除している。彼の父親はザカートから支払われる給料や旅費を受けて，ジャマーアトへの宣教を行なっていた。シャマラン村では，自らの代理人としてハリーファを任命した。[4]しかし全体的に制度は整っておらず，担当地区も決まっては

いなかったという。

　続くパーインダ・シャーの半生は，まさしく宗派制度の移行期を体現するものとなっている。1929年に生まれた彼は，17歳のときグピスの小学校へ進学した。イギリスはカラーコラムでの統治をより効果的にするため各地に小学校を作り，支配層の子弟に基礎的な読み書き能力を与えていた。1941年までに，イギリスはラージャー制の国々とヤーギースターンの中心地チラースに，それぞれ小学校を1つずつ開校した。またギルギットには，7つの小学校（うち1つは女子用）と中学校1つを設置した（子島 1997：136-7；Dani 1989：413）。グピス小学校もその1つだった。この小学校について，パーインダ・シャーは，次のように言う。

　　グピス小学校の入学許可は簡単に取れた。当時はみんな教育に不熱心だったからだ。人口は少なく，畑仕事は忙しかった。家畜も多かった。小学校にはおよそ30人の生徒がいたが，みんな年長だった。すべて男子で，女子が学校に行くのはよくないことだと考えられていた。科目ごとに教科書があった。ウルドゥー語，ペルシア語，ギルギットの地理，算数。イスラーム学はなかった。（1995年5月4日，シャマラン村）

　これより以前のギズル地方，ひいてはカラーコラム全体において学校教育というものは存在しなかった。スンナ派，イスマーイール派を問わず，宗教教育も盛んではなかった。パーインダ・シャーが小学校へ進学した頃のギズル地方の教育状況について，彼に先行して学校教育を受けた2人の人物は，次のように語っている。

　ヤスィーン谷に住むハキメーのムハンマド・ハキーム・ハーン（1912年生まれ）はスンナ派に属するが，自分が子供だった頃のマスジッドでの宗教教育について，現在と対比させながら，以下のように述べている。

　　ヤスィーンには読み書きできる者がいなかった。だから外から，ターンギール，カンディヤ，ジャルコート（インダス川流域の支谷）などから来る旅人がいると，我々は彼をマスジッドに置き，礼拝を主導してもらっ

ていた。もし彼が喜んで滞在するなら，我々は食事を提供した。

　最近になって，カラーチーの団体が自費でここにマドラサを開設した。イスマーイール派のような，富豪の団体がカラーチーに1つある。富裕な人々が委員会を作り，自分たちの財産を投じて宗教教育を行なっているのだ。きちんとした制度のもと，マスジッドのマウルヴィー（宗教学者）にも給料が送られている。寒い季節になると，子供たちのために服が送られてくる。帽子や手袋もだ。あの頃は違った。マスジッドにいるマウルヴィーのところへは，行きたい者だけが自分のクルアーンを持参していた。マウルヴィーに対して多少の付け届けはあったが，決まった給料を支払っていたわけではなかった。(1995年3月7日，ヤスィーン村)

ムハンマド・ハキーム・ハーン（ヤスィーン村）

　イスラーム教育が盛んでなかったもう1つの理由として，ムハンマド・ハキーム・ハーンが挙げるのは「ヒンドゥー支配」である。1935年にイギリスがギルギットを租借するまで，形式的にせよカラーコラムはカシュミール藩王国によって支配されていた。

　私がギルギットの学校で学んでいたとき（1920年代）は，マハーラージャーの政府だった。教科書に書いてあるのは全部ヒンドゥーのことばかりで，イスラームについては一切触れられていなかった。ヒンドゥーの偉大な人物，スィク教徒，仏教徒，パンディット（ヒンドゥーの学者）などで埋め尽くされていた。ムスリムとしてはサー・サイヤド・アフマド（ムスリムの社会改革家で，アリーガル運動の指導者。1817〜97年）だけが載っていた。ゴーハル・アマーン（ホシュワクト家全盛期のメヘタル）の例を見ればいい。彼は専制君主で圧政者，とんでもない悪人だったと書かれ

ていた。なぜならカシュミールの軍隊を破り、その多くを殺したからだ。イスラームについての説明は外されていたのだ。[5)]

　今の政府はパキスタンだ。イスラームの政府が成立したのだから、宗教教育にずいぶん力が注がれている。そこにはヒンドゥーの歴史は皆無だ。あるわけがない。イスラームの政府だから、イスラームについての事柄が語られる。預言者をはじめとして、イスラームのために尽くした人々の事績だ。ヒンドゥーやスィクの歴史が語られるわけがない。当時もその通りだった。政府にとってムスリムの歴史は必要なく、ヒンドゥーについて多くが語られていた。（1995年3月7日、ヤスィーン村）

　あくまでも今日の目から見ての話だが、当時のイスラーム教育は低調だったとみなされている。イスラームを通して、人々が外部の広い世界と結びつくこともなかったようである。しかしイギリスが導入した教育制度は、各地の小学校からギルギット、そしてスリーナガルへと、カラーコラムの人間をより広い世界へと導いていった。

　アクバル・シャー（ca. 1927年生まれ）はギズル地方最後のハキーム、ムハンマド・ヤクート・シャーの息子であり、グピス小学校最初期の生徒の1人だった。彼の語るその職歴は、読み書き能力の獲得によって、支配層の子弟に当時新たな人生の展望が開けたことを示している。それは彼らの父親の世代とはまったく異なるものである。

　アクバル・シャーは、1936年から38年までグピス小学校で学んだ。そして1938年から43年にかけてギルギットの中学校、さらに43年にはスリーナガルの高校へ進学した。1945年に高校を卒業すると、ボンベイの海軍で7か月間、次に空軍の無線技師としてデリーで3か月働いた。スリーナガルに戻ってカレッジへ進学するが授業料が払えず、すぐに中退。今度はアンバーラの陸軍に入隊した。インドとパキスタンの分離独立に際しては、ピンガルへ戻っていたが、その後キャンベルプール（現アトック）の軍隊で1年半勤務する。1948年から52年にかけてギルギット・スカウト（国境防衛と治安維持のための不正規兵団。子島1997：137参照。Trench 1986も見よ）で事務職に就いたが、結局軍隊の生活には馴染めず、ギズルへ戻った。そして1952年か

ら87年まで，グピス，ピンガル，シャマランの各村で教師として働いた（1995年5月25日，ピンガル村）。

　当時の支配者には，しかしながら積極的に学校の数を増やし，教育程度を向上させようという意思はなかった。この点について，ムハンマド・ハキーム・ハーンは次のように述べている。彼は1930年代から40年代にかけて，ヤスィーンの3人の支配者に書記として仕えた。当時のラージャー制の事情には深く通じている人物である。

　　この時代には，ラージャーは1つまともな仕事をすると，2つ不法を働いていた。読み書きのできる人間がいれば，その不正を追及しただろう。だとしたら，ラージャーがどうしてわざわざ人々に教育を与えるだろうか？　統治が難しくなるようなことをどうしてするだろうか？（1995年3月8日，ヤスィーン村）

　教育が自らの統治を揺るがしかねないという認識が各国の支配者に共通だったことは，チトラールのメヘタル，ナスィールル・ムルクによる次の発言を通しても理解される。1946年，政府中学校の竣工式において，彼は「私は自分の城に爆弾を仕込んでいるのだ」と演説している（1998年8月27日付の手紙によるシャー・カレーズ氏の教示。氏は現在AKES職員であり，また上記中学校の卒業生でもある）。

　パーインダ・シャーが小学校へ進学した前後の教育状況は，以上のようなものだった。彼によれば，イスマーイール派の間でも，宗教教育はほとんど存在しなかった。ピール一族の間では，父から子へとペルシア語の書物の読み書きが教授されていたが，それはごく狭いサークル内に限られていた。

　このような状況下で，政府に続いてDJ学校――ダイヤモンド・ジュビリー学校――が導入された。すでに述べた通り，西洋にならって宗派を近代化することが，アーガー・ハーン三世の基本方針だった。そしてカラーコラムにも，三世の即位60周年を記念して小学校が建設されたのである。これがパーインダ・シャーにとっても転機をもたらすことになった。

　カラーコラム初のDJ学校は，その後大きく発展することになるイスマー

イール派の組織の嚆矢であり，記録上は1946年に開始されたことになっている（Hunzai 1991：56）。ギズルでは，まずパンダル村のバルコルティに設置された。しかしここには教師となるべき読み書きのできる人間がおらず，しばらくは実質的な活動はなかった。そして，グピス小学校でわずかに3年間勉強しただけのパーインダ・シャーが，教師として赴任することになった。1950年のことである。

アブドゥール・ジャハーン（現パンダルDJ小学校教師）は，父のシェール・ジャワーンから聞いた話として，当時の様子を次のように語っている。このシェール・ジャワーンは，その後パーインダ・シャーの後任としてバルコルティのDJ学校の先生となった人物である。

> 1946年にDJ小学校がバルコルティに開校されたが，この時ウルドゥー語の読み書きができる人間はほとんどいなかった。ヤールカンドから来たピール・サーヒブ（パーインダ・シャーの父）にしても，ペルシア語はできたがウルドゥー語はできなかった。
>
> ゴローグ・ムリ村のカディールは，ウルドゥー語の読み書きができる数少ない人物だった。何かの折に手紙の読み書きが必要になると，村人は1束の薪，あるいはヤクの毛で作った篦（*reshum*）を手みやげにカディールを訪れた。このカディールが私の父に読み書きを教えた。すると村人はシェール・ジャワーンの家を訪ね，「アリーフ，ベー，ペー」（ウルドゥー語のあいうえお），あるいは「1，2，3」と書くように，何回も繰り返して頼んだ。そして，まだ少年のシェール・ジャワーンを書記呼ばわりして尊敬した。それほど当時は読み書きが珍しかった。（1995年7月27日，バルコルティ）

このDJ学校——ギズル地方上流部では史上初の学校——の様子について，パーインダ・シャーはこう回想している。

> 最初の学校は，ジャマーアト・ハーナ脇の小部屋で始まった。私に与えられたのは黒板1つ，月給は15ルピーだった。生徒は周りの集落から

やってきた男の子たちが，35人ほどもいただろうか。スンナ派の生徒たちもいた。授業料は無料で，ウルドゥー語，算数，社会科，そしてイスラーム学を教えた。6年間のコースだった。当時はギルギットにしか中学校はなく，上級学校に進学する子はほとんどいなかった。

　英語は，5年次から教えることになっていた。これは1992年まで続いた。現在のDJ学校では，最初の学年から英語を教えている。私は学校で英語を習わなかったので，自分で勉強した。辞書を引いて，意味を1つ1つ調べた。だが，当時必要とされていたのはウルドゥー語の読み書きだった。手紙を書いたり，申請書類を作ったり，あるいは平原部出身のパキスタン人と話をしたりするのにウルドゥー語が必要だった。外国人がここを訪れることは，ほとんどなかった。英語は1950年代を通じて，それほど重要ではなかった。

　DJ学校も最初は男子だけだったが，途中で共学になった。しかし親が学校に行かせることをなかなか承諾しなかったので，女の子は来なかった。たまに来ても，卒業まで在籍することはほとんどなかった。女性教師が最初にギズルのDJ学校に採用されたのがいつかは，よくわからない。おそらくフンザから送られてきたのだと思う。（1995年5月5日）

　パーインダ・シャーは教師のかたわら，夏休みや冬休みには近在の村々を回り宣教を行なった。ただしペルシア語の知識そのものは，結局誰にも伝授することがなかった。村人たちが彼に求めていたのは，そのような高等な知識ではなく，病気治癒の護符（*taviz*）や吉日占いなどだった。今日でも，多くの村人がピール・サーヒブの家を訪れる。私が彼の家に滞在していたある日，最初に来たのは，年下の弟が泣き止まないという少年だった。パーインダ・シャーは，泣いている子供の名前を聞き，それに応じて護符を作った。[6)]次に，母親の頭痛と妹の病気治癒のために，それぞれの家から少年が送られてきた。彼らのためにもパーインダ・シャーは護符を作って渡した。さらに家の建て増しをする男性が，工事の開始日について，助言を求めてやって来た。パーインダ・シャーは暦の本を引いて，吉日を指定した。

　「近代化」を進めるための基礎作りを担うDJ学校の教師と，「伝統的」な

ピールの役割。相反するかのような2つの役割を兼任した彼の宗教的知識の獲得方法にも，移行期の傾向が表われている。ヤールカンドで生まれたパーインダ・シャーの母語はペルシア語である。そして少年時代には父親についてペルシア語の書物を学ぶことで宗教的知識を得ている。その主要な関心はバダフシャーンのピールの伝統に従い，ナースィレ・フスローを筆頭に，アッタール，ルーミー，シャビスタリーらへ向けられている[7]。しかし手書きの宗教書を含む，彼の祖父の蔵書の多くは，ヤールカンドに残されたままとなってしまった。パーインダ・シャーは，ギルギットの中央ジャマーアト・ハーナ付属の図書館を利用したり，ラーホールやカラーチーの書店に郵便で注文することで宗教書を収集した。その中にはイスラーマーバードのイラン・パキスタン・ペルシア語研究所（Iran Pakistan Institute of Persian Studies）も含まれている。現在の彼の数百冊におよぶ蔵書は，DJ学校教師の給料の一部を割いて，長年の間に少しずつ都市の書店から郵便小包で取り寄せたものである。

　ピールとしてイマームを訪れる特権を持たなかったパーインダ・シャーにとって，イマームの姿を見る最初の機会は1958年に訪れた。カラーチーで開催されたイマーム即位の祝典である。これは彼にとって大きな喜びであり，これまでの生涯で最も素晴らしい出来事だったという。1957年12月，パーインダ・シャーは，真冬の山道をシャマラン村からチトラールまで1週間がかりで歩いている。この道は途中で標高3700mあまりのシャーンドゥール峠を越えなければならない。さらにチトラールからディールへ南下する道程も徒歩であり，3800mのロワーリー峠を越えている。ディールから先はトラックやジープを乗り継ぎ，さらに鉄道を利用してカラーチーに到着している。彼は式典の模様を次のように語っている。

　　カラーチーはとても暑かった。私は連れと一緒に，カーイデ・アーザム（「偉大な指導者」の意。建国の父ジンナーの尊称）の廟に接した巡礼者用キャンプ地で過ごした。平坦な土地で山が見えなかった。そこに大きなテントを張って，人々は滞在していた。カラーチーの宗徒が用意した食事が1日3食，無料で出た。イマームはミルザー大統領のもとに滞在して

いた。

　1958年1月23日，ミディアム・スタジアムで即位式が行なわれ，8万人が世界各国からスタジアムに集合した。パキスタンのほかに18か国，つまり全部で19か国から集まった。「アーガー・ハーン四世の即位式に8万人が集合」，後で新聞の記事で読んだことを憶えている。ボンベイから来た人，イランから来た人，8万人よりも多かった。イスマーイール派だけでなく，すべての宗教，世界のあらゆる場所から人々が訪れていた。

　その後，イマームはダッカへ向かった。私もシャマランに戻った。
(1995年5月4日)

　パーインダ・シャーは一般聴衆に混じってアーガー・ハーン四世を拝したわけだが，それでもカラーコラム全体からすれば，イマームの姿を直接見る機会を持った人間は，この当時ほんの一握りに過ぎなかった。

　しかしそれから2年後，カラーコラムのイスマーイール派にとって，「革命的」と称される出来事が起こった（Hunzai 1991：70以下参照）。1960年，アーガー・ハーン四世自らがこの地に足を運んだのである。これはイスマーイール派イマームによる，史上初のカラーコラム訪問となった。アーガー・ハーン四世は，ギルギットやフンザのほかに，ギズル地方ではジンドロート（グピスの隣村），ヤスィーン，そしてチャトールカンドを巡回している。これより2，3年前に，ギルギットからシャーンドゥール峠までのジープ道路が開通しており，彼はジープに乗ってやって来たのだった。パーインダ・シャーはこのとき，村の年長者とともに再びイマームを拝している。これ以降，アーガー・ハーン四世は数年おきにカラーコラムを訪れるようになった。村からあまり出ることのない一般宗徒も，直接イマームを目にし，その声を聞くことができるようになったのである。

　現在ギルギットでディグリー・カレッジの教官を務めるザール・ナズィール・ハーンは，ちょうどこの頃，学校へ行き始めている。彼はギズル地方最上流のテルー村出身で，1946年生まれである。テルーにDJ小学校が設立されたのは1957年のことで，彼はそこに入学した最初の生徒の1人だった。

しかし先生の学歴はわずかに4年級を終えただけだったという。彼は小学校を卒業すると，ゴローグ・ムリ村の中学校，さらにギルギットの高校で勉強した。最初にギルギットへ行なったときは，ラージャーの許可証を持って行かなかったため，高校入学を許可されなかったという。そこでテルーの有力者に連れられてグピスへ行き，ラージャーから許可証を得た。高校を卒業すると，ザール・ナズィール・ハーンはパンダル村出身の友人とそのままカラーチーへ向かった。このとき彼はラージャーや自分の親族に反対されると思ったので，父親にも黙って出発している（ザール・ナズィール・ハーン。1995年7月28日，パンダル村）。

パーインダ・シャーによれば，ギズル出身の学生が最初にカラーチーへ進学したのは1964年のことである。ザール・ナズィール・ハーンもまた，そのすぐ後に続いたわけである。1960年代後半になって，パキスタンの都市部で学ぶ学生が，ギズル地方の農民の子弟からも登場してきた。

第6節　ラージャー制廃止に対するイスマーイール派の対応

教育がイスマーイール派の中で徐々に根づき，ほんの一握りではあるがパキスタンの都市部に出て学ぶ人間が出始めた時期に，ラージャー制は廃止された。まず1969年，北西辺境州内に位置するスワート，ディール，チトラールの3か国がパキスタンへ併合された（バルト 1998：217）。カラーコラム最大の領土を持ち，数万のイスマーイール派が住むチトラールに続いて，1972年にはクー＝ギズル，ヤスィーン，イシュコマーン，プニヤール，ナガル諸国が廃止された。1974年には，最後に残ったフンザも廃止された。

1969年，すなわちチトラール国が併合された年に，アーガー・ハーン四世は（形式上では中央アジアを含む）カラーコラムのジャマーアトに対して「憲章」を発布した。その際，彼は次のように述べている。

　　この憲章は，我々ジャマーアトの問題解決能力を高め，それによって先に述べた地域に暮らす私の精神的子供たち（spiritual children）が，利

益を得るようにと作成されたものです。実際，パキスタンやその他の国々における憲章の存在は，ジャマーアトにとって重要であることが証明されてきました。ジャマーアトが自らの共同体運営を規則正しく，かつ一貫した形で行ない，時代の趨勢に適応していくことを可能にしてきたのです。フンザ，ギルギット，チトラール，そして中央アジアのジャマーアトも，同様の手段によって自らの能力を高め，利益を享受していかなければなりません。(Holzwarth 1994：80)

この1969年憲章が，カラーコラムのジャマーアトにもたらした変化は，次の2点であると評価されている。(Holzwarth 1994：79-82)

① 評議会制の本格的導入。フンザのカリーマーバードに置かれた最高評議会（Supreme Council）が，カラーコラムのジャマーアトを統括することになった。このときイマームから議長に任命されたのは，フンザの支配者ミール・ムハンマド・ジャマール・ハーンだった。最高評議会の下には地域評議会（Regional Council），さらにその下に地方評議会（Local Council）が設置された。地方評議会は複数の村落を管轄し，その評議会の議長，副議長，書記，会計は，すべてイマームからの任命とされた。彼らの任期は3年間と定められ，イマームの許可によって更新も許された。内部の紛争は，殺人などの重罪を除いて，極力この評議会における討論によって調停が図られることになった。評議会の決定に対する違反者には，倫理的制裁や罰金，さらに最も厳しい処置としては破門が課せられる。ジャマーアト・ハーナを管理し，礼拝の指導役としてムキとカムリヤが設置されたが，彼らも評議会に従属した。これらはすでにホージャの間に確立した制度に倣ったものである。
② イマームの前における，すべての宗徒の平準化。これ以前において，ピールやハリーファはジャマーアトの指導者として伝統的に「ムキ」の称号を使用していたが，本人の死後，この名称の世襲は許されなくなった。新しい制度の下では，ピールたちは宗派指導者としての公的な地位を完全に失うことになった。[8] たとえ評議会に参加する場合でも，それは

すべて個人の資格で行なわれた。

　1976年にミール・ムハンマド・ジャマール・ハーンが死ぬと，カリーマーバードの最高評議会は廃止された。各地の地域評議会は，直接カラーチーの連邦評議会（Federal Council）の管轄下に入った。これによってイスマーイール派の組織はラージャー制の枠組みから完全に解放された。
　この間パーインダ・シャーは1984年まで，バルコルティ，シャマラン，チャーシなどギズル各地のDJ学校で教師として働いた。彼は半分冗談に，しかしいくぶん誇らしげにこう語っている。「今，ギズルの学校で教師をしたり，組合の仕事で活躍している人間は，みんな私の生徒たちだった。何かわからないことがあれば，彼らは今でも先生の私のところに訪ねてくる」。
　ラージャー制の廃止後，ジャマーアトの根幹をなすことになる評議会制度を運営するために必要な基礎的な能力を，パーインダ・シャーは宗徒の間に育てた。イマームへ送るザカートの徴収権喪失に代わる収入確保という経済的な要請があったにせよ，それまでのローカルなイスマーイール派のあり方を規定していたピール，伝統的に宗教的知識と指導者としての役割を独占していたピールの出身者ながら，その体制を乗り越える役割を彼は果たしたのである。DJ学校という新しい制度のもとで，宗派の近代化を促進する役割を担い，それを実行した。
　しかしながら，中央アジアと南アジアの境界部分に暮らすイスマーイール派の近代化は，すべての地域で同時に，かつ均質な密度を持って進んでいるわけではない。この点，ホージャという宗派近代化のまさしく核となった集団と同じパキスタンという国家に属したことが，カラーコラムの宗徒にとって大きな意味を持つことになった。北辺の山地とアラビア海に面する大都市，地理的には遠く隔たっていても，同じ国家の中で政治や社会の諸制度を共有することによって，ホージャが構築した近代ジャマーアトの組織を徐々に受容していく条件を，カラーコラムは持っていたのだった。パーインダ・シャーの一族がかつて住んでいた，ワハーンのピールの現状と比較するとき，それは明確な差違として現われる。ギズル川水系のヤスィーン谷から峠を1つ越えただけ——しかしそれは国境でもある——のワハーンでは，宗派制度の

改革はほとんど進んでいない。アフガニスタンに暮らすこれらのピールは1970年代に入っても，19世紀末にビダルフが行なった報告とさして変わらない社会・宗教的な立場を保持している。そこで1973年に，ある1人のピールが受け取った貢ぎ物は400頭の牛，500頭のヒツジ，70tの穀物，そして210kgの油だったと報告されている（Shahrani 1979：55以下参照）。

　学校教育は，無文字社会ではないが社会の大多数が読み書きすることのなかったカラーコラムの社会を，質的に変化させる大きな要因となった。植民地体制への統合の深化は，直接的にはスリーナガルとの頻繁な交通によって表現されていた。そしてそのリンガ・フランカとして，まずウルドゥー語による読み書きの修得が求められるようになっていた。パキスタンの建国によってウルドゥー語は国語となり，その必要性はさらに高まった。外部世界との交渉に必須であるウルドゥー語の教授役を，パーインダ・シャーは担っていた。その結果，ペルシア語の伝統は急速にすたれていった。そして現在では，さらなる変化が生じているのだが，この点については次章で述べることになる。

1)　カラーコラムのイスマーイール派は，ときに（蔑称の意味も込めて）「マウラーイー」（Maulai）もしくは「モゴリー」（Mogholi）と呼ばれることがある。
2)　これら宗教的指導者への尊称としてイシャーン（ishan）が使われていた点は興味深い（Holzwarth 1994：41参照）。イシャーンとは聖廟のまわりで活躍するスーフィーの「生きた聖者」であり，19世紀末にカザフ，トルクメン，キルギスなどの遊牧民のイスラーム化に貢献したことで知られる（山内 1987）。イシャーンはまた神秘体験の導師だけにとどまらず，地域社会の相談役，呪術的な方法を用いて病気を治す医師，霊験あらたかな護符の作成者，もろもろの聖者譚の主人公，そして学校・橋・道路・灌漑溝を作る社会事業家といったさまざまな役割を兼ね備えていた。さらにイシャーンはしばしばロシア人の植民地支配に対する民衆蜂起を指導した。小松（1986）には，1898年にアンディジャン（現ウズベキスタン）で起きたイシャーン反乱についての記述と解釈が示されている。
3)　ナースィレ・フスロー（1004頃〜1075年）は，ファーティマ朝時代の優れたイスマーイール派伝教師。哲学者，旅行家，また詩人として名高い。イスマーイール派として迫害されたため，バダフシャーン地方で隠遁生活を送った。

4) パーインダ・シャーによれば，ハリーファの最も重要な仕事は村人の葬儀だった。この仕事に対するジャマーアトからの報酬は，1年につき小麦10 kgだった。この他に，パーインダ・シャーは言及しなかったのだが，山の頂に宮殿を構える妖精（*pari*）にとり憑かれた村人のお祓いを，ハリーファは行なっていたとされる。ある村人によれば，ハリーファはクルアーンの一節が書かれた紙を水と一緒に飲ませる。あるいはその紙を燃やし，煙を吸い込ませるなどのやり方で，妖精を追い払うという（フンザのハリーファに関しても同様の記述がある。Müller-Stellrecht 1979 : 221-3)。
5) ゴーハル・アマーンは，現在ギズル県の小学校で使われている社会科の教科書（Ali 1993）に登場する。彼のためには特に1章が割かれ，スィク教徒やドーグラーと戦った英雄として扱われている。
6) 子供の名前は「カリーム」で，綴りはカーフ・レー・イエ・ミームだった。ピール・サーヒブはそれぞれの文字が持つ数字，すなわちカーフ（8)，レー（8)，イエ（10)，ミーム（4）を順に足していった。そして合計の30を次に12（1年の月数）で割った。答えは2で余りが6。この余りの数字6から，パーインダ・シャーは6番の護符を作ることを決めた。彼が参照した本は，第5代イマーム，ジャーファル・アッサーディクの「ジャーマウル・ダーワット」で，1903年にボンベイから出版されたものだった。
7) アッタール（1136頃〜1230年）はペルシアにおける神秘主義的叙事詩の伝統の創始者。ルーミー（1207〜73年）はペルシャ最大のスーフィー詩人の1人であり，「踊る教団」メヴレヴィーの祖としても知られる。全6巻より成る「マスナヴィー」は，ペルシア語のクルアーンとの評価を受けている。シャビスタリー（1287〜1320年）はアゼルバイジャン出身のスーフィー。
8) 唯一の例外が，サイヤド・カラーム・アリー・シャーの子孫であるピール・カラーム・アリー・シャーである。彼は最高位のムキに任じられるとともに，1969年から1976年にかけて最高評議会の副議長に任命された。

第5章　周縁部のジャマーアトⅡ
―― 浸透するイマーム ――

　本章では，前章の学校教育の普及を受けて築き上げられた宗派組織について記述する。カラーコラムの宗派組織の具体的な活動内容についての研究は，これまで発表されていない。それはとりもなおさず，この領域におけるイスマーイール派のガードの堅さを物語っている。私自身の調査で得られた情報も決して多いとは言い難いが，ここではピンガル村において各組織を運営する人々の言動や個性に注目することで，宗派組織の特徴を引き出すことを試みたい。

　ホージャの間で生まれた組織群が接合されることで，カラーコラムのジャマーアトにも具体的な内容が与えられることになった。カラーコラムに発達した山地農民の地域共同体は，多くの場合，複数の宗派の宗徒を含んでいる。しかしジャマーアトの成員は，ジャマーアト・ハーナで排他的な宗教儀礼を行なうことで，スンナ派あるいは他宗派の成員と峻別される。そして現在では，イマームを頂点とする組織の末端が村々にまで達している。ピンガルで最も重要な宗派組織は，ピンガル地方評議会（Local Council）である。現在その傘下には合計12のジャマーアト・ハーナがある。ギズル川下流から順番に，ハマル，ノルティ，ダヒマル，ジュリジャール，サラルクツ，タンガイ，マトゥジ・レシュト，ノゴール・レシュト，パイクシ，ソソト，ピンガル，カスンダルである。これは先に第1章で述べた「区割り」にだいたい一致する――ただし完全にではない――範囲で設定されている。この地方評議会が統括する地理的範囲を，1つの具体的なジャマーアトとして考えることができる。

　ジャマーアト内部の各組織のメンバー，あるいはジャマーアト・ハーナの

管理と礼拝を司るムキやカムリヤは，一般宗徒の中から選ばれる「ボランティア」である。イスマーイール派の宗派組織は，彼ら「名誉あるボランティア」によって支えられている。これは常々宗徒が強調する点である。ここでのボランティアの力点は，報酬を求めず，心から喜んでの奉仕にある。ただし，やる気があれば誰でも参加できるわけではない。まず特定の職務について，ジャマアート内部で候補者が選出される。候補者名簿はイマームのもとへ送付され，その承認を受けた者のみが職務につく。名簿作成の時点で，ボランティアはジャマアート内部で内定しているとも言えるが，イマームの任命こそが，無給もしくはわずかな手当で働く宗徒の熱意を引き出すと同時に，彼らに名誉と威信をもたらすものとなっている。イスマーイール派のボランティア活動は，イマームへの奉仕と分かちがたく結びついている。

第1節　評議会

先に述べた12のジャマアート・ハーナを統括するのがピンガル地方評議会（Local Council）である。この評議会制度こそがイスマーイール派の核となる組織である。イマームを頂点に，国，地域，そして村レベルの地方評議会という指揮系統が確立している。

ギズル地方ではピンガルの他に，グピス，パンダル，ゴローグ・ムリの3地方に地方評議会が設置されている。さらにヤスィーン谷に4つの地方評議会（ヤスィーン，スルターナーバード，サルガン，ツイ）がある。これら合計8つの地方評議会を統括しているのが，グピス地域評議会（Regional Council）である（表2-5-1）。「地域」評議会のメンバーは，「地方」評議会で豊富なボランティア経験を積んだ宗徒で構成される。彼らの役割は，地方組織のメンバーに研修を通じて具体的なアドバイスを与えたり，村レベルで解決困難な問題に対処することである。連邦評議会（Federal Council）はカラーチーに置かれており，そのメンバーのほとんどはホージャで構成されている。イマームと常にコミュニケーションを取りながら，パキスタンのジャマアート全体の方向性を決定する機関である。

地方評議会は議長，名誉書記，有給書記に加え，男性6名，女性2名の評

議員の計11名から構成される。話し合いの場としてはジャマーアト・ハーナがあるので，評議会は必ずしも事務所を構えているわけではない。ピンガルでは，1994年秋に独立した地方評議会の事務所建設が，タンガイ村のジャマーアト・ハーナの敷地内で始まった。建設資金には管轄下のジャマアートが提供した10万ルピーが充当されていた。

ピンガル地方評議会の議長を務めるのは，イムラーン（仮名）である。1968年にパイクシ村のビルゲー・カームに生まれた彼は，地元のDJ小学校，政府中学

表 2-5-1　北方地域の評議会数
(1997年12月現在)

	地方評議会	地域評議会
ギルギット県		
ギルギット	3	1
フンザ	7	1
ギズル県		
プニヤール	3	1
イシュコマーン	3	
グピス	4	1
ヤスィーン	4	
スカルドゥ県	1	1
合　計	25	5

（情報提供）ムザッファル氏

を経て，ギルギットの政府高校で学んだ。ギルギットではアーガー・ハーン四世の名前を付したシャー・カリーム・アル・フサイニー寄宿舎に入り，AKES（アーガー・ハーン教育事業）から奨学金をもらって勉強した。最終的にはアッラーマ・イクバル公開大学（Allama Iqbal Open University. イスラーマーバードに本部を置く，通信制大学）で学士号を取得している。職業はタンガイDJ中学校の教師である。

イムラーンは，ピンガル近辺ではおそらく最も優れた英語の使い手である。私がギルギットやイスラーマーバードから「タイム」や「ニューズウィーク」を持参するとことのほか喜び，いろいろな話題に花を咲かせた。またときには，他の村人が着用することのないジーンズ姿の彼を見かけることもあった。彼にしても信仰についてはもちろん，組織の内容について詳細な情報を提供してくれることはなかった。それでもまったくのシャットアウトというわけではなかった。たとえば，ジャマーアト・ハーナのベランダでイムラーン以下の評議員が打ち合わせをしているときに，オブザーバーとして参加させてくれと頼んでも，これは宗派の問題だからだめだと断ってくる。しかし，その後の昼食には招いてくれ，評議会の活動について「ある程度までは」語ってくれるのだった。以下はそのような形で聞き集めた話をまとめた

ものである。

　まず評議会のラインを通して，イマームの布告であるファルマーンが伝えられる。イスラーム月の新月の礼拝時に，ファルマーンは届けられる。イスラームの信仰の下，宗徒がいかに生きていくべきか，生活を改善していくべきかについての指針である。

　評議会はまた，ザカートを宗徒から集めてイマームのもとへ送付する。ザカートは原則として半年に1度，収入の10％を現金で支払う。カラーコラムでは経済状況を勘案して，ホージャより若干低めに設定されている。ザカートは心から喜んで支払うものであるから，強制的に徴収することはない。また貧困世帯には特別に配慮がなされる。しかしボランティア活動によって，ザカートを代替することはできない。両者はまったくの別物であると彼は言う。

　徴収されたザカートは，金額リストだけがイマームのもとへ届けられる。現金は，イマームが命じるまでカラーチーの銀行に預金されている。カラーコラムのジャマーアトの抱える問題は評議会を通して吸い上げられるが，イマームはそれに対処する新たな使い道を決める。そして，ザカートは村の生活向上に役立てられる形で村に戻ってくる。イスマーイール派は「彼らはアーガー・ハーンを拝み，献金している。あれではアーガー・ハーン教だ」との外部からの批判に敏感である。ザカートはイマームの恣意で浪費されるのではない。正しく村の発展に役立っているというのが，イムラーンの強調するところだった。そのことを彼は，一緒にいた宗徒たちに再度教え諭すような口調で言った。

　評議会はさらに「行政機関との連絡や交渉」を行なう。この点について詳しい情報を得ることはできなかったが，彼がその一例として挙げたのは，近年パキスタン全土で問題になっているヘロインの蔓延が村レベルに及ばないよう，麻薬の恐ろしさをジャマーアトへ周知徹底することだった[1]。

　以下に述べるタリーカ・宗教教育委員会，仲裁パネルを統括し，さらには村レベルにおけるNGO活動との連絡や調整役を担うなど，評議会はジャマーアトにおいて最も重要な組織となっている。地方評議会より1ランク上の地域評議会の議長には，イマームと地域の問題を直接会って討議する資格が

与えられていることからも，その重要性はうかがえる。そして若くして地方評議会議長の要職にあるイムラーンは，周りから一目も二目も置かれる存在となっている。[2]

第2節　仲裁パネル

　仲裁パネル（His Highness Prince Agha Khan Shia Imami Ismaili Masalti-o-Salisi　Panel）は，評議会に備わっていた仲裁機関としての機能が分離独立した組織である。ピンガルのパネル事務所は，やはりタンガイ村のジャマーアト・ハーナの敷地内にあり，1987年に設立された。イマームを象徴する王冠（*taj*）がそのトレードマークとなっている。召喚者，書記，男性10名，女性2名の計14名から構成される。パネル・メンバーは，調停作業を行なうために必要なパキスタンの法律の知識を，ギルギットでの研修によって修得する。

　召喚者はタンガイ村のマショレー，アリー・マダード（仮名），書記はパイクシ村のビルゲー，グラーム・ムハンマド（仮名）が務める。実際に運営の主導権を握っているのは後者である。グラーム・ムハンマドは1970年生まれ。DJ小学校，グピスの政府中学校，高校を経て，ギルギットのカレッジで学んだ。彼は地方評議会の名誉書記も兼任している。彼もまた，イムラーンに負けないほど英語がうまい。彼の家を訪れたとき，コワール語しか話さない父親は，近くの枝谷で妖精（*pari*）を見た話をしてくれたのだが，傍らではグラーム・ムハンマドが上級機関へ送る英文の報告書をしたためていた。父親とは先に登場したレストハウスの門番，アーリム・ハーンである（第2章）。彼ら2人の姿は，ラージャー制の時代と現在のイマームの組織で活躍する世代の間に起こった大きな変化を象徴的に表わしている。

　パネルは，基本的にジャマーアト内部のもめごとを仲裁する機関である。パキスタン政府から公認されており，結婚や商売に関する問題ばかりでなく，傷害や殺人事件を扱うこともできる。また土地や水利に関わる問題では，イスマーイール派ばかりでなくスンナ派住民が当事者となる場合も当然出てくるが，当人さえ同意すればパネルは交渉のテーブルを提供する。ただし当事

選挙活動風景
選挙カーが村に来るたびに子供たちが大騒ぎする。

者がスンナ派のみである場合には，パネルは関与しない。また場合によっては，グピスの判事から訴訟がパネルへと回されてくることもあるという。ただしパネルから裁判所へ問題を転送することはない。

　グラーム・ムハンマドはパネルの利点を「無料，迅速，公正」にあるとし，政府の裁判所と対比して説明する。パネルでは特別な書類を用意する必要はなく，母語であるコワール語で，納得行くまで自分の意見を表明できる。対照的に，と彼は指摘する。政府の訴訟制度では，まず判事へ提出する英語の書類を，代書屋に依頼して整えなくてはならない。さらに審理の場でもコワール語を使うことはできない。判決までには何年もかかり，時間やお金が浪費される。

　グラーム・ムハンマドの指摘は，住民の宗派を問わず，ギズル地方で広く共有されている。ギズル地方の住民にとって，グピスまで行なって裁判に訴えることは大変な労力を要する作業となる。ジープもしくは徒歩でしかグピ

スへの交通手段がないこの地方で，判決確定までに繰り返さなければならないグピスへの往復は，時間的にも金銭的にも大きな負担である。そして第1章で述べたゴローグ・ムリの資源利用に関する事例のように，裁判はしばしば膠着状態に陥り，10年以上の長期にわたる場合さえ出てくる。

そしてまた判事の態度が，個人差はあるものの，しばしば度を超えて高圧的なものであることが指摘されている。私は実際の裁判の様子を見たことはない。しかし1994年の北方地域カウンシル選挙（**資料8**）の際，判事がギズル地方の選挙準備の見回りに来た際の振る舞いは，たしかに高圧的だった。判事の乗った車がピンガル村に差し掛かった際，たまたま1台のジープが道を塞いでいた。運転手は近くの家の中にいたのだが，判事は彼を呼び出すなりどなりつけた。

「公道に車を停めておくな，この馬鹿者。明日，グピスの裁判所まで出頭するんだぞ。もし来なかったら逮捕するからな！」

頭ごなしに譴責された運転手とその助手は慌ててジープを移動させたが，顔色は青ざめていた。

さて，パネルは訴えが3，4件たまると開催される。遠隔地や女性が関与していて事務所を訪れることができない場合には，メンバーがその村に赴く。通常，初回のミーティングで問題は解決されるが，地方パネルで解決できない問題は，地域パネルからギルギット支部，さらにカラーチー本部へと，より上にいくほど専門的な審理が受けられる制度になっている。また4半期に1度は，地方の仲裁パネルからグピスの地域パネルへの報告が義務づけられている。

1994年6月3日に観察の機会を得たパネルの内容は，以下の通りである。ピンガル村の対岸部ニカツォールは水不足に悩まされていた。そこに住むビルゲー，ホザレー，ラタセーの3カームからなる14名の村人は，協力して新たに短い水路を建設，完成させた。これに対して，作業に加わらなかったが水路付近に土地を所有するピンガルの村人4名が水の利用を求めた。このうち2名は，イシュコマーン谷とカンディヤ谷出身のガダイーであり，後者はスンナ派に属する。彼らはまたホザレーの「義理の息子」（*jamar.* 第1章参照）でもあった。残りの2名のうち1名はシェールカーネー（イスマーイー

ル派),もう1名は確認をとれなかった。

　パネル事務所は窓のある明るい部屋で,大きな机と本棚,そして椅子が備わっている。机をはさんで,奥の方に召喚者のアリー・マダードと書記のグラーム・ムハンマドが座っている。このとき参加した他のパネル・メンバーは2名で,ソソトとサラルクツ村から来ていた。さらにタンガイDJ中学校長(より上流のゴローグ・ムリ地方の出身)と私がオブザーバーとして参加した。この4人は部屋の壁側に座る。入り口に用意された椅子に,2つのグループが交替で入ってくる。午前8時30分,お茶が振る舞われ,なごやかな雰囲気の中でまず両者の言い分を聞くことからパネルは始まった。

　争点は4名が払うべき金額だった。水路建設に携わった14名は,水路の利用を認める代わりに,建設に要した労働の代償として総額3万ルピーを4名に要求していた。しかし後者がそれを高すぎるとしたため折り合いがつかず,調停がパネルに持ち込まれたのである。話し合いが始まる前に,パネルのメンバーへグラーム・ムハンマドはこう切り出していた。「今回の問題には,スンナ派の兄弟も含まれています。この問題をうまく解決すれば,我々の制度が有効なことが証明され,イマームもきっとお喜びになるでしょう。皆さん,解決に向けて努力しましょう」。

　しかしこの問題には大勢の人間が関与していたため,仲裁は難航した。グラーム・ムハンマドは,両者を入れ替わり立ち代わり,何度も呼び出して条件を詰めようとした。参加者には自分の言い分を述べる時間は十分に与えられる。しかし,ときに数名の者が同時にしゃべりだし,意見はなかなかまとまらなかった。このため,別のケースを先に討議することになった。そしてその間に,両者は内部で意見調整を図った。

　別件もやはりピンガル村の土地の境界争いだった。ギズル地方では,政府による土地登録(*Settlement*)は行なわれていない。人々がこれを政府からの統制として嫌い,受け付けないからである。境界争いが起こると,地図台帳に頼ることなく村人の証言をもとに両者の言い分を検討する。この場合には,パネルは訴えた側の主張にはまったく根拠がないと判断し,問題を15分で片づけた。

　その後,再開された話し合いでグラーム・ムハンマドはたいへんな熱意で

両者を説得し，合意をまとめあげた。最終的にパネルは1人4000ルピー，計1万6000ルピーの支払いを提案し，水路の利用を求める4名のうち，2名がこの条件を承諾した。他の2人は結局土地を14名に売ることにした。そして売値は後日のパネルで再交渉となり，当日は散会した（ただしこの交渉は実際には行なわれなかった。その後7月29日に発生した洪水によって，土地そのものが水没してしまったからである）。審議は午前8時半に始まり，途中数回の休憩をはさんで，ようやく午後4時に終わった。

その後起きた別の事例では，女性への暴力がパネルで取り上げられた。これについては，私は村人から話を聞いて知り，グラーム・ムハンマドにも確認をとった。このケースでは，奇しくも先のホザレーの「義理の息子」2名

村の子供たち

がAとBのそれぞれの妻は姉妹である。あるとき，AとBの妻である義理の妹の間で口論が起こったが，口達者な義妹がAをやり込めた。Aは怒って義妹を殴ってしまった。Bは弱気な男だが，妻を殴られてAを警官に訴えた。その警官はAを殴って制裁を加えたが，彼をグピスの警察署へ送ることはしなかった。問題はパネルに持ち込まれたのである。

ギズル地方では，他人の妻に手を上げることは決して許されない。それは女性の尊厳を傷つけるばかりでなく，その家族，とりわけ夫の名誉（*izzat*）を著しく傷つける。ピンガル村では50年以上も前に，シェールカーネーの男性が姦通した妻と間男を射殺するという事件があった。今でも姦通者は同様の制裁を受けるべきだとされる。自由とはすなわち「自分の宗教，自分の土地，そして自分の妻に対して他人の干渉を許さないこと」であると男性たちは語る。グラーム・ムハンマドはAに6000ルピーの支払いという重い罰金を提案した。定職を持たないAにとって，6000ルピーはかなりの負担だ

ったが，村人は宗派にかかわらずこの決定を妥当と評価した。そしてAもまたこの裁定を受け入れた。

　しかし，パネルの仲裁が常にうまく行くわけではない。別の土地争いでは，グラーム・ムハンマドは当事者を和解させることにまったく失敗してしまった。ノゴール・レシュトは，ピンガル周辺では比較的新しく開かれた村である。ここはかつてハキームが，シェールカーネーとビルゲーに新たに開墾を許した土地である。現在は定住村となっているノゴール・レシュトだが，両カームの成員にはピンガルに住みながら，この土地を牧草畑として利用する者もいる。そしてその境界を巡って，ピンガルのシェールカーネーに属するXと，パイクシ村のビルゲーであるYが争いを始めた。両者の争いは紛糾し，コワール語で「イゴ・プラニ」（*igho prani*）という状態に陥った。互いに殴り合う，あるいは牛が互いに角突き合わせて一歩も譲らない，そういう状態がイゴ・プラニである。

　イードの礼拝に参加するため，グラーム・ムハンマドがピンガル村にやってきたときのことである（この時には，近隣の集落の男性たちがピンガルのジャマーアト・ハーナに集まった。人数が多く，扉は開放されており，外から評議会議長のイムラーンと後述するワーイズが講話をしている姿が見えた。ただし女性は参加していなかった）。礼拝後，彼は私を含む他の数人と一緒にXの家へ流れ，食事を取っていた。そのときXが，Yとの一件を持ち出した。周囲の人間はイードに争い事を持ち出すのはやめろと諫めたが，Xは興奮してしゃべり続けた。あの土地は，もともとハキームのお墨付きであり，またグピスのアシスタント・コミッショナー（AC）からも保証されている……。Yが彼のごく近い親族だけに，グラーム・ムハンマドの立場は最初から難しかった。しかしそのうち彼も熱くなってまくしたて始め，ついにXと口論になってしまった。このため，この問題をパネルで取り上げること自体が不可能となり，パネル書記としての彼の面目は傷ついた。この事例は，村という狭い社会で，自分自身もカームの利害に直接関わる人間たちが，調整機能を果たすことの難しさを物語っている。

　しかしながら，総体的にはパネルは求められている役割をよく果たしていると評価されている。グラーム・ムハンマドが保管するパネル・ノートによ

れば，その実績は以下の通りである。

　①商売（給料未払い，金の貸借）1994年2～9月。
　　10件のうち8件解決。2件はペンディング。
　②家族（離婚，結婚の不履行）1994年1～7月。
　　3件すべて解決。
　③土地（境界，兄弟間の遺産争い）1994年1～8月。
　　12件のうち9件解決。3件はペンディング。
　④その他（水利，けんか）
　　通算34件中30件解決。2件ペンディング，2件はグピスの地域パネルへ。

ある副郡長はパネルについて，こうコメントしている。ちなみに彼はスンナ派に属する。

　　私はパネルをとてもよいアイディアだと評価しているし，実際いい仕事をしている。村人ならばもめごとの詳細に詳しいから，仲裁も迅速で公正だ。それにパネルでやれば，警官や役人に賄賂を払う必要がない。
　　（1995年3月4日）

このように政府の役人からも，パネルはその役割の実効性と清廉さを認められている。さらに興味深い点は，このパネルがかつてのラージャー制の下で施行されていた裁判制度と同じ「ジルガ」の名称で，村人から親しまれていることである。たしかに，パネルが謳う「無料，迅速，公正」は，かつてジルガダールを務めた老人たちが，ジルガの特徴とするものと重なる。ジルガではハキームやラージャーの権威のもと，1回切りの評定で裁決を下していた。ラージャー制を語る場合，人々の口から出るのは「たしかに専制だったが，ジルガにおける問題の処理は速かった」ということである（第2章参照）。
　必要に応じてジルガダールが問題仲裁の場を訪れるという移動性をも，パ

ネルは踏襲している。異なるのは，かつてのジルガがラージャー（FCR施行後には政務駐在官）を権威の拠り所としていたのに対して，パネルはイマームの権威の下に開催されることである。事務所入り口の看板に描かれたイマームの王冠が，そのことをはっきりと示している。しかし，それはトップダウンの組織ではなく，村レベルで自主的に運営されている。村レベルで解決できない場合のみ，上級機関へと審査が回される制度である。

評議会から分かれた仲裁パネルは，基本的には宗派の内部組織である。しかし実際に裁かなければならない問題は，水利や土地の境界争いなど地域共同体の慣習と密接に関わっている。そしてそのことはカーム間のもめごとや村落間の関係調整といった場面において，スンナ派住民も問題の当事者となりうることを意味している。現在のところ，イスマーイール派イマームの権威の下に開催されるパネルは，スンナ派住民からも信頼できる機関として評価されている。政府の司法制度がうまく機能しない状況において，ラージャー制の時代の「ジルガ」をイマームの権威の下に復活させたもの，それが「パネル」である。

第3節　タリーカ・宗教教育委員会

タリーカ・宗教教育委員会は，宗教教育や書籍の発行を行なっている。タリーカとはアラビア語で神秘的修行の「道程」を意味し，転じてスーフィー教団を指すようになった。この言葉からも，イスマーイール派がクルアーンの内奥の意味に重きを置く姿勢が理解される。この組織は「イスマーイール派協会」とも呼び習わされている。ピンガルの地方支部（Local Tariqah and Religious Education Board）は支部長，書記，男性8名，女性2名の計12名で構成される。

パキスタン本部（The Shia Imami Ismaili Tariqah and Religious Education Board for Pakistan）はカラーチーにあり，国内全体の宗教教育を司る。宗派内部向けの各種雑誌や書籍も発行している。ギルギットの地域支部では，代々のピールによって保持されてきたバダフシャーニー・イスマーイーリーの伝統を強調する宗教書を編纂している。ギナーンとは異なる宗教的知識が，

第5章　周縁部のジャマーアト II

ここで再編集の過程にある。

　地方支部のレベルでは，子供たちへの基礎的な宗教教育が主要な活動となっている。成人向けの講座もときおり開講する。ピンガル地方支部を運営するドゥラーット・シャー（仮名）もまた，パイクシ村のビルゲー・カームの出身である。彼は地元の DJ 小学校，DJ 中学，政府高校，そしてギルギットのカレッジで教育を受けた。ギルギットでは，やはりシャー・カリーム・アル・フサイニー寄宿舎に入り，AKES から奨学金をもらって勉強した。現職は，タンガイ DJ 中学校教師である。

　彼の管轄の下に，ピンガル周辺では現在5か所（ピンガル，タンガイ，パイクシ，ソソト，マトゥジ・レシュト）で，高校出の若者たちが「宗教ガイド」として聖典クルアーンを子供たちに暗唱させたり，アーガー・ハーン一世以下のイマームの事績を教えている。主としてジャマーアト・ハーナの敷地内で授業は行なわれている。5歳以上の児童を対象に，毎日2時間ずつ勉強する。金曜日は休日である。教師役のガイドには，月250ルピーの手当てが支払われている。実際の授業時間は，教師役の都合によって異なる。DJ 学校の授業が正午に終わった後に，イスマーイール派の生徒だけを残して「イマーミー」へ移行する場合もあれば，1度生徒を帰宅させて，午後3時から始める場合もある。ピンガルの場合，調査時にこの宗教教育クラスに登録されている児童は48名だった。しかし児童を強制的に集めるわけではないので出席率はそれほど高くなく，出席は常時20〜25名ほどだった。高校を卒業したばかりのシェールカーネーの青年が教えていた。

　宗教教育の授業で使用される教科書は基本的にイスマーイール派独自のものである。「イスマーイール派教育」(Ismaili Tarimat)，「カリマ」(Karima)，「ドゥアー」(Dua)，「ピール」(Pir) などのテキストが使用されているが，これらの内容を確認することはできなかった。ただしドゥアーは，先にも述べたようにジャマーアト・ハーナでの礼拝の際に唱えるもので，宗教教育の第一歩に当たる。6部から成り，ファーティハに始まり，歴代49イマーム全員の名前で終わる（Rattansi 1987：Appendix B 参照）。

　イスマーイール派の成人教育にあたるのは，宗教講師ワーイズ (*waiz*) である。ワーイズはアラビア語で「説教師，教師」を意味する。タリーカ・宗

教委員会の有給職員であり，各地のジャマーアト・ハーナを巡回する。必ずしも各村にワーイズがいるわけではないが，ピンガルからはたまたまソソト村のラタセー，ムザッファル（仮名）がワーイズとなっている。ムザッファルも優れた英語の使い手である。私との接触も，コワール語・英語辞典 (Sloan 1981) のコピーを1部もらえないだろうかと，彼が訪ねてきたことがきっかけだった。

宗派の公式の教義を内部に広める立場にある彼に対して，「イスマーイール派はなぜ改宗者を受け入れないのか？」と質問したところ，ムザッファルの回答は明快だった。

> 他宗派，他宗教からのイスマーイール派への改宗はたいへんな困難を伴う。それは，あなたがこれまでの人生でいろいろな経験を積んできて，もはやイマーム位というものを理解できなくなっているからだ。我々はジャマーアトの教育は行なうが，他宗派・宗教からの改宗はまったく期待していない。（1995年5月8日，ソソト村）

この言葉に示されているように，ワーイズの職務には部外者への宣教は含まれていない。しかし彼の知識は，部分的には非イスマーイール派の研究者と共通するところがある。調査当時，ギルギットの書店で「イスマーイール派の教義と歴史」(Daftary 1990) が売りに出されていた。ケンブリッジ大学から出版された，この800ページにも及ぶ英語の著作は，「宗派の正統なる歴史」として町のイスマーイール派知識人の間ではちょっとした評判になっていた。彼もその著作を高く評価し，私がその本について言及すると，「あの本を読んだのか。それならあんたもイスマーイール派だ」と言うのだった。さらにカラーコラムの宗派史についても，「北方地域のイスマーイール派の歴史はせいぜい200年だろう。その前，我々の祖先は犬ころを拝んでいた」との見解を示した。犬ころとは，フンザ地方で信仰されていたボーヨ (*Boyo*) のことを指している。ボーヨ信仰についての言及は，英語の論文，特にイギリス人行政官ロリマーの著作にみられる (Lorimer 1929, 1987 ; Müller-Stellrecht 1979)。彼は英語を通して実証的な文献

第5章　周縁部のジャマーアト II　153

に親しんでいるようであり，宗派の歴史を証明できない過去にまで遡る必要はないと考えていた。この点は，タージ・モゴル王という歴史学において実在が証明されていない人物と，自らの出自を関係づけるパーインダ・シャーとは対照的である（第4章参照）。このような態度は，彼が受けた宗教教育やワーイズの役割と大きく関係がある。

村の商店で談笑する青年たち

　ムザッファルは1962年，ラタセー・カームの一員として生まれた。地元の小，中，高校を経て，1980年にギルギットのカレッジへ進学した。この年，タリーカ・宗教教育委員会が，カラーコラムで働くワーイズの育成を開始した。彼はこの研修に申し込んで，参加を認められたのである。ワーイズ研修の科目は，アラビア語，ペルシア語，イスラーム史，イスラーム哲学，ハディース，ギリシャ哲学，そして論理学である。きちんと体系化されたカリキュラムに沿って，博士号を持つ2人の宗教学者が講義を進めた。4年間にわたって，ムザッファルは朝の7時から昼の1時までをカレッジでの勉強，午後2時半から6時までを研修に充てる生活を続けた。そして1984年にカレッジを卒業するとともに，タリーカ・宗教教育委員会の試験にも合格してワーイズとなった。[3]

　ワーイズは，成人向け研修 YAR（Youth and Elder Religious Course の略称。また yar はウルドゥー語で友人という意味）を各地で開講する。コースは毎夕2時間，2か月間にわたって行なわれる。イマーム位，クルアーン，イスラーム史，およびイスマーイール派の根本概念について平易に説き明かす。

　ワーイズとは，端的に言えば，タリーカ・宗教教育委員会のサラリーマン講師である。委員会によってきちんとカリキュラム化された宗教的知識を吸

収したうえで，英語で届くイマームの言葉を，一般宗徒にわかる言葉で説き明かす役割を担っている。宗派史を遠く遡り，自らの血統を権威化する必要はない。ワーイズにとっては，現在のイマームの言葉こそが重要である。それが，上述の彼の言動にははっきりと表われている。

第4節　ジャマーアト内部の指導者交代
――ピールからワーイズへ――

　本節では，アイケルマンや大塚による問題提起を念頭に置きつつ，ジャマーアトにおける指導者交代の問題を考察していきたい。アイケルマンは，イスラームの普遍主義的な基盤である聖典を学び，解釈する者の「正統性」に対して，技術革新（識字率，出版，近代教育）がどのような影響を与えているかを，ローカルな文脈で理解することを提唱している（Eickelman 1982；中村 1987 も参照のこと）。大塚はこの問題を，近代エジプトの文脈において考察している。19世紀前半まで，エジプトにおけるイスラームの専門教育は，アズハル出身者が独占していた。しかし近代的な国家体制のもとで，世俗的な高等教育を受けた層からは，自由に聖典や注釈書を学ぶ者たちが現われた。高度の「読み書き能力」を備えた彼らは，伝統的解釈の拘束から離れ，世界的な政治・経済の現状を考慮に入れた広い視野からイスラームの信仰を位置づけていくことができた。この中からいわゆる原理主義，あるいはスーフィズムへ傾倒する人々も出現した（大塚 1989：第8章。大塚 1994 も参照のこと）。

　この状況からは，聖典を異なる方向に解釈する諸勢力が，「正統性」の獲得を求めて互いに競合する状態が生まれることになる。カラーコラムにおいても，スンナ派やシーア派への改宗が進んでいたヌール・バフシュ派（第6章参照）が再生を果たす過程で，伝統的なピールから，学士号や修士号を取得した近代派ウラマーへのリーダーシップの交代が起こりつつあることが知られている（Rieck 1995）。ヌール・バフシュ派の新しいリーダー層は，宗教教育と同等に近代的な高等教育を重視し，自己のコミュニティにおける学校や青年組織などの制度構築に熱心でもある。しかし交代がすんなりと進行しているわけではない。「伝統派」との間に多くの軋轢が生じ，膠着状態とな

っている。争われているのは，まさに宗教的「正統性」の問題である。

イスマーイール派の間でも，1969年の憲章がもたらした「宗徒平準化」に対しては，ピールやハリーファから不満が表明されたことが知られている (Holzwarth 1994：82)。しかし変革を指揮するのがイマームであってみれば，彼らの主張も尻すぼみに終わらざるを得なかった。正統性を巡る新旧勢力間の対立が慢性化する前に，イマーム自身が制裁措置を図る。イスマーイール派ではこの点が他宗派と決定的に異なっている。イランでは，イマームの遠縁にあたるシャー・ハリーリーが，自立を志向する動きをみせたことがあった。四世の即位前後から，ファルマーンに反してジャマーアトを指揮するようになったのである。1960年代を通じてイマームとシャー・ハリーリーは何度か衝突し，結局1973年になって，四世がシャー・ハリーリーを退けた。そして自ら12名のメンバーを直接任命することで，テヘランとマシュハドに委員会制の指導体制を確立した。ここでもまた，新たに指導を任されたのは近代的な教育を受けた人々だった (Daftary 1990：539)。

地域の伝統に基づいた崇敬を宗徒から集め，古い宗教的知識を保持するピールが地域に根づいた形で自己の勢力を保持しようとすれば，イマームから次々と発せられる新たな方針の遂行に対して，むしろ障害ともなりかねない。それゆえにすべての宗徒を平準化することで，イマームはピールの力を弱めてきた。しかし制度外でピールの集める尊敬や威信にまで干渉しようとはしない。むしろ勢力の強いピールには，新しい組織の中にしかるべき地位と責任を与えることで，イマーム集権制へと取り込んでいる。

カラーコラム有数のピールの家系に属するピール・カラーム・アリー・シャー（資料6参照）は，時代の転換期に賢明に対応した。一貫してイマームへの忠誠を誓い，新しい制度の下で育ってきた新興リーダーたちと対立することを避けながら，北方地域有数の政治家へと転身を遂げたのである。一方アーガー・ハーン四世も，ピール・カラーム・アリー・シャーに対しては連邦評議会メンバーの座を与えるなどして優遇している（第4章参照）。連邦評議会は，常にイマームと連絡を取り合いながらパキスタン全土のジャマーアトの指導を行なう最も重要な機関である。ピール・カラーム・アリー・シャーはこの要職を1987年まで務めた (Holzwarth 1994：82)。そして1994年，パ

キスタン人民党所属議員として北方地域カウンシル議長，すなわち地方政治No.1の座に就いている。

　村レベルにおけるイスマーイール派の指導者交代を，ここではピールのサイヤド・パーインダ・シャーと，ワーイズのムザッファルという2人の人物の比較によって検討したい。まず，この2人の現在のジャマーアトにおける位置づけを，再度確認したい。

　パーインダ・シャーと一緒に村を歩くと，今日でも村人が「ピール・サーヒブ」を深く尊敬していることがはっきりとわかる。道中すれ違う村人は必ず足を止め，ピール・サーヒブの手の甲に接吻をする。村人たちはピール・サーヒブを敬愛している。このピール・サーヒブが参加するジャマーアト内部の「ボランティア」は，次の2つである。1つは宗教教育の一環として，子供たちにクルアーンを教えることである。通常，この仕事は高校出の青年がやっている。もう1つは，元DJ学校教師の経験を生かして，現場教師との話し合いに参加することである。これは学校教育に住民参加を持ち込もうというAKESの企画である。いずれにせよ，指導者という立場からは程遠いものである。しかし，「今，我々（＝ピール）はそんなに仕事をしていない。もうすべての仕事は，いろんな制度を通して広がっているのだから」というのが彼の立場である。のんびりとラジオのペルシア語放送を聴きながら，パーインダ・シャーはそう言う。上の2人の息子は教師，三男は科学系のカレッジへ進学する準備をしていたが，シャマランで生まれ，コワール語を母語とする彼ら息子たちはペルシャ語を理解しない。このことは，バダフシャーニー・イスマーイーリーの宗教伝統が彼の家系において途絶することを意味しているが，それを気にとめる様子はない。イマーム集権制に基づくジャマーアト再編成の過程で図られた宗徒の平準化は，このピール一族の上にもその影響をはっきりと認めることができる。

　一方，評議会を筆頭に，タリーカ・宗教教育委員会，仲裁パネルが構成する宗派組織は，ラージャー制時代のカームの地位にかかわらず，高等教育を受けた青年たちに活躍の場を与えている。ピンガルでは，ビルゲー出身者が目立つが，このカームはかつてハシマット・ディヤックだった。原則としては，すべてのカームから新たなリーダーが登場し得る制度が構築されている。

それは地域のジャマーアトの中で，さらにはヒエラルキーのより高次のレベルで自らの能力を示し，尊敬と威信を獲得することが可能ともなる場である。宗教講師であるワーイズの資格取得にも，サイヤドの血統が必要となっているわけではない。ムザッファルの出身カームはラタセーであり，なんらの宗教的権威とも結びついていない。

　彼のギルギットでの教育からもわかるように，ワーイズに求められているのは伝統的な宗教知識ではなく，英語を流暢に話し，読み書きする力である。時々刻々と変わりゆく社会状況に対して，柔軟にすばやく対応することを旨とする組織においては，宗教的知識も伝統に縛られる必要はない。ファルマーンは，昨日までの教義を刷新する効力をもって発布される。そしてイマームを頂点とする組織では，民族や言語の境界を越えて情報が伝達されていく。そこでのリンガ・フランカは，アラビア語でもペルシア語でもなく，英語である。それを速やかに伝達するのが評議会制度であり，平明な言葉でジャマーアトに語るのがワーイズである。これらの職務には自己流の深遠な解釈を交えることなく，効率よく事務をこなせる人材が求められている。ムザッファルは毎日忙しくバイクで村々を巡回する。かつてピールが体現していたイマームと宗徒との間の霊的媒介者，あるいは血統や秘儀的な知識の強調を彼から感じとることはできない。

　ムザッファルばかりでなく，イムラーンやグラーム・ムハンマドにも通じる新しいイマーム集権制におけるジャマーアト指導者の特徴は，次の3点にまとめられる。

① 宗徒の間の平等主義を体現する存在である。
② 高等教育を受けており，ウルドゥー語のみならず英語の読み書き能力を有する。
③ 血統によってではなく，事務能力によって組織運営を任されている。

イスマーイール派にあっては，高度の読み書き能力こそが，イマームの意思をジャマーアトに伝えるために必要不可欠な道具であり，またその限りにおいて指導者たちの「正統性」を支えるものとなっている。読み書き能力を

AKRSP の職員（ギルギット）
大学教育を受けた青年たちが NGO の職員として働いている。

獲得した若い世代の位置づけが際立ったものであることは、イスラーム世界における他の状況と照らし合わせるとき、はっきりと理解される。すなわち、そこでは近代的教育制度の導入によって、高度の読み書き能力こそ身につけたが、伝統的なイスラーム諸学の知識に疎い若者たちが数多く出現した。そしてこの土壌の中から「誤読」とも思えるテキスト解釈を行なう急進派も生まれ、伝統派に対抗しているのである（大塚 1995：174-5）。

　このローカルなレベルにおける宗派指導者の変化は、単に地域の内的な変化を反映しているばかりではない。それは同時に、イスマーイール派全体の自己変革の方向性をはっきりと示してもいる。すなわちイマーム以外の神聖な血統を、組織の構成原理とすることの否定によって、宗徒の平等性が強調されている。イマームの神聖な血統すら、もはや外部に対して強調されることはない。また村ごとに設置されたジャマーアト・ハーナを主要な活動拠点として着実に発展したジャマーアトは、さらに地域、そして国レベルへと至る各組織のヒエラルキーを通して、より高次のジャマーアトの構成部分ともなっている。すなわちイスマーイール派にあっては、地理的なまとまりこそないものの、イマームを頂点とする制度を通して結合された宗教共同体が、パキスタンという国において、単なる理念としてではなく、具体的な内実を伴う形で存在する。さらに完全な形ではないにせよ、トランスナショナルなジャマーアトを構想することも可能である（ただしこのレベルになると、具体的な見取り図を描けるのはエイグルモンのイマーム書記局だけとなろう）。

　この高度に組織化されたジャマーアトを運営するために、村レベルにおいても「国際的な言語」である英語と、それに基づいた事務能力が称揚されている。ここでの支配的な価値観は、まさしく西洋において「普遍的」とみな

されているものと巧みに重ね合わせることが可能なものである。次に述べるNGO活動や，アーガー・ハーン四世の開発言説と緊密に絡み合いながら，村レベルでの指導者の交代は生起したのである。

1) カラーコラムではハシシやアヘンの入手が容易で，隠れて愛用する住民もいる。そして内戦が続くアフガニスタンでは，資金を得るためにケシが栽培され，大量のヘロインが製造されている。アフガン国境のチトラール地方からギズル地方へ，ヘロインが実際に流れ込んでいた可能性は大きい。
2) このことは，彼がピンガル諸村で活動する2つの団体の世話役を任されていることからもうかがえる。「アルサバー多目的生活共同組合」(Alsabah Multi Purpose Cooperative Society) は，軍隊経験者の主導で結成された政府登録団体。共同名義の預金口座を銀行に持っている。組合長と出納係の決定はメンバーの互選による。必要が生じたもの者は組合長に申請して，融資を受けることができる。「村落福祉協会」(Village Welfare Society) は，比較的余裕のある村人が，貧困者への援助を目的に結成。お金を出し合って，それを援助に充当する。女性も参加できる。
3) ワーイズは，タリーカ・宗教委員会の必要に応じて随時養成される。調査時には，ワーイズ研修は開講されていなかった。

第3部

社会開発への進出と
新たなアイデンティティの創造

貯水タンクを建設する村人たち

第6章　草の根の「住民参加」

　第2部では，ラージャー制の廃止後にイスマーイール派が発達させた宗派組織について述べた。評議会をはじめとする宗派組織の場合，ホージャの間で構築されたものが，ほぼそのままの形でカラーコラムのジャマーアトでも再現されている。本章では，「アーガー・ハーン開発ネットワーク」の社会開発NGOを取り上げる。これらのNGOの多くも，その前身はホージャの内部組織として出発している。しかしこちらは「非宗派性」を掲げて活動する。地域共同体への接合，あるいは山地農民の「自主的な参加」という側面が強調されている。

　まずこれらNGO進出の「条件」を作り出している行政サービスの非効率性を，住民がいかに認識しているのかを検討する。続いて各NGOの村レベルにおける活動を記述し，最後に「非宗派的なNGO活動」が宗派意識に及ぼしている影響を検討する。

第1節　行政への不満

　ギズル地方の中心地グピスには，今日では多くの政府役所が集中している。グピス郡とヤスィーン郡を束ねるアシスタント・コミッショナー（通称AC）の執務室，グピス郡長執務室，判事執務室，警察署，食糧貯蔵所，公共事業局，その他に郵便局，電話局，病院，動物病院，高校などがある。また1990年代に入ると，未舗装ではあるがギルギットから約100 kmの距離にあるグピスまでの道路拡張工事が完了し，バスが定期的に往復するようになった。これ以降グピスのバーザールでは，衛星放送のスターＴＶやインド映

画のビデオを見せたり，冷たいコーラを出す店が出現した。また1994年にはギズル川本流とイシュコマーンおよびヤスィーン谷の出会いに，中国の建設会社が請負工事で鉄橋を完成させるなど，交通状況は大きく改善されつつある。1950年代の終わりにジープ道路が完成するまで，ギルギットまでの交通に馬や徒歩で3日間を要していたことを考えれば，大きな変化である。これらの制度や施設，あるいはインフラストラクチャーは，ラージャー制の時代にはほとんど存在しなかった。にもかかわらず，住民の行政に対する評価は著しく低い。パキスタン政府の行政は，予算が少なく効率も悪い。期日に間に合ったためしがない。そしてその体質は強権的であり，構造全体が腐敗しているとの認識が広範囲に，かつ深く人々の間に根づいている[1]。地方行政に携わる人間自身が，そのひどさを指摘している。

> パキスタンの法律は全部イギリスが作ったものだ。作られてから100年以上も経ったこんな古い法律に従って，私たちは仕事をしなければならない。新しい状況に適応できるわけがない。しかし我々の代表である国会議員は，新しい法律を作ることができないでいる。(副郡長。1995年3月4日)

> 賄賂はハラーム（イスラーム法において禁止される行為）だ。そしてパキスタン政府だが，パキスタンとは何だ。イスラームの政府ではないか。我々の宗教イスラームにおいて，最もハラームの程度がひどいものとして賄賂が挙げられる。姦通，殺人，賄賂だ。ではムスリムが，イスラームの政府であるパキスタンの官吏としてなぜ賄賂を食べるのか？　政府——今は人民党の政府だが——は党内で利益を独占し，他党の人間には損害を被らせている。ジャマーアテ・イスラーミー（序論参照）が政権を取っても，やはり自分の党のために働くだろう。他の全員は損失を被る。どの党でも同じことだ。(ムハンマド・ハキーム・ハーン。1980年代に県カウンシル・メンバーを務めた[2]。1995年3月7日，ヤスィーン村)

しかしこのように中央を批判する地方官僚や議員たちも，住民の批判から

免れているわけではない（上記の2人に個人攻撃がなされているという意味ではない）。腐敗が中央の政治家や官僚にとどまらず，地方行政にまで浸透していると人々は指摘する。たとえば郡長職は，ラージャーが統治していた「国」に等しい行政地域を担っている。そして土地問題，司法，交通，婚姻や相続の登録手続き，民間業者の物価の監視などの多岐にわたる職務権限を有しているが，この権限集中と監査の実質上の不在が，汚職を生み出しているとされる。

　この類の話は，実際に確認をとることはほとんど不可能である。しかし政府の腐敗と強権体質に対して，住民がきわめて弱い立場にあることは明らかである[3]。たとえば，グピスのパシュトゥーン商人たちは，バーザールを訪れる役人に卑屈な態度をとる。そして役人が立ち去ったとき，ある商人は次のように打ち明けた。

　　軍政時代の方が我々にとっては良かった。ズィヤーの時代には，役人たちがそう頻繁には賄賂を要求しなかったからだ。彼らはおとなしくしていた。今は民主主義の時代だ。彼らはあらゆる理由を見つけては金を要求する。もし支払わなければ？　商売が立ち行かなくなる。我々貧乏人にはどうすることもできない。これはパキスタンに広がる病気だ。（1994年10月17日）

「賄賂はパキスタンに広がる病気」とする彼の言葉は，すでに1950年代から，汚職が「社会の潤滑油」となり，それなくしては商工業などの経済活動も政府機構も機能しなくなったとする批判を思い起こさせるものである（山中 1992：308）。この指摘は，今日までその有効性を失っていない。それはまた「銃弾だけが，彼らに人の話を聞く気にさせる」という，カラーチーのスラム住民による官僚批判にも通じている（Selier and van der Linden 1988：109）。同論文では，農地改革や都市スラムにおける低コスト住宅建設等，経済的に貧しい大衆のために「実施された」パキスタン政府の政策を検討している。そして結論として，パキスタン政府は実行可能性のない政策を，統治の正統性を確保するためだけに発表し続けてきたと批判している。ギズル地方でも，

政府行政は厳しい批判にさらされている。

第2節　村レベルにおける行政

　ラージャー制廃止後，ギズルの村々はパキスタン政府のカウンシル制度に組み込まれた[4]。カウンシル制度は，村レベルから県へと，農村の問題をボトムアップの方式で解決する制度として位置づけられている（Khanna 1991：ch. 8）。北方地域では，ユニオン・カウンシルから県カウンシル，さらに北方地域カウンシルへと事業案が送られていく形式となっている。ユニオン・カウンシルの議員は，複数の村落を単位とする選挙で選出される。議員の役割は，話し合いによって村レベルの問題を解決するとともに，必要な公共事業を決定し実行することである。県カウンシルの議員は，自分の選出地区にあるすべてのユニオン・カウンシルの議長と連絡を取り合う。そして，各ユニオン・カウンシルから提出される公共事業案を持ち寄り，その必要性や予算額を県カンウンシルで審議，決定する。北方地域カウンシルは，県カウンシルから要請のある規模の大きい開発事業を審議，決定する。北方地域からは国会議員が選出されていないため，北方地域カウンシルの議員は，イスラーマーバードの連邦政府に対して予算の陳情も行なっている。

　実際のカウンシル制度は，下からの意見を吸い上げるよりも，トップダウンの形で運営されている。ユニオン・カウンシルは，中央から北方地域カウンシル，そして県カウンシルへと降ろされる開発事業予算の受け皿でしかない。長く伸びるトップダウン型の行政機構の末端に位置し，ボトムアップの仕組みを欠くこの制度には，住民の参加やその積極的活用は，ほとんど組み込まれていない。事務所もなく，ほとんど会合を開くこともないユニオン・カウンシルは，きわめて小規模の「開発事業」を行なっている場面でしか，その存在が表われてこない。

　ピンガルのユニオン・カウンシルは，ダヒマルからカスンダルまでを管区（halqa）[5]とし，5人の議員から構成される。ピンガル村からは，ビルゲーの男性が選出されている。本来，各ユニオン・カウンシルは年間2件ずつの「開発事業」を行なうことになっている。各案件の予算額は最大3万5000ル

ピーである。しかしピンガルの場合, 1993 年にニカツォール川岸に防護壁が建設された後は, 1995 年にカスンダルに小さな橋が架けられるまで事業はなかった。前者には 1 万 6000 ルピーが, 後者には 2 万 5000 ルピーが支給されている。この予算規模がいかに少額かは, 後述する AKES による新小学校 1 つの建設予算が約 15 万ルピーであることからも理解されよう。この予算で恒久的な施設を建設することは不可能である。防護壁や橋はおそらく 2, 3 年後には再度作り直す必要が生じるだろうが, 既存の施設の維持補修費が別枠で支出されることはない。またユニオン・カウンシルの議員には給料が出ないため,（ピンガルに限らず）議員たちは, この予算のいくばくかを当然着服するものとみなされている。ピンガルからの選出議員に対して, ある村人は次のように評価している。「あいつは横領もしないかわりに, 仕事もしない。選挙で勝って以来, 何の仕事もしていない」。ユニオン・カウンシルに対する住民一般の評価が著しく低いため, その活動になんの期待も寄せられていないのが現状である。

　パキスタン全体におけるカウンシル制度は, 一部の地主層に支配されており, 「貧しい人々の組織」にはなり得ていないとの批判を受けている (Khanna 1991 : 217)。カラーコラムの状況については, ショアイブ・スルターン・ハーン (AKRSP の初代 GM) が次のように評価している。いわく, ラージャー制の廃止後, カラーコラムの農村社会は「制度的真空状態」に陥ったと (Khan and Khan 1992 : 5)。これは政府行政の腐敗と非効率をオブラートに包んだ表現であり, 彼がカウンシル制度を有効な開発組織として認めていないことを暗に示している。ハーンの農村開発構想は, ボトムアップ方式の組合が成熟していくことで, やがて村レベルの意見が地方行政に反映されるというものである (Khan and Khan 1992 : 119)。

　ユニオン・カウンシル以外に, ピンガルではレストハウス, 男子小学校, 施薬所, 郵便局などが政府によって運営されているが, そのすべてが慢性的な予算不足と著しい効率の悪さに陥っている。その最たるものは, 1880 年に設立されたレストハウスだろう。この建物は補修維持がきちんと行なわれなかったため 1978 年に半壊状態になり, 以降閉鎖されている。政府は周囲に有刺鉄線を張り巡らして土地財産だけは押さえているが, レストハウスを

再建したり，別の用途で活用する計画は持っていない。

　政府小学校（1963年設立。教師数2。生徒数60）の設備予算は，年間わずか5000ルピーである。この予算ではたとえ全額降りてきても，新たな備品などほとんど購入することはできない。副教材や指導用テキストなどの支給も一切行なわれていない。施薬所の予算は年間2万5000ルピーであるが，これには揃えておくべき薬の代金も含まれている。しかし職員によれば，予算は「途中で食われて」しまい，毎年およそ半分しか現場には届かないという。施薬所は建物自体の補修状態が悪いうえに，薬品にも事欠く有様となっている。

　予算不足のために，政府の役所や設備の多くは窓が割れたり，壁が崩れた状態のままで使用されている。これはギズル地方全体に共通する。しかし使われていればまだましというのが住民の認識である。タンガイ村の小学校建設は，完成まであと一息というところで中央の政権交代によって予算がつかなくなり，事業そのものが放棄されてしまった。今でも小学校となるべきだった建物が屋根のない姿で残っており，「役立たず」（bekar）の政府を象徴している。シャマラン村に新たに建設された病院は，付属の医師用住宅と看護婦用住宅も含め，建物は完全に完成している。機能すれば，ギズル川上流域の医療状態の改善に資することは間違いなく，住民の期待も大きかった。しかし，完成から1年が経過しても，医師や看護婦は赴任してこなかった。先のピンガル施薬所も建物は1975年にできたが，実際に活動が始まったのは1980年からである。パンダル村の動物病院も職員不在であり，近くの銀行で働く職員の居室として使われていた。

　当然のことながら，現行の制度に対する住民の不満は大きい。彼らは，あらゆる層の役人を「賄賂を食べる者」（rishwat-khor）と呼ぶ。また北方地域カウンシルからユニオン・カウンシルまで，議員たちは手抜き工事で公金を横領し私腹を肥やしている，検査役の役人も賄賂をもらってそれに目をつぶっていると非難する。第2章で見た「過去の視点」からの現在批判は，この厳しい現実に根ざしている。

　ラージャー制の時代にこの地方を統治したハキームのカームであるハキメーは，政府の役人やカウンシルに新たな活動の場を求めた。最後のハキーム，

ヤクート・シャーは選挙に出馬することはなかったが，しかし彼より下の世代からは，県カウンシルの議員（在任期間 1992〜97 年）やギズル県教育局次長などの要職にある人物が出ている。第1章で述べたように，村の公務員職の多くを確保するハキメーは，彼らなりのやり方で経済力を確保し，かつての威信をいくばくなりとも保持している。今でもハキメーの客室にはほぼ毎日のようにジープが立ち寄り，ドライバーや乗客が休んでいく。それに対してホストの側は丁寧に食事やお茶の世話をし，1ルピーも要求することはない。しかし，村内外での指導力ということになれば，ハキメーの力は確実に失われてしまっている。たしかに地方行政の重要なポストに人間を送り込んではいるが，政府全体が信用されず，かつイスマーイール派が宗派組織を確立した現在，スンナ派に属するこのカームが以前のような指導力を発揮する余地はない。むしろ全体的には，イスマーイール派がスンナ派を「取り込む」という事態になっている。

政府に対しての住民の批判は，その効率の悪さとモラルの低さに集中する。この行政サービスのでたらめさが，無条件ではないにせよ，宗派に関係なく人々が「アーガー・ハーンの開発」を支持する大きな条件となっている。

第3節　アーガー・ハーンのNGO

政府行政が住民の必要に十分に応えられない。ラージャー制の廃止後に生じたこの社会状況が，アーガー・ハーン開発ネットワークに大々的な発展の機会をもたらしている。その主要NGOとしては，AKES（アーガー・ハーン教育事業），AKHS（アーガー・ハーン保健事業），AKRSP（アーガー・ハーン農村支援事業）の3つが挙げられる。これに建設専門のAKPBS（アーガー・ハーン計画建設事業）が補助的に加わる（カラーコラムにおけるアーガー・ハーン開発ネットワーク全体の活動は，**資料2**参照）。ここでは，これらのNGOのピンガルにおける活動について記述する。ただし作業目的は客観的な事業評価を目指すものではない。ジャマーアトの中にこれらNGOの活動をはめこみ，第5章の宗派組織とあわせて全体的な見通しをつけることにある。

1 DJ 学校 (AKES)

1995年現在，AKES がカラーコラムで運営する学校の数は，北方地域のギルギット，ギズル両県で 126 校，北西辺境州チトラール県で 51 校に達している（表 3-6-1）。北方地域だけでも生徒数は 1 万 6000 人を超える（表 3-6-2 参照。チトラール県をあわせると 2 万人に達する）。このうちグピス郡には，合計 18 の DJ 学校が存在する。その内訳は小学校 13，中学校 4，高校 1 である（表 3-6-3。ただし 1997 年度現在）。これらの学校は政府の補完事業，特に女子教育の拠点として位置づけられており，教科書や科目は政府の規定に従っている。しかし財政的には AKES は政府から独立した組織である。教師も全員 AKES 職員であり，その給料もまた全額 AKES から支給されている。

ピンガル DJ 小学校では，男女各 1 名の教師が 50 名の生徒を相手に授業を行なう。教師の 1 人はラタセー出身の青年。もう 1 人はグピスのボドンゲー・カーム出身の女性である。両者ともイスマーイール派である。この 2 人を，グピスの高校を卒業して村に戻ってきた 2 人の若者が，不定期にではあるがボランティアとして手伝う。生徒の大半は水色の制服にショールをかけた女子で，イスマーイール派に混じってスンナ派の生徒も一緒に学ぶ。何人かの小さな男子たちが出席していたが，男子は基本的にはピンガルの政府男子小学校（生徒数 60）で学ぶ。村の 2 つの学校には，学齢期（5～10 歳）の子供たちのおよそ 80% が在籍している。この数字は，カラーコラムの平均（男 59.9%，女 29.4%）と比べると著しく高いものとなっている（表 3-6-4，5 参照）。

私が調査を始めた頃，DJ 小学校はジャマーアト・ハーナの敷地の一隅に配された，壁の崩れかけた粗末な建物だった。部屋数も 2 つしかなく，授業はもっぱらジャマーアト・ハーナの庭に黒板を持ち出して行なう青空教室だった。1995 年夏になって，この小学校は AKES の「村人の手による学校建設事業」(The Self-Help School Construction Programme) によって新築されることになった。この事業では，これまでに 100 村で 400 教室が建設されている。ピンガル DJ 学校建設のための，直接の資金を出したのは日本大使館

第 6 章　草の根の「住民参加」　　171

表 3-6-1　カラーコラムの学校数

	ギルギット・ギズル			チトラール		
	政府		AKES	政府		AKES
	男	女		男	女	
小	243	54	74	250	98	35
中	65	16	44	30	13	15
高	47	10	8	39	3	1
計	355	80	126	319	114	51

（出所）　World Bank 1995：113.

表 3-6-2　AKES 生徒数（北方地域）

(1997 年 3 月現在)

		ギルギット	ギズル	計
小	男	2,016	3,257	5,273
	女	3,350	4,381	7,731
		5,366	7,638	13,004
中	男	258	194	452
	女	1,087	1,185	2,272
		1,345	1,379	2,724
高	男	22	0	22
	女	303	209	512
		325	209	534
総計		7,036	9,226	16,262
				10,515（女）
				5,747（男）

（情報提供）　AKES.

表 3-6-3　ギルギット・ギズル県の AKES 学校数（郡別）（1997 年 3 月現在）

	ギルギット	フンザ	プニヤール	イシュコマーン	グピス	ヤスィーン
小	7	20	5	11	13	18
中	5	17	7	2	4	6
高	2	3	1	1	1	1
計 124	14	40	13	14	18	25

（情報提供）　AKES.

表 3 - 6 - 4　男児（5～10歳）の小学校就学率

県	男児人口	登録者	就学率(%)
ギルギット	25,345	14,795	58.4
スカルドゥ	23,076	11,473	49.7
ディヤマル	20,199	10,307	51.0
ギズル	11,422	9,744	85.3
ガンチェ	7,419	6,102	82.2
合　計	87,461	52,421	59.9

（出所）　AKES n.d.：6.

表 3 - 6 - 5　女児（5～10歳）の小学校就学率

県	女児人口	登録者	就学率(%)
ギルギット	22,229	10,381	46.7
スカルドゥ	21,160	3,843	18.2
ディヤマル	18,952	2,336	12.3
ギズル	11,610	5,790	49.8
ガンチェ	6,996	1,446	20.8
合　計	80,947	23,796	29.4

（出所）　AKES n.d.：6.

である。1995年度の「草の根無償資金協力」によって，3万8174ドル（＝約15万ルピー）が提供された[7]。AKESからは建築資材が，そしてアーガー・ハーン計画建設事業（Aga Khan Planning and Building Service）からは技術者が派遣されてきた。後者は診療所や学校，あるいは寄宿舎の建設を専門とする。受益者となるのは，ピンガル，ソソト，そしてカスンダルの村人だった。彼らからは労働力と現地で調達できる資材，たとえば砂利が提供された。また最も重要な土地を「無償」で提供したのは，ラタセーのシャヒーン（仮名）だった。彼が前年までトウモロコシを作っていた土地に，新しく学校が建設されることになった。しかし実は彼が「見返り」を期待していることは，誰もが承知していた。AKESとの契約では，土地は無償提供されなければならない。しかしただでさえ耕地が不足しているのに，何の見返りもなく土地を手放す農民はいない。シャヒーンの期待とは，小学校がやがて中

学校に格上げされるときに，自分もしくは息子に事務員のポストがあてがわれるだろうというものだった。実際，土地を提供した時点で，シャヒーンが事務員職を押さえたと，村人も認識していた。

起工式には，日本大使夫妻がヘリコプターでやって来た。村人は大使にジャマーアト・ハーナで食事を提供して歓迎した。そしてギルギットのバーザールで購入したウールのロングコート（*choga*）をプレゼントとし，感謝の意を示したという（残念ながら，そのとき私はバスで国境の峠を越え，中国のカシュガルを訪れていたため，貴重な機会に立ち会うのを逃してしまった）。

DJ 学校の建設
村人が輪番で労働力を提供する。

村人側の学校建設の責任者には，ビルゲーの男性が選ばれた。成人男性は7班に編成され，1日1班が輪番制で働くことになった。このときハキメーたちは「忙しくて時間を作れない」として参加せず，その代わりとしてセメントを提供した。現場を取り仕切ったのは，AKPBSから送られてきた大工である。これまでに多くのDJ学校を建設してきた彼の監督の下，村人たちは石や砂を運び，セメントをこね，総計9000個のブロックを積み上げていった。[8]

ピンガル村から6km流のタンガイ村にはDJ中学校がある。この辺りでは唯一の中学校で，ピンガル村の生徒も往復12kmの山道を歩いて通う。もともとは1960年に，ピンガル周辺では最初の小学校として始まっている（ピンガルの政府小学校は1963年開設）。現在では中学校に格上げされているが，小学生も引き続き在籍している。校長以下9名の教師（うち女性1人）が，165人の生徒（男120人，女45人）を教えている。

DJ学校は，公立学校を補完するものというのがAKESの公式説明だが，村レベルでは宗派にかかわらず，DJ学校の方が政府の学校より優れている

タンガイ DJ 学校の教師と生徒たち

と考えられている。この学校で教師として働くアフマド・シャー（仮名）は，政府の学校に勤務する兄と自分を比較して，DJ 学校の長所をこう説明する。

　DJ 学校の教師は定期的に研修に参加して，授業方法を高めていくことができる。カラーチーのアーガー・ハーン大学から来る専門家が，オン・ザ・ジョブ・トレーニング（実際に授業を行ないながらの研修）の形でアドバイスをしてくれる。我々が AKES に提出する定期報告書はきちんと点検され，昇進は能力に応じて行なわれる。必要があれば，我々はいつでも問題をジェネラル・マネージャー（GM）と討論することができる。対して兄は1度ギルギットに行ったきりで，その後はなんの研修も受けていない。給料も勤務年数に比例するだけで何の査定もないから，授業を工夫して自分の能力を高めようという気持ちも起こらない。すぐ体罰に頼ることになる。
　公立学校では，上からの命令でいきなりカリキュラムが変更される。たとえばズィヤーの時代にアラビア語が導入されたが，あれは現場を混乱させた。誰もアラビア語など話せないのに，それを教えろというのだから，今でも困っている。最近ではベーナズィール（当時の首相）が，突然週休2日を言い出した。公立学校では，翌月から即土曜日が休みに

なった。DJ学校も政府のカリキュラムに従わなくてはならないから，我々は一生懸命時間をかけて，それに適応するよう努力している。しかし本当はカリキュラムをそんなに簡単に変えられるわけがない。DJ学校では独自の計画を立てて，少しずつ土曜休日に移行しようとしている。
（1994年8月23日）

　彼が指摘するいくつかの点は，政府系学校の教師自ら認めるところである。「研修もなければ教科ごとのガイドもない。これが教科書，さあ教えろだ。われわれは政府からなんの支援もなく授業を進めなければならない[9]」。ピンガルの教師の言葉である。また男子生徒たちも，体罰が頻繁に行なわれると不満をもらす[10]。
　タンガイ中学校はピンガル小学校よりも一足早く，「村人の手による学校建設事業」で，機能的な校舎に生まれ変わっている。フランス人の建築家が設計したプロトタイプに基づいた校舎は天井に大きな窓が取り付けられており，トイレも併設されている。
　タンガイ中学校を終えると，男子で進学する者はふつうグピスの高校へ行く。女子が進学する場合の選択肢は2つある。1つは，やはりAKESが運営するシェールキラ（プニヤール）のアーガー・ハーン・アカデミーへの進学である。もし家が裕福ならば，カリーマーバード（フンザ）のアーガー・ハーン・アカデミーへ進学することも考えられるが，こちらの学費は月額1000ルピーとかなり高い（小学校の段階から，AKESの授業料は政府の学校より高く設定されている）。カリーマーバードはもちろんだが，ギズル川下流のシェールキラにしても，これらの学校へ進学した場合には，寄宿舎に入ることになる。家庭の事情でそれが難しい場合には，村落指導センター（Village Coaching Centre）の制度がある。これはDJ学校教師が，放課後の時間を使って進学希望の女子学生に個人指導する制度である。ここでマトリック（カレッジ受験資格）を取得し，能力を認められれば，次のステップとしてカラーチーやラーホールの大学へ進学することができる。
　私がタンガイDJ中学校を訪れていたある日，新しくAKESのジェネラル・マネージャーに就任したアメリカ人男性がDJ学校の巡回に来たことが

あった。供された鱒をうまそうに食べながら，GM は流暢なウルドゥー語でタンガイ中学校の教師たちと現場の問題をざっくばらんに話し合った。最も真剣に討議されたのは，教師の在職できる年限の問題だった。村で定職を得ることは並大抵のことではない。1 度職を得たら少しでも長く働いて，定収入を確保したいという教師たちの気持ちは切実だった。

　実はこれこそ，それぞれの教師個人に還元することのできない，イスマーイール派の組織全体にとって核心を突く問題である。この DJ 学校の教師たちが，第 5 章で挙げた宗派組織において，ボランティアとして果たしている役割を振り返ってみれば，それは明らかである。評議会のイムラーン，タリーカ・宗教教育委員会のドゥラーット・シャー，仲裁パネルのグラーム・ムハンマドは 3 人ともこの学校の教師である。またダース村出身の教師グル・ハサン（仮名）は週末に自分の村へ帰ると，組合の書記を務める。

　この傾向は，ギズル地方で広く認められる。調査で訪れた村々では，DJ 教師が宗派組織のボランティアの尖兵となっていることが確認された（表 3-6-6 参照）。アッラーマ・イクバール公開大学で学士号を取得したジャーヴェード・ハヤート（40 歳）は，ゴローグ・ムリ DJ 小学校で働きながら，同地区の仲裁パネルの書記として働いている。彼はまたチトラールに本部を置く文化団体，コワール語開発協会のギズル支部長を務めてもいる。パンダル DJ 教師のムハンマド・ラヒーム・ジャーン（30 歳）は，タリーカ・宗教教育委員会の名誉書記とパネルの書記を兼任する。彼らの同僚たちも，さまざまなボランティアの仕事に励んでいる。

　表 3-6-7 は，北方地域各県の DJ 教師の最終学歴である。この表からもわかるように，DJ 学校教師の多くは，町で高等教育を受けた「村の秀才」たちである。村に帰っても，彼らはヤギの放牧には全然興味が持てない。もし教育に見合った仕事がなければ，農民の間でかえってマージナルな存在となってしまっていただろう。DJ 学校の教師職は，イスマーイール派の優秀な若者を単に村に留まらせるだけでなく，指導者として働くための格好の生活基盤を提供している。ここでは定職と収入，そして働き甲斐と名誉や威信をもたらすボランティア活動がうまく組み合わされている。イマームを頂点とする諸組織が，村の内部では緊密に結びついており，人材の確保と活用と

表 3-6-6　DJ 学校教師のボランティア活動 (1995 年 7 月現在)

氏名（年齢）	所属	上：学歴 下：ボランティア
イムラーン(29)	タンガイ 中学校	DJ 小→政中→政高→AIOU 評議会（議長），AMPCS(会計)，VFS(書記)
グラーム・ ムハンマド(27)	〃	DJ 小→政中→政高→政カレッジ パネル（書記），評議会（名誉書記）
ドゥラット・ シャー(19)	〃	DJ 小→DJ 中→政高 宗教委（書記）
Q.A (23)	シャマラン 小学校	政カレッジ（最終学歴） 宗教委（ガイド）
M.R.J (30)	バンダル 小学校	政高（最終学歴） 宗教委（書記），パネル（書記）
S.A (22)	〃	政カレッジ（最終学歴） ボーイスカウト（会長）
ジャーヴェー ド・ハヤート (40)	ゴローグ・ムリ 中学校	AIOU（最終学歴） パネル（書記），コワール語開発協会ギズル支部（支部長）
J.N (32)	〃	政高（最終学歴） パネル（メンバー）
W.A (28)	〃	政カレッジ（最終学歴） ボーイスカウト＆ガールスカウト(会長)

（注）　政＝政府。AIOU＝アッラーマ・イクバル公開大学。AMPCS＝アル・サバー多目的生活共同組合。VFS＝村落福祉協会。なお，宗派組織は，すべて「地方」レベルのものである。

表 3-6-7　AKES 教師の資格別人数 (1997 年 3 月現在)

資格＼地域	GLT 男	女	HZA 男	女	PNL 男	女	ISK 男	女	GPS 男	女	YSN 男	女	総計（％）
マトリック	14	28	38	37	13	11	7	8	21	10	26	22	235 (34.9)
FA/F.Sc	15	33	37	28	13	19	15	6	35	1	48	6	256 (38.0)
学士号	15	9	50	4	35	10	9	2	17	0	19	0	170 (25.3)
修士号	2	0	7	0	0	0	1	0	2	0	0	0	12 (1.8)
計	46	70	132	69	61	40	32	16	75	11	93	28	673 (100.0)
	116		201		101		48		86		121		

（注）　GLT＝ギルギット，HZA＝フンザ，PNL＝プニヤール，ISK＝イシュコマーン GPS＝グピス，YSN＝ヤスィーン。マトリック，FA/F.Sc＝カレッジ入学資格。
（情報提供）　AKES。

いう面で相乗効果をもたらしていることが理解される。

2　診療所（AKHS）

　ピンガル村のジャマーアト・ハーナの敷地内には，AKHSの診療所が設置されている。AKHSは北方地域全体で38の施設を運営しており，ヤスィーン郡とグピス郡にはそのうちの7つがあり，ピンガルの診療所もそのうちの1つである。診療所をバックアップする体制としては，ギズル県を巡回する2つのフィールド・チームがあり，3ヶ月ごとに診療所を訪れている。

　各診療所では，2名の看護婦（Lady Health Visitor）が住み込みで働いている。彼女たちはカラーチーのアーガー・ハーン大学で2年間の研修を受けた後，診療所での勤務につく。ただし，ここには骨折や重い病気の手当てを処置する体制は整ってはいない。重点は安全な出産とその後の母子健康に置かれている。

　看護婦たちはDJ学校の教師とは違い，イスマーイール派ではあるが村の人間ではない。ギズル川下流のプニヤール地方の出身である。これは，ギズル地方で女子への高等教育とその人材活用が未だ1サイクル終了しておらず，女性の人材を確保するにいたっていないためである。[11] このため，これまでプニヤール地方出身の看護婦に頼ってきた。しかし同じ谷とはいえ，プニヤール（シナー語）とギズル（コワール語）では言葉が違う。また看護婦たちの意識もカラーチーでの学生生活で変わっている。彼女たちは村の女性たちとの間にギャップを感じながら仕事をしている。1994年の冬，私が診療所を訪れたとき，当時働いていた看護婦はコーヒーを出してくれた。それは私がギズル地方で最初にして最後にごちそうになったコーヒーとなった。彼女はカラーチー滞在中にコーヒーを好きになったと言ったが，紅茶一辺倒のギズルで，この感覚を共有する農村女性を見つけることはおそらく不可能だったろう。

　その後交代でやってきた2人の看護婦ははっきりと，ピンガルの女性たちを好きになれないと言った。

　「私たちは教育を受けたから，読み書きができる。あなたのような外国人がやってきても，オープンにいろいろと話ができる。でもここの女性たちは

無学（an parh）で社会性にも乏しいから，コミュニケーションをとりづらい」。

　彼女たちは流暢なウルドゥー語を話す。また上級機関への提出書類を，苦労しながらも英語で書きあげる（おそらく英語も話せるだろう）。看護婦のうち1人は結婚しており，その夫は現在，大学の修士課程に在学中とのことだった。夫が学業を終え就職しても，彼女はAKHSで働き続けたいという希望を持っていた。

　ピンガルの女性の「閉鎖性」に関する意見は，やはりカラーチーで学ぶソソト村出身の学生からも聞いた。彼はホージャの女性たちを評して，「知的であり，自分の意見を堂々と話す」とし，それに対して「村の女性は視野が狭く，自分の意見を言えと言っても何も言わない」と決めつける。「結婚するなら，ホージャの女性と結婚したい」というのが，彼の夢だった。

　実際には，ギズル地方の女性の人材養成は，ゆっくりとではあるが進みつつあった。ピンガルでは，シュムレー・カームのある世帯が，カラーチーとギルギットに2人の姉妹を送り出していた。調査中に彼女たちへインタヴューする機会はなかったが，カラーチーで学ぶ姉は，この地方で最初の女医になるだろうと期待されていた。この世帯の稼ぎ手は，息子のハワース・ハーンであり，彼はゴローグ・ムリにあるAKHSの診療所で働いていた。週末になると，ギズル地方ではまだ珍しいバイクに乗って帰宅する彼が，妹たちの学費を出していた。

　心理的にはギャップを感じながらも，看護婦たちは診療所の目的である母子健康に一定の成果を挙げていた。看護婦たちは住み込みであり，診療所は夜中でも出産に対応できる準備をしている。そして出産時には赤ちゃんの服，タオル，石けんなどを無料で支給する（受益者負担は1998年以降に予定されていた）。ほんの一昔前まで，出産は家畜小屋で行なわれていたと看護婦たちは指摘する。しかしきちんとした体制が確保されたことによって，今では多くの妊婦が清潔な診療所の分娩室で出産するようになっていた。1994年，ピンガル村周辺では76件の出産があったが，うち67件が診療所の分娩室，もしくは看護婦立ち会いのもとで行なわれた。出生時の死亡は2件のみだった。

安全な出産と健康管理を定着させるために，看護婦たちは一種の罰金ももうけていた。すなわち妊婦の家族が診療所に連絡せずに，自分たちだけで出産を執り行なった場合には，その赤ん坊が予防接種を受けに来た際に，代金として300ルピーの支払いを請求するのだった。彼女たち自身は「罰金」をあまりいいことだとは思っていない。しかし強制力を持ったやり方でなければ，旧来の慣習を変えることはできないとも考えていた。

　ピンガルにおける急激な人口増加にも，もちろん看護婦たちは気づいており，出産と出産の間には少なくとも2年間のインターバルを取るよう指導していた。しかし，避妊具の使用は導入されておらず，具体的な効果を挙げるにはいたっていない。[12]

　AKESの診療所で印象的だったのは，5歳未満の子供の健康やポリオの予防接種記録をグラフにして壁に飾り，きちんと把握していることである。それと対照的な存在が，政府施薬所である。こちらは窓ガラスが割れ，内部もさびしくがらんとしている。掃除が行き届かず，床は埃だらけである。勤務するのは村の若い男性2名だけで，女性職員はいない。住民が薬を求めに来て，もし適当な薬があればそれを無料で渡す。それが政府診療所の主たる仕事だった。そしてその薬さえも，年度途中でなくなるという事態が，しばしば生じていた。

　このAKHSと政府系の診療所は，ふだんはまったく別個に活動しているが，「ポリオの日」に分担作業が行なわれた。パキスタン政府は1994年5月28日を「ポリオの日」と指定し，5歳以下の幼児へのポリオ・ワクチン投与を全国的に展開した。北方地域では政府とAKHSがそれぞれ分担を決めて，作業の効率化を図った。ピンガルの場合，ギズル川流域の村々，すなわちメインとなる地域をAKHSが担当した。一方，チャーシ・ゴル上流に住むグジュルの集落へは，政府系の男性職員が山道を徒歩で出張した。名目は政府事業だが，実際にその活動主体として対象人口の大部分を担当したのは，ふだんから女性たちが通っているAKHSの診療所だった。

3　男性組合/女性組合（AKRSP）

　組織運営の観点からすると，学校と診療所は能力ある有給職員（教師，看

護婦）を配置すれば，それなりに機能し得る。薬を配布したり，学校教育をチェックし，報告書をまとめるボランティアの村人もいるが，その活動は不定期で副次的なものである。ここに取り上げるAKRSPの組合活動は，広範囲な村人の参加があってはじめて成立する。「住民の自発的参加」をスローガンとする点で，上記の2つの組織と異なる。

AKRSPのプロジェクトを指し示す標識（チャーシ村）

　ここで言う男性組合と女性組合は，AKRSPの用語ではVillage OrganisationとWomen's Organisationと呼ばれている。村ではウルドゥー語の *tanzeem*, *khwateen tanzeem* が使われている。組合はそれぞれ独立して活動を行なっており，AKRSPというNGOの下部組織ではない。理念上では組合の成長後，AKRSPはフィールドから撤退することになっている。しかし実際には，AKRSPによる強力な支援が組合活動に具体的な道筋を与えてきた。

　アーガー・ハーン四世の意向を受けて，AKRSPと組合組織を一から作り上げたのはショアイブ・スルターン・ハーンだった。彼は北西辺境州ペシャーワルの近郊ダウザイで，政府の総合農村開発事業を成功させた経歴を持つ（長峯 1985：208-17）。しかしダウザイの事業が反政府的活動だとして閑職に追いやられ，その後は海外で働いていた。アーガー・ハーン四世はAKRSP設立にあたって，このハーンをスカウトし，実務を委託した。

　初代ジェネラル・マネージャーを務めたハーンはギルギットに住み込み，ジープで村々を回っては熱心に村人の参加と協力を呼びかけ，組合結成を促していった。彼の基本論は次の通りである。

① 対話集会。AKRSPスタッフと村人の意見交換。
② 問題分析。組合結成のメリットと現状改善を討議。
③ インフラ整備事業。AKRSPから一度限りの資金提供を受け，組合が

生産向上のためのインフラを建設する。組合員全員が参加して，道路建設，荒れ地の開墾，水路の掘削にあたる。完成後も絶えず補修が必要となるため，水路や道路といったインフラは組合の存続を保証する共有財産となる。

　熱意と厳格さを併せ持つ優れたオーガナイザーだったハーンは，村々を回って組合の意義を説いた。そしてその際に，この活動が貧しい農民の生活向上のためであり，イスマーイール派の布教とは無関係であることを力説した。そして何よりも彼自身がスンナ派であることは，イスマーイール派以外の住民に安心感を与えた。
　AKRSP が農村部に配布している機関紙「村の組合」(dehi tanzeem) を読むと，そこで取り上げられている内容が「山地農民」にとって，有益なノウハウであることがわかる。女性による養鶏の意義，果樹の上手な育て方，農薬散布の正しい方法などである。そこではイスラーム的な語彙を使って，宗教的な意味づけを図ることは，まったく行なわれていない。「自分のことは自分で」(apna madad ap) のスローガンのもと，徹底して実用的な観点から活動を推進しようとする姿勢が明らかである。
　AKRSP が進める組合の結成は，まずイスマーイール派の村落で成果を発揮し，急激にスンナ派やシーア派が多数派を占めるカラーコラムの他地域にも広がっていった。1996 年現在で，男性組合／女性組合の数は合計で 3000，組合員は 11 万人（男 8 万，女 3 万）となった。これは AKRSP の事業地域における全世帯の約 80% を組織したことを意味している。積み立てられた貯金総額は 3 億 1000 万ルピー，これを担保にして多くの小規模ローンやビジネスが展開されている。男性組合による灌漑水路や道路建設は 1700 件計画され，そのうち 1400 件がすでに完成している。また水路の増加もあって植林が盛んに行なわれ，これまでの植林総数は 1700 万本に達している（AKRSP 1997）。
　組合を支援するための AKRSP の事業分野は，女性と開発，道路や灌漑水路建設，自然資源管理（農業，家畜飼養，植林），人的資源の開発，企業育成，貯蓄とクレジット，調査と評価など多岐に渡っている。ギルギット，チ

表 3-6-8　北方地域予算額

単位：百万ルピー

期　間	割当額	支出額	支出/割当(%)
第 2 次 (1960-65)	23.000	18.640	81
第 3 次 (1965-70)	72.890	49.690	68
第 4 次 (1970-75)	120.000	101.746	85
第 5 次 (1978-83)	776.000	611.202	79
第 6 次 (1983-88)	1472.742	1455.016	99
第 7 次 (1988-93)	2684.000	2679.120	100
第 8 次 (1993-98)	5140.000	2548.140 (既支出分)	50
総　計	10698.542	7816.651	73

（情報提供）　ギルギット公立図書館。

トラール，スカルドゥの事務所および各地の連絡事務所（FSU）で働く職員は400名を数える。この大きく成長したNGOを資金面で支えているのは，主としてカナダ，オランダ，イギリス，そしてノルウェーの援助機関である。AKRSPの予算額は，1996年度で4億2600万ルピーに達している。これに対して北方地域の年間予算額は約10億ルピー（1993～98年度の5年間で約51億ルピー。**表3-6-8参照**）であり，単一のNGOが地域経済にとっていかに巨大な存在となっているかが理解される。

ショアイブ・スルターン・ハーンは，山地農民が築き上げてきた資源の共同管理という伝統があったからこそ，男性組合というアイディアがスムーズに受け入れられたと述べている（Khan and Khan 1992：12）。つまりAKRSPは基本方針として，混合山地農業によって規定される「山地農民の地域共同体」を事業の基盤に考えており，宗派を組織原理とはしていない。実際，定期集会とその際の積み立て貯金という方法論は，ハーンがダウザイ時代に確立したものであり，イスマーイール派住民だけを前提としてはいない。カラ

ーコラムの峻厳な環境で暮らすとき，第1章で述べたように，人々は山地農民として共通の問題に直面している。雪崩で道路が塞がれれば，スンナ派もイスマーイール派もなく自分たちで雪掻きをするしかないし，ヤギの放牧は近隣の世帯が互いの負担を軽くするために輪番で行なう。

　組合活動の基本は，男女ともに定期的な会合で自分たちの問題を話し合い，経済的な向上を図ることにある。その手段の重要な一環となるのが，会合の際の積み立て貯金である。組合全体の貯蓄を担保にしてAKRSPから融資を受け，化学肥料の購入や小口のビジネスの資金とする。メンバーに宗派の制約はない。組合を引っ張るリーダー役は，組合長，マネージャー，そして農業，家畜，林業などの担当者から構成される。これらの役職に選出されたメンバーはギルギットでAKRSPの研修事業に参加し，会計，接ぎ木の仕方，家畜への予防接種などの知識と技術を身につける。

　ギズル地方では，グピス事務所（Field Staff Unit）から職員が村を回り，これらの活動に対してアドバイスを行なう。グピスでは唯一コンピューターが稼動するこのオフィスで，マネージャー以下18名の職員が働いており，グピスとヤスィーンの2郡にある258の組合（男142，女116。会員数約1万人。1995年当時）を担当している。管轄地域にある全組合の貯蓄総額は2900万ルピー，組合員1人当たりになおすと男3657ルピー，女1844ルピーとなっていた（1996年当時。表3-6-9参照）。

　ピンガル周辺のみならず，ギズル地方で最も目に付くのは植林事業である。あちこちに養樹園が設けられ，林業担当の組合員が世話をしている。そこで育てられたポプラやアンズの苗木は，20ルピー程度の安価で村人へ売却される。そして今度は村人自身が個人的に移植していく。水が得られながら，耕作に向かないちょっとした空地や斜面で，植林は進められている。特にポプラは建材としての需要があり，大きく成長したものは1本で数千ルピーの収入となるため，毎年5月のシーズンにはあちこちで植林風景が繰り広げられる。植林の普及は，村の景観に変化を与えるほどのインパクトを与えている。

表 3-6-9 ギルギット・ギズル県の男性／女性組合基本データ（組合員数，貯蓄高，およびその平均）

地域	組合数	組合員数	貯蓄高（百万ルピー）	平均 組合	平均 組合員
男性組合					
ゴージャール／フンザ	101	6,133	63.92	632,851	10,422
ナガル／スィカンダラバード	85	3,438	14.62	171,953	4,251
ギルギット／ジグロート	150	6,064	23.02	153,473	3,796
プニヤール／イシュコマーン	102	4,589	16.68	163,549	3,635
グピス／ヤスィーン	147	6,152	22.50	153,041	3,657
アストール	116	5,038	4.34	37,388	861
小　計	701	31,414	145.07	206,949	4,618
女性組合					
ゴージャール／フンザ	105	4,939	26.31	250,562	5,327
ナガル／スィカンダラバード	49	1,264	0.54	11,102	430
ギルギット／ジグロート	82	3,524	8.06	98,293	2,287
プニヤール／イシュコマーン	79	3,363	7.72	97,684	2,295
グピス／ヤスィーン	125	3,734	6.89	55,096	1,844
アストール	61	2,211	1.25	20,508	566
小　計	501	19,035	50.77	101,333	2,667
総　計	1,202	50,449	195.84	162,928	3,882

（出所）　AKRSP 1997:11.

4　男性組合の活動

　ピンガルの男性組合は1983年，周辺村落も含む84名のメンバーによって結成された。その後1988年に，村レベルでのニーズに対応するため村落ごとに分割された。[13] 調査時のピンガル村の組合メンバーは35名。宗派別ではイスマーイール派32名，スンナ派3名から構成されており，世帯の参加率は約6割である[14]（**表 3-6-10 参照**）。

　組合長はホザレーの中年男性だったが，彼にはやる気がまったくみられず，人望もなかった。実際には，マネージャーで家畜担当兼任のシャヒーン（ラタセー。新DJ学校用にAKESへ土地を提供した人物）と農業担当のムハンマディーンの2人が運営に四苦八苦していた。ムハンマディーンは農民，郵便配達夫，商店主の三役をこなす人物である。ハキメーでスンナ派に属する。

　この男性組合の内規では，1か月に2回，ジャマーアト・ハーナのベランダで全員参加の会合を開くことになっていた。またその際，各メンバーから5ルピーの貯金を徴収することも定められている。しかし，実際には定期会合は行なわれておらず，組合活動は活発ではなかった。かといってまったく活動が停止してしまったわけでもない。グピス／ヤスィーンの平均（15万ルピー）よりはだいぶ少ないが，貯金額も5万ルピーあり，ギルギットのハビーブ銀行に預金されている。

　以下に，この組合が過去に行なった2つの事業と，現在進行中の2つの事業について述べる。まず，これまでの事業としては，次の2つが挙げられる。

A）　共同の果樹・野菜栽培

　この事業は，AKRSPの提案を組合が受け入れて1989年に行なった。AKRSPから野菜の種とリンゴの苗木，それに化学肥料が無料で組合に提供された。村人側では，ムハンマディーンとイジャーズの2人が，自分たちの耕地の一部を試験場として提供した。イジャーズは組合員ではなかった。しかしハキメーの成員である彼の耕地が，ムハンマディーンと隣り合っていたため，計画に賛同して提供したのだった。この2人に対して，組合のメンバーは各20ルピーを補償金として支払った。7月に栽培が始まり，4人ず

第6章 草の根の「住民参加」

表 3 - 6 - 10　ピンガル男性組合メンバー一覧 (1994年10月現在)

	カーム	居住地区	宗派	備考
1	ホザレー	ワルゾ・デ	イ	組合長
2	ホザレー	ワルゾ・デ	イ	
3	ホザレー	ワルゾ・デ	イ	
4	ホザレー	ワルゾ・デ	イ	
5	ホザレー	ワルゾ・デ	イ	
6	ホザレー	ワルゾ・デ	イ	
7	ホザレー	ワルゾ・デ	イ	
8	ホザレー	ワルゾ・デ	イ	
9	ホザレー	ワルゾ&ニカ	イ	2か所に家
10	ホザレー	ニカツォール	イ	
11	ホザレー	ニカツォール	イ	
12	ラタセー	ポンゴ・デ	イ	マネージャー
13	ラタセー	ポンゴ・デ	イ	
14	ラタセー	ポンゴ・デ	イ	
15	ラタセー	ポンゴ・デ	イ	
16	ラタセー	ポンゴ・デ	イ	
17	ラタセー	ポンゴ・デ	イ	
18	ラタセー	ポンゴ・デ	イ	
19	ラタセー	ポンゴ・デ	イ	
20	ラタセー	ポンゴ・デ	イ	
21	ラタセー	ポンゴ・デ	イ	
22	ラタセー	ポンゴ・デ	イ	
23	ラタセー	ニカツォール	イ	
24	ハキメー	ワルゾ・デ	ス	農業担当
25	ハキメー	ワルゾ・デ	ス	
26	ビルゲー	ワルゾ・デ	イ	
27	ビルゲー	ワルゾ・デ	イ	
28	ビルゲー	ワルゾ・デ	イ	
29	ビルゲー	ワルゾ・デ	イ	
30	ビルゲー	ニカツォール	イ	
31	ビルゲー	ニカツォール	イ	
32	ビルゲー	ニカツォール	イ	
33	シェールカーネー	ワルゾ・デ	イ	
34	ガダイー	ワルゾ・デ	ス	
35	ガダイー	ワルゾ・デ	イ	

(注)　イ＝イスマーイール派，ス＝スンナ派。

つの班が毎日交代で世話をすることになっていた。しかし「1日くらいさぼっても」と利益の享受だけを求める者が続出したため，結果は惨澹たるものとなった。この試みは1年で打ち切られた。共同事業としては失敗したが，しかし何人かの組合員は，自分の庭や耕地の一角に菜園を作るなどして，より多くの種類の果物や野菜を消費するようになっている。一般に，この種の共同事業では，参加者が「ただ乗り」しようとする傾向が生じやすい。その原因は，イシュコマーン谷で，組合活動の応用人類学的な調査を行なったランゲンディックによって分析されている（Langendijk 1993）。

B） 化学肥料へのローン

これは作物増収を目的にした個人向け融資だった。AKRSPが組合の貯金を担保に，資金を貸し出す制度である。しかし3年が経過した時点で地力に衰えが出たため，組合はローン打ち切りを決めた。これ以降の化学肥料の使用は，各世帯の判断で行なわれている。

次の2つは，調査中に行なわれていたものである。

C） 共同出資事業

ギズル川上流の交通は不便である。1993年の時点でバスはグピスまで来ていた。しかしグピスから上流には，定期的な公共の交通機関が存在しないため，人々は従来通り村とギルギットを往復するジープやトラクターに物資の供給を委ねていた。しかしジープ道路は，土砂崩れや冬の終わりに頻発する雪崩によって，しばしば寸断される。政府の食糧貯蔵所は各地に建設されているが，さらに幅広い物資を安価で得たいというのが，ギズル川上流の村々にとっては切実な願いとなっていた。

このような状況下で，最上流部にあり，物資の安定供給を最も望んでいるテルー村の男性組合マネージャーによって，組合の連合（AKRSPの用語ではクラスター）が提唱された。そしてピンガルからシャヒーンも参加した15組合のマネージャーによるミーティングによって，協同組合の設立が決定された。1992年に設立された協同組合の運転資金には，ギズル川水系の男女組

合メンバー3500人がそれぞれ個人的に出資した60万ルピーが充てられた。利益は出資額（100〜5000ルピー）に応じて配当される仕組みである。

ギズル地方の農民たちが，このような規模の大きい事業に取り組んだのは，これが最初のことだった。彼らは協同組合の運営をカラーチー出身の人間に委ねた。しかし，このマネージャーは，協同組合員の信頼を勝ち得ることができなかった。彼が仕入れた大量の米は粗悪品とみなされ，売却の都合がつかなくなってしまった。そして平原部の業者との癒着を疑われ，結局解任されてしまったのである。

経営資金に行き詰まった協同組合を軌道に乗せたのは，2代目に就任した地元出身の元DJ教師だった。彼の働きによって，協同組合の1996年度総収益は860万ルピー，純益は24万ルピーを計上，配当率も25％となった（この経緯はAKRSPの報告書にも記述されている。AKRSP 1995：95；1997；78をそれぞれ参照のこと）。

ピンガル村ではシャヒーンが少額の手数料で受け付けた注文をグピスへ発注し，小さな商店を経営するムハンマディーンが届いた物資の配給を務めていた。調査当初，このシステムで届けられる小麦を指し示しながら，ムハンマディーンは誇らしげに協同組合のことを語っていた。小麦ばかりでなく，石鹸でも食用油でも，何でも安く購入できると。実際，この協同組合による物資の安価な供給によって，村々の商店も競合する商品の価格を抑えなければならなくなったと評価されている（AKRSP 1993a：90）。ムハンマディーンは，このシステムがうまく行くのなら，自分の生活もよりよくなるのだから，店の売り上げが多少減っても構わないと考えていた（商売は，彼の仕事の一部分に過ぎない）。しかしピンガルでは，間もなくして前回の支払いを済ませてから新規の発注という原則が守られなくなった。そして滞納者が続出したため，彼とシャヒーンは発注を一時中止してしまった。

D）貯水タンクの建設

ピンガル村対岸部のニカツォールは，以前から夏の間の水不足に悩まされていた（**資料7-⑨参照**）。そこでニカツォールに住む人々は，貯水タンクを建設し，春先の湧水を貯めることで夏の渇水期を乗り切ることを提案した。

それによって現在の耕地ばかりでなく，近くの荒れ地の開拓も見込まれたため，ニカツォール側になにがしかの土地を所有する人間がこれに賛同した。つまりこの時期の組合は，貯水タンク建設に利益を見出した35名によって構成されていたのである。

　先のイジャーズは，ニカツォールよりほんの少し上流の土地を新たに耕地として利用するために個人で水路を建設していた。この工事は1986年から87年にかけて，灌漑水路の工事で定評のあるカンディヤ谷出身の男に監督を委託して行なわれた。費用は30万ルピーだった。水源はジョジャート・ゴルであり，数kmにわたって斜面を横断する水路が引かれた。イジャーズによれば，最初の数年は順調に運営できたが，1991年の地震で水路は数か所にわたって被害を受けた。さらに1993年に土砂崩れがあったため，大幅な補修工事を行なわなければならなくなった。しかしイジャーズには追加投資に踏み切る決心が着かず，当面の間そこでの耕作を休んでいた。ニカツォールの水利が組合で問題となったとき，彼は組合に水路の共同利用を提言した。これは水路を若干延長すれば，ニカツォールでも利用可能となるし，彼の側でも保全の負担を軽減できるとの考えに基づいていた。しかし組合はこの提案を拒否し，貯水タンクの建設を決定した。

　建設事業は，新しく組合が結成された1988年に早速開始された。この案はAKRSPにインフラ整備事業（Productive Physical Infrastructure. PPI）として認められ，18万6000ルピーが資金として供与されていた。この資金から組合員への日当も支給される。PPIはAKRSPが核とする事業で，各男性組合に1度だけ与えられる。村人自身の手で2年以内に完成できることが条件である。工事に取りかかる前には，グピスの組合が作った貯水タンクを組合員自らが見学した。そしてAKRSPから送られた技師が現地で引いた図面をもとに，作業を開始した。

　私のフィールドワーク中を通じて，組合員は2班に分かれて働いていた。つまり各班が1日おきに，川岸の砂を工事現場まで運び上げたり，セメントを固める仕事をしていたのである。しかし春先と秋の農閑期にしか仕事をしないため，組合員自身がいつ完成するか，わからない有り様だった。AKRSPの報告書にも，数少ない遅延PPIとして記載されている（AKRSP 1995：42）。

5 女性組合

　ピンガル村の女性組合は38名のメンバーから構成され，組合長とマネージャー，そして野菜と養鶏の担当者が選出されていた。役職にある女性たちのそれぞれの嫁ぎ先カームは，ホザレー，ビルゲー，ビルゲー，シュムレーである。女性組合には，スンナ派の女性は誰も参加していない。宗派が女性組合への参加に影響していることは，ピンガルばかりでなく，一般的な傾向であることをAKRSP自身が認めている（AKRSP 1993a：27）。

　メンバーに読み書きできる女性がいないので，高校出の若い男性2人が会計を手伝っている（この2人は，DJ学校の授業の手伝いもしている）。彼らの説明では，毎週日曜日午後1時にジャマーアト・ハーナで会合し，少なくとも30人は集まって問題を討議するということだった。しかしその時間に観察されたのは，1人また1人と現われては，2人組の若者に数ルピーを手渡すだけの女性たちだった。彼女たちは通帳に金額を記入してもらうと，話し合いをすることなくすぐに帰っていく。組合全体の貯金はそれでも2万9000ルピーになっていたが，ローンを出して具体的な事業に取り組む予定はなかった。

　男性の調査者である私にとって，女性組合の活動は見えにくいものだった。しかしそのこと自体が，ギズル地方において公的な場での女性の活動が活発ではないことを示している。しばしばマスメディアによって取り上げられる女性の活動は，ゴージャール／フンザ地方のものである。ここの女性組合の平均貯蓄額は25万ルピー（男性は63万ルピー）を超えており，他地域の男性組合の数字を大きく上回っている（**表3-6-9**参照）。

第4節　AKRSPの「受容」

　イマームが開始した「非宗派的」組織は，村でどのように受け止められているのだろうか。組合が「非宗派的」であることは，ピンガル村のスンナ派であるムハンマッディーンにも中心人物として活動する機会をもたらしている。彼の組合への参加動機には，自分の生活を改善したいという強い願いが

ある。私のホストでもあった彼は，しばしば次のように語っていた。

> 水道や電気を使えるような生活を早く送りたいんだ。子供や孫のために言ってるんじゃない。今，私自身が人間らしい生活を送るために。あんたは日本という先進国（*taraqi-yafta mulk*）からやって来た。そして私たちはと言えば，後進地域（*pasmanda ilaqa*）に暮らしている。でも，我々も同じ人間で，ちゃんとした生活をしたいことに変わりはない。日本では政府がきちんと仕事をしているだろう。しかしパキスタンでは政府のやることは当てにならない。頼りにしてもだめなんだ。自分の仕事には自分で取り組まなくちゃならない。（1994年1月1日）

ピンガルの組合活動が低調なことを嘆くムハンマディーンは，指導力の欠如が自分たちの組合の弱点であると認める。同時に，他の地域ではもっとうまくやっている。我々は行動が鈍く，せっかく決めたことを守ろうとしない。そう言って他の組合員を批判する。

> 我々には団結（*ittifaq*）が欠けている。みんな勝手だから何をやってもうまくいかない。これは人間性（*insaniyyat*）の問題だ。本来は毎月2回ジャマーアト・ハーナで会合を開き，最低5ルピーは各自が貯金することになっている。しかし今は，マネージャーのところへ子供に貯金を持って行かせる。それだけだ。シャヒーンはいつもAKRSPへの報告書をごまかすのに苦労している。（1995年1月5日）

さらに彼は，AKRSPのスタッフがデスクワークにかまけて村へ来てくれないという不満を持っていた。この点で，彼が優れた指導者として引き合いに出すのはショアイブ・スルターン・ハーンだった。ムハンマディーンは，組合の結成時や，その後の様子を視察に来たショアイブ・スルターン・ハーンのことをよく憶えている。

> ショアイブ・スルターン・ハーンが来ると，我々はいいことだけを並べ

て報告した。彼は黙って聞いている。そしておもむろに，近くで見ている少年に質問する。すると子供だから本当のことを言ってしまう。我々はたいへん恥ずかしい思いをして，彼には嘘をつけないと理解した。そして議論は一からやり直しとなった。(1994年1月4日)

　それに比べて，今のGMはギルギットの事務所に座っているばかりで，村を訪ねてはくれないというのが彼の不満だった。実際には，ジェネラル・マネージャーどころかグピス事務所のスタッフさえ，ピンガルに顔を出すことは1年に1度程度になっていた。私自身，山道ではよくAKRSPの車に便乗させてもらったが，ピンガル村では1度もその職員に会うことはなかった。
　もう1人のリーダーであり，イスマーイール派に属するシャヒーンは「非宗派的」なNGOをどのように評価しているのだろうか。
　シャヒーンは「自分のことは自分で」というAKRSPの標語を挙げ，「組合活動を通して，我々は協力して働くことの重要性を学んだ」と言う。この発言が優等生的であることは彼も認める。たしかに今の我々の活動は低調だ。しかし村人の力をうまくまとめることができれば，組合は建設的な仕事を行なうことができるというのが彼の意見だった。彼は組合のことを，かつて勤務した軍隊に照らし合わせて考えているようでもあった。彼に限らず，村の軍隊経験者の意見は，軍隊を集団として理想的であるとすることで一致している。混迷を極めるパキスタンの現状とは異なり，軍隊では規律正しい生活が送られている。兵士は互いに兄弟として信頼しあい，口先ではなく本当に民族や宗教・宗派間の対立を心配する必要がない。「パキスタン人」として行動することができる，と言うのである。
　シャヒーンは実際に隣村への緊急援助という形で，村人の力を糾合した。1994年の7月29日，隣のソソト村を枝谷からの土石流が襲った。文字通り一瞬で15軒の家が押し流され，5人が死んだ。灌漑水路は削り取られ，枝谷から引き続き流れてくるのは土で濁った水だった。ソソトは翌日から飲み水不足に直面した。ピンガルの人間は，水を入れた大きなプラスティックの容器を背中に担ぎ，何回もソソトまで往復した。しかしそれでは運べる水の量に限界があるし，いつまでも続けるわけにはいかなかった。残された作物

194 第3部 社会開発への進出と新たなアイデンティティの創造

や果樹のためにも，水路を再建する必要があった。しかし親族や家を失ったソソト村の住民には，すぐに再建に取り組む気力はなかった。8月16日，シャヒーンの音頭で30数名のピンガル村有志が水路の仮設を始めた（シェールカーネーの成員も進んで協力した）。翌日以降も10数名が集まり，作業は完成まで数日にわたって続けられた。

　一日，私はこの作業を手伝いながら，これは組合活動なのかと彼に質問した。彼はそうだと返事をしながらも，あいまいな表情を浮かべた。シャヒーン以下の村人は困っている親族や隣人を助けるために，まさにボランティアとして集まったのであり，特に形式にかまってはいなかった。シャヒーンにしても，組合書記の肩書きと同様に，ジャマーアト・ハーナの責任者という立場にもあった。しかし復旧作業の際の爆薬や工事用具の使用が，貯水タンク建設のノウハウを生かしたものであることから，少なくともこれを組合活動の「副産物」と見ることは可能であろう。

　組合について，ピンガルのリーダー2人は，自分たちの生活をより良くするための手段であるとする見解を表明している。そこには，明確にイスラーム的な表現や語彙を避けることによって，組合活動に宗派主義を持ち込まないようにしようという配慮が感じられた。ムハンマディーンが組合活動について語るとき用いるのも──ただし現状では，その欠如を嘆くという形を取っているが──団結や人間性といった言葉である。クルアーンやハディースの文句を持ち出してくることはない。

　しかし少し状況が変わると，ニュアンスの相違が顔をのぞかせることがあ

濁流に削り取られたソソト村の水路を再建する。

った。この洪水の後に，ギズル地方の住民から援助金や物資がソソト村民に届けられた。それをまとめて管理したのは，ワーイズのムザッファルだった（彼もまた耕地の多くを失った被災者だった）。ムハンマディーンは救援物資をアワーム（awam）からの支援だと言った。この場合のアワームは，宗派に関係なくギズル地方の「住民」を指している。一方，シャヒーンは「ジャマーアト」から送られたとした。人口の大多数がイスマーイール派のギズル地方において，両者の実質上の違いは小さい。しかしムハンマディーンの立場に立てば，スンナ派を排除する概念を認めることはできない。

　ジャマーアト意識は，シャヒーンのような立場の人間が，気にもとめずに使うほどに浸透している。声高に表現されることはなくとも，イスマーイール派には，アーガー・ハーン開発ネットワークのNGO活動は，まず何よりもジャマーアトのために行なわれるべきだとする思いがある。

　タンガイDJ中学校の教師，アフマド・シャーとグル・ハサンの帰宅に，ある週末同行したことがあった。暑い盛りに10数キロの山道を登っていったが，あいにくジープは1台も通らず，歩き通しとなった。歩きながら，私はギルギットで訪問したAKRSPの本部の様子を賞賛していた。いわく，建物の内も外も清潔で機能的である。スタッフは有能であり，外国人インターンと一緒にコンピューターを使って忙しく働いている。おまけに，壁の一角には見学に来た政治家や著名人の写真が飾られていたが，その中にはダイアナ王妃のものもあった……。私はてっきり，それを聞いて彼らが喜ぶだろうと思っていた。しかし意外なことに，アフマド・シャーは，私の言葉を受けてAKRSP批判を始めた。AKRSPはイマームがジャマーアトのために設立したものである。にもかかわらず，「あそこでは多くのスンナ派が働いている」。AKESやAKHSと比べると，AKRSPの成長は急激であり，ギルギット本部だけでも100人以上のスタッフを抱えていた。彼にしてみれば，DJ学校がそうであるように，AKRSPそのものもまた，ジャマーアトの若者に定職を提供すべき場なのだった。さらにアフマド・シャーは，AKRSPがイマームから借りているヘリコプターを，政治家や官僚をパンダル湖での鱒釣りに招待するのに使ったと憤った。つまるところ彼の批判は，AKRSPがイマームの意図を十分に体現していないということだった。グル・ハサンもそれ

に同意した。ここには，NGO そのものが中立の立場を取る一方で，学校も診療所も AKRSP も，すべて山地の厳しい生活環境で暮らす我々ジャマーアトのためにイマームが設立してくれたものだという，宗徒の強い思いが表われている。

第5節　宗派意識の覚醒

　毎日村の上空を飛んでいく「イマームのヘリコプター」[15]，コンピューターの稼動する AKRSP 事務所，悪路をものともせず AKHS の看護婦を運ぶ四輪駆動車，近代的で開放的な DJ 学校。そこにはすべて「アーガー・ハーン」の名が刻印されている。これらの社会開発組織を通して，イマームは一般宗徒のみならず，地域共同体そのものへと浸透していく。そして教育を受けた若い世代にとっては，この浸透過程そのものが，自らの能力を示す場の拡大，より大きな指導力や威信の獲得につながっている。

　イスマーイール派による宗派組織とアーガー・ハーン開発ネットワークのNGO 活動は，生活のほぼすべての領域を網羅していることが，ピンガルの事例から明らかになった。信仰生活はもちろんのこと，宗教教育，学校教育，保健衛生，農業技術の改良，地方レベルの食糧供給，土地や商売，結婚に関わるもめごとの仲裁解決。かろうじてここに含まれないのは郵便と警察だけである。そして行政の「補完事業」と位置づけられている教育や保健衛生の分野でも，実際の役割はきわめて大きい。これを指して，ある若者はこう言っている。

　「これはつまり 2 番目の政府だろうな。そして，1 番目（パキスタン政府）よりも出来がいい！」

　そのすべてが，イマームから発している。イスマーイール派の日々の生活は，この「内的なイマーム一元論」のもとに創造されていく。しかしイマームの指導に従うこと，すなわち彼らにとってのイスラームを実践することによって育まれた宗派意識が，イマームへの崇敬として，あるいはその教義の正しさの証明として，対外的に表明されることはない。そうするには，イスマーイール派の置かれている状況は，あまりにも微妙で不安定な要素をはら

んでいる。ここでも，ジャマーアトの特徴である「対外的な二元主義」によって，彼らの誇りは表明されることになる。すなわち，非宗派的なNGO活動の成果をイマームの指導力に還元し，政府行政と対比させることによって，その長所を訴える

アーガー・ハーン財団のヘリコプター（グピス村）

のである。イマームはその神聖な血統よりも，山地農民を助ける有能な開発指導者として賞賛されることになる。

　組合の仕事はなぜうまく行くのか？　AKRSPの事業が定期的にビデオに撮影され，パリのイマームへ報告されているからだ。イマームはそれを見て，何か間違いが起こっていないかチェックする。誰もイマームの目をごまかすことはできないから，いい加減な仕事や横領が起こらない。
　（1993年9月18日）

　このように語るあるユニオン・カウンシル議長は自分の立場を脇に置いて，政府の事業を「いい加減な仕事や横領」で特徴づけ，AKRSPの指導する組合と対比させたのだった。学校教育，保健衛生，農村開発，どの分野をとっても，NGOの能力はイマームの完璧さへと還元されることになる。実際には，資金を横領したマネージャー（ヤスィーン谷）など，組合活動の場でも不正は起こっている。しかしそれらの失敗は，イマームの意思を理解できない個人の弱さ，NGO職員の不手際，村人の協調精神の欠如へと帰される。たしかに「アーガー・ハーンの開発」は政府事業に見られる構造的腐敗からは免れている。このため政府と対比する限り，その「成功」もまた確信とともに語られることになるのである。
　ただし，いくぶんなりとも公的な性格を帯びた場では，NGOの成果がイ

マームの完璧さの象徴として語られることはない。AKRSP が外国の NGO 関係者を「モデル組合」に案内するとき強調するのは，行政に依存しない農民の主体的活動や自立の過程である。1995 年 9 月 7 日，北西辺境州農業局の技術者やスイスの NGO 関係者の見学ツアーに同行した。その際，AKRSP の責任者に促されて立ち上がった男性組合のマネージャーは，次々にこれまでの活動の成果を披露していった。灌漑水路の補修と延長，果樹園の運営，1 万本の植林，パンジャーブ地方から連れてきた乳牛の飼育。また周囲の 6 組合と共同で大掛かりな荒れ地の開墾計画を実施に移そうとしていること，貯金の総額が 50 万ルピーもあり，それを担保に AKRSP や州政府の開発機関から融資を受けていることなどを，彼は自信に満ちた口調で語った。さらに同行したパキスタン人技術者から，政府と協力することはあるのかと聞かれて，彼はこう答えた。

「正直に言いましょう。政府の役所は何もしてくれません。たとえば，新しい果樹の苗木が届いても情報を流さず，知り合いに配ってしまう。私たちがそれを知るのは，配布がすんだ後のことです。だから植林にしても何にしても，自分たちでやった方がうまく行くんです」。

この堂々たる受け答えに感心して，一行は次のプロジェクト地へと向かった。しかしこのとき，組合員全員がイスマーイール派宗徒であることについて，その場にいた誰も言及したり，確認しようとはしなかった（私はこのことを，組合員たちから直に確認した）。つまり，イスマーイール派にあっては，組合もジャマーアトに具体性を与えるイマームの組織の 1 つとして機能しているが，そのことはまったく問題にされなかったのである。

この開発の提示方法が可能なのは，すべての組織がイマームから発し，ジャマーアト内部では統一体を構成しているにもかかわらず，「対外的な二元主義」によって，信仰と世俗の領域が厳格に二分されているからである。AKRSP の活動への参加，DJ 学校へ子供を送ること，あるいは診療所の利用，これらはすべて「山地農民」が行なっているのである。

ここで我々が観察しているのは，ゲルナーが指摘するシーア主義の特徴の，現代的かつ大掛かりな組織的表現である。すなわちイマームに従う人々は「神の物が何でカエサルの物が何かといったことよりも，真実は真実として

おいて置きながら，カエサルが聞きたがっている事を話してやってもよいかどうか，という事にかかわる理論を発展させた」のである（ゲルナー 1991：221）。外部からやってくる援助関係者に対して，縦割りの組織形態は「世俗」部分を切り取り，そこだけを草の根の住民活動として提示することを可能としている。これによって，短時間の滞在の後，慌ただしく帰っていく専門家たちに，「見たがっていることだけを見せてあげる」ことが可能となっている。

イスマーイール派の宗派意識は，さらにもう一方ではスンナ派への対抗意識，あるいは反感にも結びつきながら，スンナ派との比較の中で自分たちの正しさを確認したいという欲求を，彼らの間に生んでいる。イスマーイール派とスンナ派のどちらが進んでいるか，おまえの意見を聞かせて欲しいと，私はしばしば質問された。NGOの活動は，宗派間が協調しあう場を提供すると同時に，イスマーイール派が村レベルにおいて他宗派に感じる優越感の源泉ともなっている。

DJ学校の教師たちは，よく知られるアーガー・ハーン三世の言葉，「もしあなたに2人の子供がいて，それが男の子と女の子だったら，女の子に教育を与えなさい。家庭で子供たちを育てる女性にこそ，教育は必要です」を挙げて，イスマーイール派の先進性を主張する。翻ってスンナ派は，教育行政のトップにある人間でさえ「女子教育など必要ない」と公言していると批判する。やり玉に挙がっていたのは，ハキメー・カームの出身で当時ギズル県の教育局次長を務めていた男性だった。さらに彼らは，それが女性の地位の差にも明確に表われていると主張する。

「我々の女性は外に出て，ジャマーアト・ハーナで礼拝する。職に就いている者もある。組合活動もする。スンナ派の女性はずっと家にいる。あれでは囚人だ」。

スンナ派の間でも，政府が要求を満たしてくれないという共通の了解のもと，「アーガー・ハーンの開発」は基本的に肯定されている。ただしその活動が多様であることに対応して，スンナ派個々人の活動への参加状況やイスマーイール派に対する意見も1つに収束することなく，多様性を示している。ムハンマッディーンのように積極的に組合活動を推進しようとする者もいれ

ば，イジャーズのように折をみて協力の姿勢をとる者もいる。まったく目を向けようとしない者もいる。

「アーガー・ハーンの開発」は基本的に肯定されていると述べたが，しかしそれに言及するとき，スンナ派からはしばしば何らかの注釈が付け加えられる。よく耳にしたのは，「イスマーイール派の教義は間違っているが仕事はよい。我々の場合，教義は正しいのだが仕事がなっていない」というものである。そこには，パキスタン政府とはイスラームの政府，それも「正統派」たるスンナ派の政府であるという認識がある。しかし議員も役人も賄賂を食べ，仕事をいい加減にする。それに対してイスマーイール派の組織はきちんと運営されている。働いている人間も，住民に奉仕しようとする気持ちを持っている。それらを認めたうえでなおかつ，結論は「誤った教義」——神ではなくイマームを崇拝する——へと行き着くことになる。

両者の対立がはっきりとは表面化しなくても，皆がうすうす気づいているという状況下で，イスマーイール派の側は，狂信的なスンナ派がどこからか大挙して攻撃してくるのではないかという不安を募らせている。長老格のある人物はこう言ってその不安を表明している。

「ここでは我々が多数派なので彼らも何もしない。しかしもし少数であれば，攻撃してくる」。

この不安感は，迫害にさらされた歴史だけから生じているのではない。それは遠い過去の記憶ではなく，現実に繰り返される出来事によってもたらされている。1982年，チトラールでは暴徒化したスンナ派によるイスマーイール派へのリンチ事件が起こった。パキスタン当局が初期の段階で何ら措置を執らずに傍観したため，一説によれば数十名のイスマーイール派が殺害された（Holtzwarth 1994：105-7）。この事件の発端は，きわめてローカルな村の中の騒動だった。ペシャワールに出てイスラームを学び，スンナ派へと改宗した青年が，故郷の村へ戻ってイスマーイール派批判の説教をした。彼の幼年時代を知る村の女性たちが怒って押し寄せたため，彼はマスジッドに閉じ込められてしまった。ようやく脱出して彼がチトラールへ戻ると，この出来事は本来の文脈から切り離され，「スンナ派への攻撃」として伝えられた。そしてチトラールの南部から，武装したパシュトゥーン人が大挙して乗り込

表 3-6-11　カラーコラムにおけるイスラームをめぐる動き

1838	イスマーイール派がフンザの国教となる。
1842	スィクがギルギットに進軍。
1920年代	ギルギット出身のウラマーが出現。デーオバンド学院の強い影響力。
1935	ギルギットにジャマーアト・ハーナが建設される。
1960年代末	タブリーギー・ジャマーアトの宣教活動が始まる。
	この頃からスンナ派とシーア派は通婚しなくなる。
1970年代初頭	シーア派を公に非難するスンナ派ウラマーがギルギットに出現。
1972	スンナ派対シーア派、最初の衝突。アシューラー（ムハッラム10日）の行進がきっかけ。以後、ムハッラムの度に緊張状態が高まり、数年後に最初の死者。
1974	政府がアフマディー派を非ムスリムと宣告。ギルギットでも同派の礼拝所が襲われる。
1979	イランのイスラーム革命。シーア派住民に大きな影響。
1982	チトラールでスンナ派がイスマーイール派を襲撃。
1983	AKRSPが活動開始。
1988	断食開けのずれをきっかけに、スンナ派とシーア派の間で大規模な武力衝突が勃発。ギルギットに戒厳令が布かれ、鎮圧のため軍隊が介入。
1994	北方地域評議会において初の政党ベース選挙。シーア派政党のTJP(Tehrik-e-Jafria Pakistan)が最大議席数を獲得。

み、チトラールの町に住む少数のイスマーイール派を襲ったのだった。

「チトラールでは攻撃された。しかしイマームは決してこちらから手を出してはいけないとおっしゃっている」。

ある DJ 教師はそう言うと、イスマーイール派が攻撃された場合、今度は国連軍が出動するだろうと付け加えた。これはアーガー・ハーン三世の次男であるサダルッディーンの存在を受けての言葉である。サダルッディーンは長く国連難民高等弁務官として働き、近年はアフガン難民やイラクのクルド人問題に従事している。また国連事務総長候補として、その名前が取り沙汰されたこともある人物である[16]。最終的にはパキスタン政府ではなく、アーガー・ハーン四世やサダルッディーンの国際的な影響力によって、自分たちの安全は保証されると彼は信じ、願ってもいた。

イスマーイール派の不安感には、近年ギルギット周辺で頻発するシーア派とスンナ派の間の武力抗争が、大きな影を落としている（表3-6-11参照）。特に1988年にギルギット近郊で起きたスンナ派によるシーア派への襲撃は、大きな衝撃を与えた。14のシーア派村落が破壊され、115名殺害という惨事

は，容易には人々の記憶からは消え去らない。大量の「殉教者」(*shaheed*)の誕生は，シーア派に自己確認の機会をもたらし，新たな宗教的活力をもたらすことになった (Schneid 1997：107)。これが両者の確執を永続化する方向に働くのは間違いない。1994年の北方地域カウンシル選挙では，シーア派の宗教政党である TJP (Tehrik-e-Jafriya Pakistan) が最も多くの議席を獲得し，政治が宗派化する傾向を示している（**資料 8**）。

山地に複数の宗派が共住するカラーコラムにおける 2 大宗派間の競合は，少数派への圧迫という形でも表現されている。それぞれの宣教活動が他宗派に対して大きな圧力となっているのである。この点に関しては，ヌール・バフシュ派の事例が参考になる (Rieck 1995, 1997)。

ヌール・バフシュ派は，ギルギットの東，北方地域スカルドゥ県やガンチェ県に分布する。16世紀にこの地に伝えられた同派は，その後イランやカシュミールではほぼ消滅したが，山地の地理的環境に守られてカラーコラムでは存続した。しかし「スンナ派とシーア派の中道を行く」とするこの宗派に対して，今世紀に入ると改宗攻勢が始まった。外部からの支援が一切ない状態で，伝統的なピールはこれに抗することができず，大量の改宗者を出した。過去20〜30年間にその傾向はさらに強まっている。パキスタン国内のみならず，サウジアラビアその他の湾岸諸国からの資金提供によって，ヌール・バフシュ派分布域に多くのマスジッドや学校が建設され，子弟には奨学金が与えられている。今世紀初頭にはスカルドゥとガンチェ両県で 9 割以上を占めていた同派人口は，現在ではシーア派の 70％ に対して 25％ にまで落ち込んでいる（残り 5％ がスンナ派）。近年，同派内部の「近代派」の努力によって，ようやくこの傾向にある程度の歯止めがかけられるようになった（第 5 章参照）。

イスマーイール派でも，かつてアストール谷において宗派人口の減少が起こっている。スンナ派による布教攻勢の結果，同派人口が大きく減少したのである (Nayyar 1984：89-91)。しかしイスマーイール派はヌール・バフシュ派とは違い，豊かな経済力と人的資源を持つホージャと連携し，社会開発によって自らを活性化することができた。この過程におけるホージャの役割はきわめて大きい。

社会開発部門の一大拠点となっているアーガー・ハーン大学（大学病院）は，ホージャの本拠地であるカラーチーに建設されている。800 のベッド数と最新の医療技術を備え，教育学の付属施設 IED（Institute for Educational Development）を持つこの大学建設に要した費用は，およそ 3 億ドル（1985 当時の換算で約 750 億円）である。このうち，ホージャ・コミュニティは 1 億ドルを拠出している。AKHS の診療所で働く看護婦たちは 2 年間ここで研修を受けた後に，カラーコラムへ戻って医療活動に従事する。また IED のレプリカである PDC（Professional Development Centre）は，1998 年にギルギットに設置される予定となっている。これは教師のための研修コースを地元で行なう事業である。このように AKHS と AKES の人材養成は，カラーチーのアーガー・ハーン大学からの緊密な支援に支えられている。

　資金面ばかりでなく，人的な面でもホージャは支援を行なっている。AKRSP の理事会は，この NGO の活動戦略を決定する重要機関である（AKRSP 1993a：XXXVII）。理事会のメンバーは大局的な見地から NGO を運営する責任を負っているが，その半数近くはホージャのボランティアである（表3-6-12）。AKRSP の支援する組合や協同組合が進めるジャガイモの種芋やドライ・フルーツ（アンズ）の販売は，それぞれジャーファル・ブラザーズ財閥（メーモン）とパキスタン陸軍からの大量受注を獲得することによって軌道に乗ることができた。これらの諸事業において，ホージャの持つコネクションの活用が認められる。

　さらに，都市部で高等教育を受ける学生はカラーコラムでも増加しているが，イスマーイール派のほとんどはホージャの本拠地であるカラーチーへと向かう。その数は 5000 人に達する（在カラーチーの Northern Areas Ismaili Students Association 登録会員数。1997 年度）。彼らは宗派の先輩格であるホージャから，組織運営に関わる多くのノウハウを吸収して，カラーコラムへと戻っていく。

　ヌール・バフシュ派の歴史と比較するとき，開発が他宗派からの宣教攻勢からジャマーアトを守る防波堤となっていることがはっきりする。この開発は，単に資金を大量にばらまく，その場限りのものではない。ホージャの人的資源，約 1 世紀をかけて培われてきたボランティアの能力とノウハウが，

ここでは有効に活用されている。しかしカラーコラムにおいて，ホージャの名前を耳にすることはほとんどない。活動のすべてが，イマームへと還元されているからである。

表 3 - 6 -12　AKRSP 理事会役員

a　現　職

A・ファンシー（議長）	ホージャ
A・G・カリムボイ	ホージャ
K・ジャマール（女性）	ホージャ
S・アラーナ	ホージャ
S・ラハーニー	ホージャ
Q・ジャーン	フンザ出身イ派
R・ショー	
S・ムルク	
S・サラフッディーン（女性）	
S・F・ラスムッセン（GM）	
S・S・ハーン（初代GM）	
Z・I・クレーシー	

b　1996 年退職者

H・テジャニー	1991 - 1996	ホージャ
M・ジャッファル	1982 - 1996	ホージャ
R・マーチャント（議長）	1982 - 1996	ホージャ
W・ベイグ	1989 - 1996	フンザ出身イ派
S・ナディール	1989 - 1996	チトラール出身イ派
A・ムハンマド	1982 - 1996	
E・ナイック	1982 - 1996	

（注）　イ派＝イスマーイール派。
（出所）　役員一覧は AKRSP 1997：101. 出身に関する情報は，
　　　　ハビブル・レーマン氏（NAISA 書記）提供。

第6節 まとめ

　第5章と本章によって,「アーガー・ハーンの開発」が,いかにジャマーアトの発展を促してきたのか,それがいかなる組織のもとで進められているのかが明らかになった。開発研究において AKRSP が脚光を浴びる一方で,イスマーイール派が真に発展させてきたのは,イマームとのコミュニケーション・チャンネルたる評議会制度,そこから分離した仲裁パネル(紛争の仲裁・解決を担っており,村人自身がパネルを「ジルガ」と呼び習わしている),さらにイスマーイール派独自のイスラーム教育を支える宗教教育委員会である。これらの組織なしにはジャマーアト,さらに言えば同派が多数派を占める地域共同体での生活そのものが成立しない。この過程が進む中で,ラージャー制の時代にこの地方を統治したハキームのカームは,村内外での指導力という点ではもはや後景に退いている。

　ただし,これらの宗派組織の活動内容は,外部の人間からはきわめて見えにくいものになっている。しかし「内的なイマーム一元論」のもと,宗派組織と NGO 活動は内部で緊密に関係しあっていることが,人材活用という側面に注目することで明らかになった。村において,実際にこれらの制度を実効力あるものとしているのは,AKHS 診療所で生まれ,DJ 学校で勉強した若い世代である。彼らがまた村へ戻って来られるのは,彼らを育ててきた NGO 活動そのものが,数は多くないとはいえ定職を用意しているからである[18]。また制度間の関係で言えば,DJ 学校のネットワークを張り巡らしていることが,独自の宗教教育を進めるうえで間接的に大きな利点となっていることも認めてよいだろう。

　「アーガー・ハーンの開発」は,その独特の「対外的な二元主義」によって,非イスマーイール派をも吸収できる柔軟な構造を持っている。スンナ派の子供たちも DJ 学校に通い,AKHS 診療所でポリオの注射を受けている。男性たちもそれぞれの事情に応じて,組合活動に参加することが可能である[19]。「世俗」の領域を活性化することで,非イスマーイール派との関係においても,ラージャー制以後のジャマーアトは安定した制度作りに成功したと言え

る。ただしそこから生み出される状況が，同時に他宗派（この場合はスンナ派）に不安や警戒感を抱かせることにもなっている。「アーガー・ハーンの開発」は，国家に頼らずして生活を改善するほぼ唯一の手段を提供してくれるという意味で，他宗派の人々からも受け入れられている。しかしその活動は，宗派意識の覚醒を引き起こすという，相反する作用をもたらしながら進められている。余計な摩擦を減らすためにも，そこでは実用主義がモットーとなっているが，この方針は，そしてこの方針こそが，アーガー・ハーン四世を従来のイスマーイール派イマームを越えた存在にまで押し上げている。次章では，この点について検討する。

1) 住民の不信感は，日常の何気ない場面でも表現される。たとえば夕食をとりながら，ラジオ・パキスタンの放送を聞いている。しかしニュースがまだ途中なのに，BBCの時間が来るとそちらにチューニングを変えてしまう。理由は，BBCのウルドゥー語放送は事実を正確に報道するが，ラジオ・パキスタンは政権の圧力からしばしば事実を捻じ曲げるというものである。幾度もの軍事政権を経験したパキスタンでは報道管制が常態になっていると，人々は理解している（実際，政府はかなり露骨にプレス統制を行なっていた。Malik 1997：133 以下を参照）。

2) 彼はこうも続けている。「日本，ドイツ，そしてイギリス，これら発展を遂げた国と我々はどう違うのか？　私の考えはこうだ。そこでは信頼，誠実が尊ばれる。つまり，その国のための仕事を，自分自身の仕事ととらえている。その仕事からもたらされる利益は国全体に及ぶ。賄賂を取ったりもしない。嘘をつかない。横領もしない。しかし我々の間には信頼がない。人が言うことと，やることの間に違いがあるからだ。嘘の計画で政府からの資金を取り，地域の繁栄のためではなく，自分の私腹を肥やす。まったくこれはどうしたわけだ」。

3) 1995年4月にグピスで出会ったグジュルの友人は，1993年夏にチャーシ谷で起こった家畜強奪の犯人に食事を提供したという容疑で逮捕され，その後も度々グピスへ呼び出されていた。その時も警官から賄賂を要求されており，払わないと留置場へぶち込まれると私に泣きついた。

4) この制度はイスマーイール派の評議会と区別するために，カタカナで「カウンシル」と表記することにする。

5) 「管区」と第1章で述べた「区割り」とは重なる部分もあるが，完全には対応しない。

6) その次は1997年，ソソトに1万8000ルピーで水路が建設されている（1998

7) 1992年以来，日本大使館はAKESに対して計5件，総額約17万ドルを学校建設資金として提供している。
8) その後1996年11月に完成した（1997年3月28日付けの手紙によるAKESからの資料提供）。また中国から帰ったとき，村人の何人かは当惑する私に対しても「日本のおかげだ」と感謝してくれた。しかし1人だけ明確に違う意見の持ち主がいた。それはフンザ地方で大工仕事の出稼ぎをした経験を持つラタセーの青年だった。彼の解釈によれば，この学校建設は「国家の商売」なのだった。結局日本も儲けるのだから，自分たちはそんなに感謝することはない。むしろ日当をもらってもいいくらいだと主張した。ただし，この意見に同調する者は誰もいなかった。おそらく，私の気分を害してはいけないと感じたからだろう。
9) 最も印象的だったのはチャーシ村の教師である。これより先の1989年当時，学校の庭いっぱいに座っている80人の生徒を前に，彼は手を広げてこう言った。「教師は私1人だけだ。まったくどうしろっていうんだね。手に負えないよ」（ただしこの事態は，その後新しい小学校が建設されて多少改善されている）。
10) 最も一般的に行なわれているのは，股の間を通した腕を伸ばし，さらに自分の耳をつかむ「耳つかみ」（kan pakri）である。
11) フンザにはパルヴェーズという有名な女医がいる。1994年，彼女は北方地域カウンシルの女性議員に指名された。
12) ギズルの中心地，グピスの薬局でもコンドームは売られていない。「そんなものは誰も使わない。使う奴がいたら，ここでは物笑いの種にされてしまうだろう」とは薬局の主人の弁である。
13) 他のピンガル周辺の組合は，次の通りである。マトゥジ・レシュト男性組合。ノゴール・レシュト男性／女性組合。パイクシ男性／女性組合。タンガイ男性／女性組合。カスンダル男性組合。
14) シェールカーネー・カームのみ，ほとんどの成員が参加していない。この理由は未調査であるが，あるいはラタセーの成員の指導に反発したのかもしれない。表立った争いはないが，両者の関係はあまり良好ではないと噂されていた。
15) 山々に囲まれた村で暮らし，また重い荷物を背負って長距離を歩くことを繰り返していると，AKRSPが飛ばしているヘリコプターを見上げるときに人々が抱く感慨を共有できるようになる。一気に山の彼方へと駆け抜けていくヘリコプターは人々の憧れであり，かつ「アーガー・ハーンの開発」が持つ技術や資金力の豊富さを象徴してもいる。このヘリコプターは時々，村々にも着

地するが，そこから降りてくるのは世界銀行の調査団であったり，各国の大使だったりする。

16) *Economist*，29 June 1991. 彼の国際的活動については，次の文献を参照のこと。Sadruddin 1990；Sadruddin et al. 1993.

17) *Herald*，November 1994. さらに宗教・宗派間の暴力事件に関する報道が，宗派間の関係をより複雑で険悪なものとしている。関根はインドの文脈において「地域を越え，国境を越えるメディア環境の存在抜きに，今日のコミュナリズム問題を語ることはできない」と指摘する（関根 1998：104）。カラーコラムでも，毎日のようにカシュミールで生まれる「殉教者」（インド政府から見るとテロリスト）に関する報道が，ヒンドゥーへの敵対感に基づくイスラーム意識を育むと同時に，カラーチーやラーホールで発生するスンナ派とシーア派の抗争のニュースが，排斥の原理に基づく両者の敵対意識を醸成している。それは日常生活のレベルにまで浸透している。ギルギットの町では，他宗派の床屋へ行くと喉を掻き切られるのではという不安が広がっている。スンナ派はスンナ派の，シーア派はシーア派の床屋にしか行かなくなっている。

18) 開発事業の運営に関する質問に対して，アーガー・ハーン四世は次のように答えている。「アーガー・ハーン教育システムは，数は少なくとも重要な人材を育てることに貢献してきました。イスマーイール派および非イスマーイール派の両方からです。我々はこれらの人々をフォローし，彼らのことを忘れません。小学校から大学にいたるまでです。たとえ5％でも彼らが開発の仕事に携わってくれるなら，有能な人材が確保されるのです」（*Far Eastern Economic Review*，14 November 1991）。

19) 組合は必ずしも急激な収入増をもたらしてはいない。むしろインフラ整備が進んでいないギズル地方は経済的にはあまり恵まれていない。経済インフラの整ったフンザの男性組合と比べると，ギズル（グピス／ヤスィーン）の平均貯蓄額は3分の1に過ぎない（**表3-6-9**）。

第7章　アーガー・ハーン四世の開発言説

　ここまでは「アーガー・ハーンの開発」を，村レベルに焦点を合わせて論じてきた。そしてジャマーアトの内部で生じているのは「内的なイマーム一元論」に基づいた組織の創出であり，それに伴うリーダーシップの交代であることを示してきた。先に指摘したように，アーガー・ハーン四世のファルマーンや発言を直接的にジャマーアトへと結び付けることで，イスマーイール派の動向を理解しようとしてきた点にこそ，先行研究の限界はあった。本論文では，この陥穽に陥らないよう，ジャマーアトの変容を内部の視点から探ることに努めてきた。しかしそれはイマームの役割を無視することを意味するわけではない。この進行中の開発がまさに「持続可能」であり得るのは，アーガー・ハーン四世の指導力に拠るものである。しかしこの指導力は，より複雑な状況を操作しつつ発揮されているために，従来の宗派内部の指導と服従という単純な図式に還元することは，もはやできない。

　ジャマーアトにおける「開発」とは，イマームから発する組織の構築過程にほかならない。その根幹にある「内的なイマーム一元論」がそのままの形で表明されることはないが，これを単にイスマーイール派の秘密主義と片付けるわけにはいかない。ジャマーアトの「対外的な二元主義」こそが，外部からの観察者にその「草の根の活動」を，開発学のパラダイムにおいて理解可能とさせると同時に，神聖な血統を受け継ぐイマームが「第三世界の開発指導者」として堂々と登場することを可能ならしめている。カラーコラムの村々から遠く離れた場所で為されるアーガー・ハーン四世の発言は，村レベルの活動およびその提示方法との間の強い相互作用によって，重みを獲得しているのである。

アーガー・ハーン四世の開発言説は，きわめて洗練されたものである。実際，四世の発言には，そのときどきの主要な社会的関心をうまく反映させた語句が，常に散りばめられている。いわく「よい統治」への期待，「文明の衝突」に対する憂慮，「多元的な市民社会」の創造。以下に，アーガー・ハーン四世の社会開発に関する発言を取り上げ，村での活動がいかに翻訳・変換され，主流の開発言説に則った形で提示されているかを見ていきたい。

第1節　アーガー・ハーン四世の開発言説

序論で述べたように，現在の開発は，国家・ドナー・NGOが互いに影響力を及ぼしあう場となっている。特に政策面で国家に，資金面でドナーに負うNGOは，その時々において優勢な開発言説——この文脈ではパラダイムと言い換えてもいいかもしれない——と折り合いをつけ，自らのセルフ・イメージを絶えず再編成していかなくてはならない。これに失敗すると，たとえサルボダヤ運動のような大NGOでも蹉跌を踏むことになる（Perera 1997）。政府予算と比べて，「アーガー・ハーンの開発」を通して村へもたらされる資金はより大きく，かつ安定している。四世の発言こそが，この「持続可能な開発」の鍵を握っている。

　まず，社会開発に本格的に乗り出す以前（アーガー・ハーン財団の設立は1967年）の発言がどのようなものだったかを確認したい。1960年9月27日，カラーチーの宗教教育委員会で，すなわちジャマーアトだけに向けて，アーガー・ハーン四世は次のような演説を行なっている。

> わが精神的子供たちのすべてへ，わたしは愛情を込めた祝福を送ります。そして次のことを思い出すようにと言いましょう。……たとえ何が起こっても，何よりも大切なのは，あなた方の信仰です。わたしはあなた方を，学校を建設し，教育レベルを高め，保健事業を発展させることに駆り立てるでしょう。なぜなら，……イスラームは単に信仰を意味するのではなく，仕事に取り組むことを意味するからです。イスラームとは，世界——そこであなた方が能力を最大限に生かした形で信仰を実践する

場——を創造することを意味するのです。……最後にもう一度，わたしはあなた方に愛情を込めて祝福を送ります。(Papanek 1962：1)

　この当時，イスマーイール派の組織は，ホージャが自らの経済活動から生み出した資金をもとに，ジャマーアト内部の福利厚生や資金融資のために活動していた。その意味で，それはまさしく内発的な発展形態を示していた。アーガー・ハーン四世の演説もそれを反映している。社会開発の概念で今日一括される諸事業は，信仰の絶対性——イスマーイール派において，信仰とはすなわちイマームに従うことを意味する——と直接結びつけられている。それはまた，慈愛深き親としてのイマームからの祝福という形で，「精神的子供たち」へと送られている。

　しかしイスマーイール派の活動が拡大し，非ホージャ人口をもその対象に加えるに及んで，アーガー・ハーン四世の演説も形を変えていくことになる。[2] 近年の発言から，この点をより詳しく見ていくことにする。

　1990年代のアーガー・ハーン財団の抱負を述べた「会長メッセージ」で，アーガー・ハーン四世はイスマーイール派イマームとしての責任が，アジアとアフリカにおける開発への取り組みにつながっていると述べている。しかし宗派やイスラームに関する言及はそこまでである。[3] 力点は，冷戦の終了によってイデオロギーに拘束される時代が終わり，実用主義と新機軸の採用という条件の中で開発を進める機会が訪れたということにある。新しい環境における持続可能な発展のためには，エリート官僚の計画よりも，草の根の意見に耳を傾ける必要があるとし，ボランティアの献身とともに，政府，営利事業そしてNGOの協力による「可能とする環境」(enabling environment) [4] の創造を提唱する。そして最後に，アーガー・ハーン開発ネットワークの目標は，企業家精神の推奨される世界において，人的，財政的そして技術的資源の地球規模での交流を進めていくことであると規定する (AKFb 1992：9-10)。

　この会長メッセージが収録されているパンフレットにおいて，アーガー・ハーン四世は，社会開発の可能性について次のようにも述べている。

私は，貧しい人々の遂行能力に大変な感銘を受けています。彼らは自分自身が成し得ることに対して大きな望みを抱いています。収入が増すにつれ，きわめて興味深い可能性が立ち現われてくるのです。人々は社会的なサービスを自らの手で創り出し，さらにそれに対して代価を払うようになります。彼ら自身がクリニックや学校を建設すると，そのサービスに対して質の高さを要求するようになります。それはまさに，自らが代価を支払っているからにほかなりません。自助と共同体による所有という考え方，これらは開発の新しい次元です。(1991年5月16日，ロンドン。ODAとの調印式典での演説よりの抜粋。AKFb 1992：19)

ここでアーガー・ハーン四世の提唱する「自助と共同体による所有」なる概念は，ピンガル村でも観察された，村人の労働提供によるDJ学校の建設や，組合による灌漑水路の建設に支えられている。これらの事業は，イスマーイール派居住地域を中心に，カラーコラムのほぼ全域で進行している。そして彼に感銘を与える「遂行能力を発揮する貧しい人々」の核となっているのは，四世自身の「精神的子供たち」である。イスマーイール派宗徒の活動こそが，「開発指導者」としてのアーガー・ハーン四世の発言にリアリティを賦与している。

さらに社会開発を強調しながらも，アーガー・ハーン四世の基本的な姿勢が，世界銀行の提唱する「マーケット・フレンドリー」な方向性と重なることにも注意を払う必要がある。ホージャが資本主義と親和性を持っていることは，すでに先行研究が指摘している (Bocock 1971)。またアーガー・ハーン四世自身も高級ホテルから航空会社までを所有する実業家である。ビジネス感覚の鋭敏なイマームは，民活路線の重要性を訴える国際会議 (1986年，ナイロビ) を共同開催するなど，世界銀行と緊密な関係を保持している。パキスタンでも，アーガー・ハーン大学の地域医療事業は，世界銀行の資金供与のもとスィンド州全域においてモデルとして適用されている (Bryant et al. 1993)。AKRSPの組合方式は3度にわたる世界銀行の評価報告書 (World Bank 1987, 1990, 1995) によって，広く注目を集めることになった。これによってAKRSPの知名度も飛躍的に高まり，先進国の援助機関から多額の資金援助を集める

ことが可能となったのである。さらに AKRSP 方式の農村開発は世銀の後押しもあって，全国農村支援事業（National Rural Support Programme, NRSP）の名称のもとに，1996 年現在全国 13 県で展開されている（NRSP 1997）。

　ペルシアからインドへと移住したアーガー・ハーン一世は，植民地政府の司法判断によってその足場を固めることに成功した。以来，歴代イマームは，その時々において西洋の政治経済的な力と知識のもとで作られる概念を取り入れることに努めてきた。その価値観をうまく利用することによって宗派の社会・経済的な基盤を向上させ，イスラーム世界において異端視されかねない自らの宗教的権威をも強化してきたのである。アーガー・ハーン四世もイマーム就任以来，一貫してこの立場を堅持している。1960 年の時点で，彼は次のように述べている。

　　世界各地に散在しながらも，宗教によって強く結ばれた少数者の集団として我々は，イギリスの伝統である個人の良心の尊重，思想と言論の自由，礼拝の自由，法による統治から大きな恩恵を受けてきました。（コモンウェルス協会オックスフォード支部の会合にて。Aga Khan IV 1960：27）

　以上の発言からも明らかなように，アーガー・ハーン四世は，西洋が肯定する価値観の枠組みの中で積極的に発言している。発言のなされる舞台設定も国連会議場や世銀との国際会議のテーブルといった，それにふさわしい「場」が選ばれている。植民地独立後の世界においては，かつて三世が果たした宗主国の指導者との仲介役，植民地ムスリムの政治的指導者という立場は存在し得ない。ここでアーガー・ハーン四世が選択したのは「開発」の領域だった。これはもちろん偶然ではない。いくつもの新興独立国家に散在する宗徒との関係を，錯綜した政治的駆け引きに絡め取られることなく維持するという課題に，現代のイスマーイール派イマームは直面している。NGO や国際援助機関のトランスナショナルなネットワークが作り出す開発の領域に身を置くことで，うまく国家を牽制しながらアーガー・ハーン四世は，この課題に対応しているのである。

第2節　パキスタン政府との関係

　「アーガー・ハーンの開発」は，パキスタン国内において宗派を超えた広がりを見せつつある。しかしその第一の目標は，イスマーイール派の共同体であるジャマーアトに自律的な活動能力を賦与することにあり，これは不変である。1986年に制定された「イスマーイール派憲章」は全世界の宗徒が一律に従うべきものであるが，そこでのアーガー・ハーン開発ネットワークは同派の社会，経済そして文化的必要に奉仕することと規定されている (Kaiser 1995 : 187)。アーガー・ハーン四世が語る「貧しい人々」の核になっているのは，やはりイスマーイール派住民なのである。そしてカラーコラムがその中心にあることは，NGOの集中度からも明らかである（**資料1，2参照**）。序論で述べたように，「開発指導者」たるアーガー・ハーン四世を賞賛するマスメディアの報道も，カラーコラムの諸事業を大きく取り上げている。

　それでは，なぜ行政のほとんどを代行するかのようなイスマーイール派の自律性を，パキスタン政府は許容しているのだろうか。ここでも基本的には，開発を通した世界銀行を中心とする国際機関との関係が，大きな役割を果たしている。パキスタンにおいて，世界銀行を筆頭とする援助機関の影響力は年ごとに増しつつある。1980年9月，IMFとパキスタン政府との間に資金援助のための基本的合意がなされた。そして構造調整の本格的受け入れに伴い，世界銀行上層部で働くパキスタン人を閣僚に送り込む人事が1982年から始まっている。パキスタン政府の社会開発への取り組みが明確になるのは，第6次5か年計画（1983〜88年6月）からである（山中 1988a : 111-27）。このとき，社会開発（教育，保健，上下水道，家族計画）に480億ルピーが支出されているが，これは総支出額の9.5%にあたる。そこでの基本構想は，次の3点だった。

① 貧困層への生活の必要条件——栄養，住宅，上下水道，そして特に教育と保健——といった生活の必要条件を提供する。
② 経済統制や規制を緩和し，民間活力を生かす。

第7章　アーガー・ハーン四世の開発言説　215

③　女性や貧困層への社会的安全網の拡大。

　当時のズィヤー政権にすれば，これはイスラーム化路線の中で平等社会実現を提唱したということになるのだろう。しかし同時に，この第6次計画はIMF・世界銀行路線とも歩調を合わせていた。そもそも計画の策定責任者は，世界銀行の部長職から抜擢されたマフブーブル・ハックだったのである（山中 1993b：69）。
　そして1993年の政治混乱期に，この傾向は1つの頂点を迎えた。軍の強い意向を受けて暫定政権の首班として選ばれた人物は，かつての世界銀行副総裁モイーン・クレーシーだった。表向きは選挙管理内閣だったが，彼はその短い在任中に構造調整に沿った改革への道筋をつけた。その後の歴代政権は経済再建のために，IMF・世界銀行のより厳しい提案を受け入れなくてはならない状況に追い込まれている。
　規制緩和による民間活力を引き出すためのパッケージの一環として，1992年に社会開発分野で開始された社会行動計画（Social Action Programme）にも，この力関係が反映している。[5] 社会行動計画では，実施主体が中央政府ではなく州レベルに置かれ，NGOや地域共同体の代表との連携に積極的に取り組む方針が打ち出されている。すなわち，中央の権力に一定の拘束が課せられたわけである。そして政府の財政削減から公共サービス部門でのNGO活用という大前提のもとでは，国内で群を抜いた実績と運営能力を持つアーガー・ハーン開発ネットワークを，パキスタン政府としても重視せざるを得ない。1994年11月，当時のベーナズィール・ブットー首相とアーガー・ハーン四世は，それぞれパキスタン政府とアーガー・ハーン開発ネットワークを代表して，開発協力に関する協定に調印した。[6]
　一方，大規模プロジェクトで厳しく批判された世界銀行には，活力あるNGOとの連携によって，自らの開発の正当性を示す必要がある。[7] 社会開発への配慮もその1つである。構造調整のもとでは，当然財政赤字削減のために社会開発分野への支出も減少することになるが，世界銀行は対象の絞り込みと利用料金徴収による資金回収により，また民間セクターの関与の促進によって，貧困層向け社会サービスは維持または拡大が可能であることを強調

している (毛利 1995)。すなわち,アーガー・ハーン開発ネットワークが事業を拡大し,かつ NRSP に代表されるクローン組織を増殖させる条件が,経済のグローバル化の進展に従って,パキスタンでも否応なく整えられている[8]。

とはいえ国家と NGO の関係は,特にパキスタンのように軍事政権が繰り返し成立し,強権的な体質を備えている場合,一般的には緊張をはらむものとなることが予想される。NGO 活動が効果的で高い自律性を発揮すればするほど,緊張の度合いは高まっていくはずである。しかしアーガー・ハーン四世は絶えず国家の側の面目を立て,協調関係を樹立してきた。アーガー・ハーン開発ネットワークが中心になって行なった「バルティット古城修復事業」の落成記念式典においても,前面に押し出されているのは国家との協調である。そして当時のレガーリー大統領から,自らの事業に対して「国家のプライドの源泉」との賞賛を引き出している (資料2参照)。この「良好な関係」の維持には,イスマーイール派イマームが特定の領土を政治的地盤としないことが大きく作用している。特定国家の政治に携わることのない,言い換えれば政治的指導者たちと選挙の票を争うことのないアーガー・ハーン四世は,歴代政権の指導者たちにとって「良きパートナー」であり続けてきた。この立場の確保が,イマームによる宗徒への関与——それこそが本書で「アーガー・ハーンの開発」と呼んできたものである——を永続的で効果的なものとしてきたのである。

カラーコラムに隣接するスワート谷の状況と比較するとき,世俗の権力と直接関わらない宗教指導者が,NGO を通して開発を進めることの利点がよりはっきりする。スワートもまた,1969年にチトラールと同時に廃止されるまで,王制のもとに統治されていた。スワートの支配者ワーリーはその開明主義で知られており,道路や電話網の整備,あるいは学校や病院の建設に積極的に取り組んだ。また最終的にはワーリーを権威とする裁判制度も迅速さと公正さで知られていた (バルト 1998)。しかし王国の廃止に伴い,ワーリーは力を失い,その開発事業もパキスタン政府に委ねられた。そしてスワートの社会開発もまた,パキスタンの他地域と同じ停滞を経験することになる[9]。世俗の指導者はまさにその強力な権力ゆえに,開発を効果的に進める可能性を有している。しかし同時に,絶え間ない政治権力争いの渦中に置かれ

る開発事業は，永続性の観点からは大きな問題を抱え込むことになる。

　イマームであるアーガー・ハーン四世は政治と一線を画しながらも，時の為政者が誰であれ，常に同等の立場で会話を交わす存在であり続けてきた。そして自らが統率するジャマーアトの自律性を確保してきた。これによってホージャはもちろん，カラーコラムにおけるジャマーアト内部の制度構築も，かなりの程度まで達成されたと言えるだろう。そしてアーガー・ハーン四世もまた，その「実績」を開発言説に乗せて提示することで，対外的にもほぼ完璧な指導者像を創り上げることに成功したのである。

第3節　西洋とイスラーム，そしてイスマーイール派

　「アーガー・ハーンの開発」の成功は，ヒューマニストたるアーガー・ハーン四世の評価を，西洋において確固たるものとした。その立場からは，西洋を敵視，ないしはライバル視する言説が生まれてこないのはもちろんだが，そこからさらに進んでアーガー・ハーン四世は「文明間の調停者」のイメージをも担いはじめている。たとえば，イスラーム世界有数の人類学者であり，自身も進んで「調停者」の役割を果たそうとしているアクバル・S・アフマドによる四世の取り上げ方には，明らかに共感が示されている（Ahmed 1992, 1993参照）[10]。「文明の衝突」という冷戦終了後の言説において，重要性を増しつつあるこのイメージも，フランスに本拠地を置いて西側の価値観に立脚しつつ，イスラーム世界（それはまた第三世界の一部を構成している）の各地で社会開発事業に取り組むという四世の言動から派生している[11]。四世は西側プレスで「開発事業のプリンス」と賞賛され，フランスからレジオンドヌール勲章を授けられている。フランスでは，ライシテすなわち政教分離に対するイスラームからの異議申立てが，「スカーフ論争」として政治問題となったことは記憶に新しい（梶田 1996）。しかしここでもアーガー・ハーン四世は，為政者と深い親交を保ちつつ，政治的な発言は一切控えている。

　社会開発を通じて獲得された西洋からの好意的なまなざしは，イスマーイール派が抱える不安——イスラーム主義者の攻勢——を，おそらく牽制することにもなっている。いつ異端として指弾されるかもしれないという不安

を抱えるイスマーイール派は,「イスラームの多様性」を訴えることで, 多元主義という西洋的な価値観に接近している。ここでのアーガー・ハーン四世は, むしろ「文明の衝突」という言説を逆手にとって, 西洋の価値観を理解し, 共有するイスラームとして自らを位置づけていることがうかがえる。

イスマーイール派における宗教と開発は, その「対外的な二元主義」とあいまって, 理念上は直接的な関係を見出すことはできない。しかし開発指導者としてアーガー・ハーン四世が獲得した破格の知名度と影響力こそが, ジャマーアト内部に活力をもたらしてきたのである。そうであれば,「世俗」の領域での成功が, 脱宗教という意味での世俗化をイスマーイール派という宗派全体にもたらすことなどありえないことは明らかである。「アーガー・ハーンの開発」の成功は, ジャマーアト内部ではイマームの宗教的権威を強化する方向へと向かっている。[12]

1997年のイマーム即位40周年に際して, 宗徒代表はアーガー・ハーン開発ネットワークを通した四世のリーダーシップを賞賛するとともに, ファーティマ朝期に作られたフラスコを献呈した。かつてカイロを中心に栄えたファーティマ朝ではイスマーイール派イマームが統治者として君臨し, 文化や学問が尊ばれた。宗徒からは同派の黄金時代とみなされている。四世からはアーガー・ハーン財団, アーガー・ハーン大学, アーガー・ハーン経済開発基金 (Aga Khan Fund for Economic Development), アーガー・ハーン文化基金 (Aga Khan Trust for Culture)、そしてイスマーイール派研究所 (Institute of Ismaili Studies. ロンドンにある宗派の研究所) にそれぞれ1000万ドルが贈与された。[13]

アーガー・ハーン三世の時代の記念行事では, イマームの体重分の金やダイアモンドが宗徒から献呈されていた。四世の時代になると, このインド的な儀式はもはや行なわれなくなった。代わってファーティマ朝が輝かしい「伝統」として登場し, 開発を今後も宗派のトレードマークとすることが明確に示された。開発を通してアーガー・ハーン四世は「ヒューマニスト・イマーム」となることで, ジャマーアトに新しく進むべき道を提示しているのである。

農村を中心とする開発はまた, ホージャの間で発達した「ヒンドゥー的」

なる教義や儀礼への，イスラーム主義者からの批判を封じ込めることにも役立っている。もともとヒンドゥー色を持たないカラーコラムの山地農民を，「アーガー・ハーンの開発」の最前線へと押し出すことによって「視点をずらす」ことに成功したのである。これによって，実際にホージャがヒンドゥー色を払拭したかどうかということには，少なくとも当面は議論の矛先が向かわなくなった。と同時に，この開発はカラーコラムの山地農民たるジャマーアトを NGO によって，すなわち先進国の資金をうまく活用する仕組みを通して「自立」させる過程でもある。さらに言えば，自らの指導者を対外的に「開発指導者」として賞賛することによって，宗徒はその信仰心をいっそう活性化させている。現代のイマーム制への「宗徒による自発的な参加」を引き出す仕掛けが，ここには埋め込まれている。[14]

1) *Financial Times*, 12 August 1991；*Ismaili Pakistan*, Fall 1996；Kaiser 1996：1．1960年代初頭，科学万能の時代を反映して，新イマームは「原子力時代のイマーム」と宗徒から賞賛されていた。現在は環境問題と文化の調和を提唱する。
2) ジャマーアト内部では，今日でも「精神的子供たち」へのメッセージは送られている。そこでは従来通り，イスラームと開発はより直接的に結びついた形で表明されていると思われる。
3) 他の箇所でも，イスラームについてはごく控えめに触れられるだけである。「イスラームは受動的なものではありません。イスラームは，世俗の日々の活動から，人間に精神的に必要とされるものが切り離されるのを認めません。ムスリムは家族や自分が住んでいる共同体を，積極的に助けていかなければならないのです。しかしその目的は地位や富あるいは権力の獲得にあるのではなく，社会全体の発展への貢献です。これは弱者や不幸を経験している共同体のメンバーに対する，倫理的な責任を意味します」（1987年5月14日，カナダ。新聞社主催の夕食会におけるスピーチより。AKFb 1992：20）。
4) 「可能とする環境」は，アーガー・ハーン四世お気に入りのフレーズである。「我々の議論の中心的議題は，……人々や団体があらゆる潜在力を実現できる条件，すなわち自信，予測可能性，そして相互の信頼といった条件をいかに創造するかということです。……そうやって改善された社会条件は，民間企業が繁栄するための環境に貢献するでしょう」（1986年，ナイロビ。AKFED 1997：14）。

5) 社会行動計画は初等教育，保健衛生など社会指標の改善を目指す政府事業であるが，世界銀行，アジア開銀，USAID などが政府予算を大幅に上回る資金を提供している。政府第6次計画（1983～88年）の初等教育予算が60億ルピー（＝240億円）であるのに対して，世銀は1986年から1995年の各種事業に約3億ドルを融資した。また USAID は初等教育開発計画（1989～1999年）に2億8000万ドルを供与している（田口 1992：101）。
6) *The News*, 14 November 1994.
7) たとえば，バングラデシュのグラミン銀行支援もこのような事例の1つである（ジョージ＆サベッリ 1996：304）。
8) 北方地域では，パキスタン政府と世界銀行の共同事業である NEP(The Northern Education Project) が教育の質の向上を目指し，NGO の積極的な活用や住民参加を謳っている。この事業では AKRSP と AKES が政府の具体的なパートナーとして指名されている（Directorate of Education 1996）。
9) 1994年11月には政府の腐敗を糾弾し，イスラーム法シャリーアの施行を求める部族民の蜂起が，同地で勃発している。*Newsline*, November 1994.
10) アフマドによるガーディアン紙への寄稿も参照されたい。*Guardian*, 8 August 1991.
11) その生い立ちそのものが，ステレオタイプ化されたイスラーム観からはみ出すトリックスター的な要素を四世に与えている。イギリス人を母に持つ彼は，スイスの名門寄宿舎学校で学び，さらにハーヴァード大学へ進んだ。またスキー選手としてオリンピックにも出場している（Edwards 1995 参照）。
12) 個人レベルでは時々生じることが知られている（Clark 1978）。
13) *Ismaili Pakistan*, Issue 2 1997.
14) 西洋の開発言説を巧みに操りながら，イスマーイール派は「イスラーム的市民社会」の創出を果たしているように思われる。この点を本書で議論することはできないが，別稿（子島 1998）で触れている。また「イスラーム的市民社会」のモデルは（小杉 1996）を参照されたい。

結　論

　本書では，カラーコラムにおけるジャマーアトの変容を，開発との関係から論じた。開発学において「住民参加による社会開発」の成功例として注目されている事例を，イスマーイール派全体に関わる大きな変化の一環として理解することを試みたのである。そしてイマームのイメージの創造的変更に集約的に現われる同派の変容が，村レベルでの開発活動と緊密に結びついていることを明らかにした。これまで個々の事業評価という形で取り上げられてきた事象を，イスマーイール派の宗教共同体であるジャマーアト内部に組み込んでいくことで，異なる構図が現われてくる。この前提から出発して，アーガー・ハーン開発ネットワークの活動が宗派組織との相互作用，特に人材活用の面で緊密な関係を持っていることを示した。そして「世俗」の領域と「信仰」の領域を分けるイスマーイール派の態度が単なる秘密主義ではなく，ジャマーアトを活性化し，イマームの宗教的権威を強化するものであることも，アーガー・ハーン四世の開発言説と，山地農民の「自立」（その核となっているのは，イスマーイール派宗徒にほかならない）の関係を検討することによって，明らかにした。これにより一地域の事例報告を超えて，現代のイスマーイール派理解に新たな貢献を為し得たと考える。

　ここで本書全体を通して浮かび上がった論点をまとめて整理し，それをもとに最終的な結論を提示し，本書の意義を確認したい。

　カラーコラムのイスマーイール派は，徹底した「対外的な二元主義」によって特徴づけられている。「対外的な二元主義」とは，内面の信仰と世俗の活動を切り離して語る，イスラームとしては一見きわめてユニークな態度のことを指しているが，これが個人の次元のみならず，集団全体の編成にも貫

徹している。これによって信仰も，彼らの言う「世俗」領域の活性化も，結局はすべてがイマームから出発して宗徒のもとに達するというジャマーアト内部で共有されている観念——内的なイマーム一元論——は覆い隠されており，決して公的な形で認められることはない。これを単にイスマーイール派特有の秘密主義とするのではなく，同派が開発の領域で大きく取り上げられるにいたった重要な要素とすることを，本書では基本的な立場とした。

　ラージャー制廃止後の今日，ギズル地方のみならず，カラーコラムの山地農民社会全体が直面する大きな問題は2つある。村レベルにおける紛争解決機関の実質上の欠如と，人口増加に追いつかない穀物の生産不足である。ラージャー制に代わるべきパキスタン政府の行政サービスは，村レベルにおける水利や土地争いを裁定していたジルガの代替組織も，食糧の増産を図るための十分な手段も提供していない。むしろ，賄賂の横行する腐敗した政府として，住民からは失望の目で見られている。本書にラージャー制の生き証人として登場した老人たちも，期せずしてジルガの特徴とパキスタン政府を比較し，現在の行政に厳しい目を向けている。パキスタン政府を賄賂と結びつけて，その腐敗ぶりを批判する姿勢が鮮明である。

　若い世代も政府行政を批判するが，その時の比較の視座は年長者たちとは異なっている。そしてその違いこそが，ギズル地方における変化を的確に示している。現在，ギズル地方のみならず，カラーコラムのイスマーイール派分布地域の全域で，地域共同体の慣習の維持，食料の安定供給の一部，さらに学校教育から保健衛生までをも担っているのが，評議会制度を中心とする宗派組織とアーガー・ハーン開発ネットワーク傘下のNGO群である。これらの活動を「草の根のボランティア」として村レベルで実践する世代は，自らの仕事を行政と対比させることで，政府を批判するのである。さらに峻険な山岳地帯に発達した地域共同体に生きる山地農民として，イスマーイール派とスンナ派は多くの共通点を持っている。NGO部門は積極的に他宗派の参加を組み込むことによって「非宗派性」をアピールし，自らの活動を正当化している。

　地域における生活のほぼあらゆる領域を網羅するような「アーガー・ハーンの開発」だが，その端緒は過去50年の間に徐々にカラーコラムへと浸透

した近代的な学校教育に求めることができる。第4章の後半部で，DJ学校の教師として働いた1人のピールの半生を追うことで，この点を明らかにした。学校教育は，無文字社会ではないが社会の大多数が読み書きすることのなかったカラーコラムの社会を，質的に変化させる大きな要因となった。植民地体制への統合の深化は，直接的にはスリーナガルとの頻繁な交通によって表現されていたが，そのリンガ・フランカとしてウルドゥー語による読み書きの修得が求められるようになっていた。パキスタンの建国によってウルドゥー語は国語となり，その必要性はさらに高まった。外部世界との交渉に必須であるウルドゥー語の教授役を，ギズル地方で担った先駆者の1人が，本書で取り上げたパーインダ・シャーだった。

　パーインダ・シャーの事例に看取される，時間をかけた，しかし着実な教育の普及を基盤に，ラージャー制の廃止とほぼ時を同じくして，ホージャの間で発達した評議会制度がカラーコラムにも導入された。この制度を核に，イスマーイール派独自の宗教教育を行なうタリーカ・宗教教育委員会や，現代版ジルガであるパネルが構築されてきた。実際には，これらの組織の活動内容は，外部の人間からはきわめて見えにくいものになっている。しかし「内的なイマーム一元論」のもと，宗派組織とNGO活動が内部で緊密に関係しあっていることを，本論文では人材の活用という側面に注目することで明らかにした。村において，実際にこれらの宗派組織を実効力あるものとしているのは，AKHS診療所で生まれ，DJ学校で勉強した若い世代である。高等教育を受けた彼らがまた村へ戻って来られるのは，彼らを育ててきたNGO活動そのものが，数は多くないとはいえ定職を用意しているからである。

　さらに第5章では，かつてイマームと宗徒との間の霊的媒介者であること，あるいは血統や秘儀的な知識の強調を宗教的正統性の基盤としていたピールのパーインダ・シャーと，その息子の世代にあたるこれら新しい指導者層の比較を行なった。それによって，カラーコラムへと移植されたイマーム集権制を担う若い指導者たちの特徴を明らかにし，次の3点にまとめた。

　① 宗徒の間の平等主義を体現する存在である。

② 高等教育を受けており，ウルドゥー語のみならず英語の読み書き能力を有する。
③ 血統によってではなく，事務能力によって組織運営を任されている。

　イスマーイール派にあっては，高度の読み書き能力とそれに支えられた事務能力こそが，イマームの意思をジャマーアトに伝えるための必要不可欠な道具となっており，指導者たちの「正統性」を支えるものとなっている。高度な読み書き能力を獲得した若年層が大量に生産されていることは，イスラーム世界において普遍的な現象である。しかしこの「読み書き能力」を獲得した若い世代の位置づけが，イスマーイール派において際立ったものであることは，イスラーム世界における他の状況と照らし合わせるとき，はっきりと理解される。すなわち，近代的な国家体制のもとで世俗的な高等教育を受け，高度の読み書き能力を備えた層の中から，自由に聖典や注釈書を学び，現代的な広い視野からイスラームの信仰を位置づける人々が登場してきたことは，大塚和夫らによって繰り返し強調されてきた。今日大きな注目を集めているいわゆる「原理主義者」もやはりこの流れに属している。しかしながら，「宗教的正統性」を彼らが円滑に手に入れているわけではない。そこで生起しているのは伝統派との抗争であり，膠着状態である。カラーコラムでも，ヌール・バフシュ派が再生を果たす過程で，伝統的なピールから学士号や修士号を取得した近代派ウラマーへのリーダーシップの交代が起こりつつあることを，第5章で取り上げた。しかしここでも交代はすんなりとは進まず，正統性を巡る膠着状態が発生している。
　一方，イスマーイール派の場合，ピールから高等教育を受けた青年たちへの交代は，ラージャー制の廃止後，円滑かつ急速に進められた。原則としてすべてのカームに開かれた形で新たなリーダーが登場し得る制度が構築されたのだが，その基礎を築いたのは他ならぬ「伝統派」のピールだった。ここに，生きて強力なメッセージを発するイマームを戴くイスマーイール派の特徴が如実に示されている。
　カラーコラムで観察される，ローカルなレベルにおける宗派指導者の変化は，単に地域の内的な変化を反映しているばかりではない。それは同時に，

イスマーイール派全体の自己変革の方向性をはっきりと示してもいる。イマーム以外の神聖な血統を，組織の構成原理とすることの否定によって，宗徒の平等性が強調されていることはすでに述べた。そして教育を受けた有為な人材を広く「ボランティア」として活用することで，カラーコラムのジャマーアトも，ホージャに倣って具体的な内容を獲得することになった。村レベルで着実に発展したジャマーアトは，地域，さらに国レベルへといたる各組織のヒエラルキーを通して，より高次のジャマーアトの構成部分ともなっている。少なくともパキスタンのイスマーイール派にあっては，地理的には遠く離れているが，イマームを頂点とする宗派組織やNGOを通して結合された宗教共同体が単なる理念としてではなく，具体的に人材や情報および資金の交換を伴う形で存在する。完全な形ではないにせよ，同様にトランスナショナルなジャマーアトを構想することも可能である。この高度に組織化されたジャマーアトを運営するために，村レベルにおいても「国際的な言語」である英語と，それに基づいた事務能力が称揚されている。ここでの支配的な価値観は，西洋において「普遍的」とみなされているものと重なっている。まさしくこの点に，イスマーイール派は自らのイメージを操作し，現代社会において積極的なアイデンティティを打ち出す可能性を見出したのである。この操作は，グローバルな潮流とローカルな変容，さらにパキスタンという国レベルでの開発を巡る力関係が連動する，きわめて錯綜した場で行なわれている。

　この点はアーガー・ハーン四世の開発言説を検討することで，より明確に理解されることになった。きわめて洗練された形で現われるアーガー・ハーン四世の社会開発に関する発言は，これまで見てきた村での活動を巧みに翻訳・変換し，主流の開発言説に則った形で提示するものである。そして特に世銀との間に築き上げられた親密な関係を基盤に，アーガー・ハーン四世はパキスタン政府から協調関係を引き出し，自らが統率するジャマーアトの自律性を確保してきた。「開発指導者」としての四世の発言こそが，ジャマーアトにおける「持続可能な開発」の鍵を握っている。事実，政府予算と比べて格段に大きい資金が，主として西側の援助機関を通してカラーコラムの村々へ，安定的にもたらされている。

「アーガー・ハーンの開発」は，その独特の「対外的な二元主義」によって，非イスマーイール派をも吸収できる柔軟な構造を持っている。それは国家に頼らずして生活を改善するほぼ唯一の手段を提供してくれるという意味で，他宗派の人々からも受け入れられている。NGO活動がイスラーム的な理念を明示せず，実用主義に徹底しているのは，ドナーや政府との関係とともに，イスラーム世界におけるイスマーイール派の微妙な立場を反映してもいる。特にカラーコラムの場合，スンナ派とシーア派の武力抗争という形で宗派主義が著しく活性化されており，NGO活動を通して宗派間の融和を図ることは，ローカルなレベルにおいても，イスマーイール派生き残りにとって，きわめて重要な戦略となっているのである。ただしその活動は，イスマーイール派の村人たちには密かな優越感を，スンナ派には「異端」によって社会・経済的に取り込まれるのではないかといった不安や警戒感をもたらしてもいる。スンナ派やシーア派独自の運動とも相互に作用しあうことで，開発の場は今後ますます多義的な要素をはらんで展開することになるだろう。

　イスマーイール派における宗教と開発は，その「対外的な二元主義」とあいまって，理念上は直接的な関係を見出すことはできない。しかし開発指導者としてアーガー・ハーン四世が獲得した破格の知名度と影響力こそが，ジャマーアト内部に活力をもたらしてきたのである。そうであれば，「世俗」の領域での成功が，脱宗教という意味での世俗化をイスマーイール派という宗派全体にもたらすことはあり得ない。「アーガー・ハーンの開発」の成功は，ジャマーアト内部におけるイマームの宗教的権威の強化へと向かっている。

　本書で取り上げたカラーコラムの社会開発は，山地農民たるジャマーアトを「自立」させる役割を果たしているが，その過程はまたラージャー制廃止後の「制度的空白状態」を利用した，イマーム集権制による周辺農民宗徒の取り込みともなっている。さらに北辺の山地での活動は，ホージャの教義から生じるイスマーイール派のヒンドゥー色を払拭し，外部からの批判を逸らすことにもつながっている。しかもそれは単にネガティブなイメージを覆い隠し，イスラーム主義者の攻撃を避けようという消極的な対応にとどまらないものである。カラーコラムでの成果によって，アーガー・ハーン四世は

「ヒューマニスト」あるいは「開発指導者」としての評価を確立した。また それによって，ジャマーアトを活性化し，新しく進むべき道を提示してもい る。開発は，変容したイマームのイメージに集約して表わされる，新たな宗 派アイデンティティの積極的な創造の場ともなっているのである。

　本書で明らかになった論点は，ジャマーアトの置かれた錯綜した状況を記 述と考察に加えることで，従来の単線的なイスマーイール派理解を一歩前進 させるものとなった。さらにまた，アーガー・ハーン開発ネットワークによ る個々の事業が，開発研究において高く評価されていることを考慮するなら ば，ここで提示した視点は，開発と宗教の関係をより動態的に考察すること の重要性を訴えてもいる。宗教は開発に対して理念を提供するだけではない。 ここで具体的に論じたのは，開発を通して，自ら大きな変容を遂げつつある 宗教共同体の事例である。今後いっそうのグローバル化が進む中で，カラー コラムにおいて端的に表現された開発重視の方針は，イスマーイール派の中 で加速されていくことが予想される。多様な意味を担いながら，「開発」は 今後も同派のトレードマークであり続けるだろうし，それによって宗派の統 合と，より穏健で実用的な成果を尊ぶ勢力とのいっそうの連携が図られるこ とになるだろう。自らの開発を支配的な開発言説へと巧みに変換することで， 同派は新たな段階へと飛躍する手段を獲得した。イスマーイール派における この新しい展開を，カラーコラムの事例から明らかにしたことが，本書の最 大の意義である。

資料1　アーガー・ハーン開発ネットワーク

　アーガー・ハーン開発ネットワーク（Aga Khan Development Network, AKDN）の機構はイマーム位を頂点とし，社会開発，経済開発，文化活動の三つの分野に分けられている（**図序-1，表序-1a～c参照**）。AKDNは国際機関や各国政府と協定を結び，自律的な運営を行なっている。

①**社会開発**（この項の資料は，AKF 1992a, b, c, 1994, 1995 に基づいている）
　この分野の要となる機関は1967年に創立されたAKFである。総額9900万ドルの資産を持ち，世界各国の拠点で130名を超えるスタッフが働いている。年間の予算額は7500万ドル（1995年度），世界12か国の100事業に対して資金を提供している。主要な対象分野は保健衛生，教育，農村開発関連の事業であり，AKDN系列のNGOに加え，バングラデシュのBRAC（Bangladesh Rural Advanced Committee）やインドのSWDF（Sadguru Water and Development Foundation），タジキスタンのNGO第1号であるPRDP（Pamir Relief and Development Programme）などに資金を供与している。またAKFは，情報や経営ノウハウの移転，他の援助機関への橋渡しを行なう。これらAKFの活動財源には，アーガー・ハーン四世自身による寄付，イギリスのODAやアメリカのUSAIDといった先進各国の援助機関，UNDPや世界銀行等の国際機関，またオランダのNOVIBといったNGOからの資金が充当されている。
　AKRSP（Aga Khan Rural Support Programme）はAKFの農村開発事業として，1982年末にパキスタン北部のギルギットに設置された。山地農民の組合結成を支援し，農業技術の改良，灌漑水路や道路の建設，植林，換金作物のマーケティング，資金融資など多岐にわたる事業を展開している。その活動は定期的に世界銀行のモニタリングを受けている（World Bank 1988, 1990, 1995）。ここ数年，パキスタン政府の後押しを受けて，AKRSPのレプリカであるNRSP（National Rural Support Programme）の活動が全国的に広められつつある（NRSP 1997）。
　AKU（Aga Khan University）は1985年，カラーチーに設立された。医学部とその付属病院ではハーヴァード大学やカナダのマックギル大学，マクマスタ

一大学と連携しながら，スラムや農村の医療調査と看護婦養成に力を注いでいる。同大学で開発されたモデルは，スィンド州政府の農村医療計画のプロトタイプとなっている (Bryant et al. 1993)。また 1990 年代初頭に設置された IED (Institute for Educational Development) は，オックスフォード大学およびトロント大学と共同で，教育プログラムの改良や教師研修に取り組んでいる。

AKHS (Aga Khan Health Services) は，AKU を含めた 6 つの総合病院，6 つの産院，230 以上の保健センターを通して事業を展開している。基礎医療 (Primary Health Care) の充実を事業の中心に置いている。

AKES (Aga Khan Education Services) の教育事業は，託児所から高等学校までの 300 以上の教育施設を運営する。実施地域の実状に応じて多様な事業が運営されており，パキスタン北部では FBTD (Field-Based Teacher Development. 無資格の教師に対する，専門家による教室での実地指導)，ダルエスサラームの高校では新しい授業方法（英語，数学，科学）が導入されている。またケニアでは授業にコンピューターを取り入れている。

AKPBS (Aga Khan Planning and Building Services) は，都市および農村の住環境の改善を目指す事業に対して，経営や技術上のアドバイスを行なう。清潔な水の供給と衛生向上を基本に，インドでは旱魃地域の住民の再定住にも携わり，パキスタン北部では学校や寄宿舎ホステル，あるいは保健センターの建設にも従事している。

②**経済開発**（AKF 1995；AKFED 1997, n.d.）

経済開発の中心となっているのが AKFED (Aga Khan Fund for Economic Development) であり，工業振興 (Industrial Promotion Services)，観光産業振興 (Tourism Promotion Services)，および金融機関群 (Financial Institutions) の 3 事業をとりまとめている。現在，グループ関連の 73 社が 18 か国で事業を展開している。従業員総数は 1 万 1500 名。その特徴は，発掘したプロジェクトに対して単に資金を貸与するのではなく，投資を通じて積極的に経営や技術面への支援を行なうことにある。AKFED の 7.5 億ドルを越える資産総額のうち，95％ は株式投資に充てられている。先進国の企業や国際機関にもパートナーとしての参加を積極的に呼びかけている。

代表的な企業としては，コートジボワールでジュートの袋地を製造するフィルティサック社，ケニアやタンザニア，あるいはパキスタンにおいて高級ホテ

ル「セレナ」を経営する TPS，インドで住宅融資を専門とする HDFC（Housing Development Finance Corporation）や GRUH（Gujarat Rural Housing Finance Corporation）などが挙げられる。

　金融関係の企業の多くは，ホージャ内部の融資制度をその前身とする。DCB（Development Credit Bank）もその1つであり，1930年代にジャマーアト内部に設けられた小さな協同組合に遡る。DCB は，現在インド4州に34支店を構えている。

③文化活動（AKF 1995；AKFED 1997；AKTC 1996）
　AKTC（Aga Khan Trust for Culture）は現在，イスラーム建築関連の3事業を行なっている。AKAA（Aga Khan Award for Architecture）は，現代ムスリム社会における優れた設計・建築を顕彰する目的で制定された。選考は3年ごとに行なわれ，受賞者に賞金50万ドルを贈与する。授賞式は，ラーホールのシャリマール庭園（1980年），イスタンブールのトプカプ宮殿（83年），マラケシュのバディ宮殿（86年），カイロのサラディン要塞（89年），サマルカンドのレギスタン広場（92年），インドネシア，ソロのスルタン宮殿（95年）など，イスラーム建築を代表する歴史的建造物で行なわれている。
　AKPIA（Aga Khan Program for Islamic Architecture）は，ハーヴァード大学とマサチューセッツ工科大学に設置されている。イスラーム建築の設計技師，プランナーおよび研究者の育成機関である。両大学の図書館では，イスラーム建築や都市に関する資料の充実を図っている。またイスラーム世界における研究のレベルを高めるため，ヨルダン大学とカラーチーのダウード工科大に対してそれぞれ客員教授の制度を設けている。
　HCSP（Historic Cities Support Programme）は，歴史的建築物の保全と現代における再生を目指し，経済，社会，文化の複合事業として進められている。グラナダのザーフラ邸，ザンジバルのオールド・ストーン・タウン，パキスタン北部フンザのバルティット城の修復事業等を行なっている。

資料2　カラーコラムにおける AKDN の活動

　AKDN（Aga Khan Development Network）の中でも，DJ 学校や診療所の分

布は，イスマーイール派の分布と直接重なる。これらの施設はそもそも宗派内部の福祉活動に起源を持ち，NGOはその発展形として存在する。「非宗派性」は政府を補完する事業として，イスマーイール派集中地域に住む他宗派の人口にも施設を開放することで確保されている。これに対して，AKRSP(Aga Khan Rural Support Programme)が支援する村落組合／女性組合の分布は，ディヤマル県のヤーギースターンを例外として，北方地域とチトラール県のほぼ全域に広がっている。当初からその基盤を宗派に限定せず，「山地農民」をターゲットとしている。もちろんイスマーイール派もこの中に含まれる。

① **AKES** (AKES 1997, n.d.; Directorate of Education 1996)

　AKES (Aga Khan Education Services) は，カラーコラムにおいて170を超える小，中，高等学校を運営している（表3-6-1）。生徒数は北方地域だけで1万6000人を超える（表3-6-2）。チトラール県51校を合わせると総計は2万人となる。またギルギットやチトラールに寄宿舎を建設し，奨学金を支給することによって遠隔地の村々からの高校・カレッジ進学を支援している。

　その前身は，1946年に始まったDJ学校（Diamond Jubilee School）であり，アーガー・ハーン三世のイマーム即位50周年を記念して順次42校が設置された。1970年代初頭，ラージャー制の廃止を契機に，DJ学校の運営はNGO組織のAKESへと継承された。事務所はギルギットとチトラールに設置されている。そこでは専門職スタッフ20名と運転手や事務員55名の計75名が働いている。各地の学校で働く教師の総数は約850名であり，内650名が北方地域（表3-6-7）で，200名がチトラール県で勤務している。

　AKESの活動の重点は，男子に比べて立ち遅れた女子教育に置かれている。現段階での政府の学校教育は男子中心となっている。その結果，男子の平均就学率が59.9％であるのに対して，女子は29.4％にとどまっている（表3-6-4, 5）。AKESが活動するギルギット，ギズル両県の女子の就学率は，スカルドゥ，ガンチェ，ディヤマルの3県と比較すると，きわめて高い数字となっている。ここでは全女子生徒の61％がAKES系の学校で学んでいる。

　AKESはアーガー・ハーン財団のほかに，CEC（ヨーロッパ），CIDA（カナダ），NORAD（ノルウェー），USAID（アメリカ）などの援助機関から資金を受け，以下の諸事業に取り組んでいる。

(1) FBTDP (The Field-Based Teacher Development Programme)

政府と DJ 学校双方の教師に対する研修。児童中心の学習, 授業計画, 学級運営について, AKES の専門スタッフが地方を回り指導する。OJT (On-the-Job Training) 方式で女性教師の参加を可能としたため, これまでに 600 人の教師が受講した。

(2) LEAP (The Language Enhancement and Activities Programme)

教師研修事業で, 教師の英語能力, および英語の教授方法向上を図る企画。FBTDP 同様, OJT 方式で行なわれる。パキスタンでは, 英語力が高等教育や専門職へのアクセスに必要不可欠となっている。このため英語教育の充実には住民の強い要望がある。800～1000 名の教師が受講する予定となっている。

(3) SHSCP (The Self-Help School Construction Programme)

1970 年代から AKES は住民と協力して校舎を建設してきたが, SHSCP はその経験をもとに 1984 年に開始された。村人側は土地と労働力および在地資源 (砂, 石) を, AKES は AKPBS (Aga Khan Planning and Building Service) と共同で技術者や資材 (セメント, ガラス) を提供する。これまでに 100 か村で 400 教室が建設された (第 6 章参照)。

パキスタン政府の社会行動計画 (Social Action Programme) を受けて, AKES の事業は拡大傾向にある。カラーコラムにおけるパキスタン政府と世界銀行の共同事業である NEP (The Northern Education Project) では, NGO の積極的な活用や住民参加が提唱されているが, AKRSP と AKES は政府のパートナーとして位置づけられている。また 1997 年には, アーガー・ハーン四世はギズル県ガクーチに男女共学の科学系カレッジの建設を発表した。

②**AKHS** (AKF 1991)

AKHS (Aga Khan Health Services) のもとになるイスマーイール派の保健衛生事業は, 1964 年に開始された。現在では, カラーコラムで 38 の医療施設を運営している (1991 年現在)。北方地域での活動は 1974 年に開始され, まずギルギットに診療所が設置された。1997 年現在, ギルギット県に 12, ギズル県に 13 の施設が設置されている。各診療所には看護婦 (Lady Health Visitor) 2 名が勤務し, 母子健康を中心に活動している。またここを拠点に 700 名を越

えるボランティア (Community Health Worker 339 名, Trained Birth Attendant 363 名) を養成している。各県ではそれぞれ2つのフィールド・チームが常時診療所を巡回し、看護婦との連絡とボランティアの研修にあたっている。ギズル県シンガルには、診療所では不可能な医療活動を行なう医療センター (Aga Khan Medical Centre) が設置されている。

③AKRSP (AKRSP 1993b, 1997)

AKRSPのスローガンは「自分のことは自分で」(apna madad ap) である。1990年代前半におけるその主要目標は次の4点に集約されている。

・カラーコラムに暮らす100万人の収入および生活レベルの向上。
・平等公平な発展のための制度的・技術的モデルの開発。
・自然資源の持続的かつ長期的な利用のための戦略構築。
・AKRSPの方法論が「複製可能」であることのアピール。

AKRSPが組合支援のために行なう事業は、女性と開発、水路や道路建設のための技術と資金の供与、自然資源管理(農業、家畜飼養、植林)、人的資源の開発、企業育成、貯蓄とクレジット、調査と評価など多岐にわたっている。ギルギット、チトラール、スカルドゥの事務所および各地の連絡事務所 (FSU) で働く400名の職員が、これら多彩な事業運営に携わっている。予算額は1996年度で4億2600万ルピーである。これらの実績と社会行動計画を背景に、AKRSPはパキスタン政府から社会開発事業のパートナーとして認められるにいたった。

具体的にこの方針に沿って行なわれているのが、灌漑水路補修と先の社会行動計画である。1992年、大雨のために北部は大きな被害を受けた。ナワーズ・シャリーフ首相(当時)は復旧作業のための資金をAKRSPに委託し、組合自身に工事を任せている。また1995年に本格的に開始された社会行動計画では、「住民参加」を前提に初等教育の充実や衛生的な飲料水の確保が目標となっているが、組合はその実行組織として認められた。さらにパキスタン政府はAKRSPのクローン組織を全国展開すべく、1991年、全国農村支援事業(National Rural Support Programme)を設立した。

資料2　カラーコラムにおけるAKDNの活動　　235

④バルティット古城修復事業──フンザにおける複合事業（AKTC 1996；Peter 1996）

　中国への通路に位置すること，ラカポシ（標高7788 m）やバトゥーラ氷河をはじめとする自然景観に恵まれていること，そしてバルティット古城がそびえる「不老長寿の里」イメージなどのいくつかの要因が重なって，フンザ地方では観光産業が飛躍的に発展している。1970年代にはほとんど無きに等しかった観光産業は，1993年にはホテルの総ベッド数が1100を越えるまでになった（Kreutzmann 1995；224）。

　フンザはイスマーイール派による開発の「ショウケース」の役割を果たしている。フンザ地方の組合の貯金高は，男性女性ともに群を抜き（表3-6-9），それがさらなる事業の発展を促すことにもなっている。現時点でその集大成ともいえるのが，アーガー・ハーン文化基金（Aga Khan Trust for Culture, AKTC）が「歴史の町支援事業」（Historic Cities Support Programme）として取り組んだ，バルティット城の修復事業である。この事業はAKDN関連の複数のNGOや援助機関，さらに地域住民の参加も織り込んだ形で遂行された。5年間の歳月と280万ドルの資金を投入した大型プロジェクトである。

　1985年，AKTCは修復作業のための予備調査を行なった。このときの資金は王立地理学協会（Royal Geographical Society）と国連開発計画（UNDP）から提供された。やがて北方地域では初の，そして最大級の修復作業が本格的に始まると，バルティット城は所有者であるかつての支配者ミール一族から，新たに設立されたバルティット遺産基金（Baltit Heritage Trust）へと移譲された。

　主たる事業内容は，城の修復と博物館の設置である。これにはゲッティ財団（Getty Grant Program），NORAD（ノルウェー），フランス大使館，SADC（スイス），そしてアーガー・ハーン財団から資金が提供された。そして欧米やパキスタンの建築の専門家とともに，AKPBSが指揮する地元の建築労働者が作業を担当した。

　城の修復と併せて，カリーマーバードにおける景観保全と住環境整備も住民参加方式で進められた。この事業の目的は道路整備，新しい住宅建設技術の導入，歴史的家屋の修復，水道や衛生施設の改善などによって，観光化に伴う農村の急激な都市化に対処することにあった。資金はNORADから提供された。また間接的にではあるが，住友財団の資金も使われている。

1992年，HCSPのチームは地元の建築家，エンジニア，そしてAKRSPの職員で構成される「カリーマーバード計画支援事業」(Karimabad Planning Support Service) をパートナーとして，地元民との討議を開始した。フンザの氏族や村落組合／女性組合の会合が，話し合いの場を提供した。また「市街地管理協会」(Town Management Society) も結成され，討議に参加した。この組織は宗派組織の指導者，ユニオン・カウンシル議長，北方地域カウンシルのフンザ選出議員，組合代表，そしてガザンファル氏（フンザ最後の支配者，ミール・ムハンマド・ジャマール・ハーンの息子）など，フンザのキー・パーソンを網羅して構成された。ここで策定された計画に，実施段階では北方地域の行政長官による支援のもと，道路建設に公共事業局も参加した。またアーガー・ハーン・イスラーム建築事業が設置されているマサチューセッツ工科大学は，調査協力のために学生を派遣した。

以上のように，イスマーイール派主導のもと，海外の援助機関と地方行政を巻き込む形で遂行された事業の完成は，1996年9月26日に華々しく祝われた。アーガー・ハーン四世やその叔父のサダルッディーンとともに落成記念式典に列席したレガーリー大統領は，パキスタンにおける他の多くの歴史建造物修復に対して優れたモデルを提供するものと同事業を位置づけ，「国家のプライドの源泉」であると賞賛した。[1]

修復なったバルティット城は，バルティット遺産基金によって入場料やパック・ツアーからの収入で運営される（1997年の年間入場者は1万7000人だった。[2]そこで提供されるサービスや食事のノウハウは，ギルギットのセレナ・ホテル（AKDN経済開発部門の系列企業）が監督している。また，新設のアーガー・ハーン文化事業（Aga Khan Cultural Service）はNORADの資金援助を受けて，フンザ・シルクロード祭の開催をバルティット城で企画している。

1) *Ismaili Pakistan*, Issue 1 1997．
2) *Ismaili Pakistan*, Issue 3 1997．

資料3　調査記録（1993年8月～1995年10月）

1993年
8/12～24 イスラーマーバード
　24～28 スワート
　28～9/1 イスラーマーバード
9/1～10 ギルギット
　11～23 ピンガル，チャーシ，パンダル
9/24～10/12 トゥルリティ
　12～25 チャーシ，ピンガル，グピス，ヤスィーン谷
　10/26～11/2 ギルギット
　2～29 イスラーマーバード
11/29～12/4 ギルギット
　5～7 グピス，バツレーツ・ゴル
12/7～1/12 ピンガル，チャーシ，パンダル

1994年
1/13～20 ギルギット
1/20～2/22 イスラーマーバード
2/21～3/18 ギルギット
3/18～4/8 ピンガル，チャーシ
　8～14 ギルギット
　14，15 チラース
　15～17 ターンギール谷
4/18～5/5 イスラーマーバード
　5～18 ギルギット
5/18～7/9 ピンガル，チャーシ，シャマラン，バフシュタロ・ゴル，トゥルリティ，シャンドゥール峠
　9～28 ギルギット
7/28～8/31 ピンガル，ジョジャート・ゴル，チャーシ，シャマラン

8/31〜9/22 ギルギット
9/22〜10/26 ピンガル，ヨジャガー・ゴル，ヤスィーン，グピス
　　26〜30 ギルギット。
10/30〜2/26 イスラーマーバード（スワート，ラーホール）

1995 年
2/27〜3/1 ギルギット
　　1〜14 ヤスィーン谷
3/14〜4/23 ギルギット，フンザ谷
4/23〜5/30 シンガル，グピス，ピンガル，シャマラン，グピス
5/30〜6/2 ギルギット
　　2〜6 チラース，ダーレール谷，カミラ，カンディヤ谷
　　7〜19 イスラーマーバード
6/19〜7/5 ギルギット，フンザ谷，カシュガル（中国）
　　6〜18 ギルギット
7/18〜8/4 グピス，ピンガル，パンダル，シャマラン，ゴローグ・ムリ，シャンドゥール峠
　　4〜7 ギルギット
　　7〜24 グピス，ダヒマル，ピンガル，シャマラン，チャーシ
8/25〜9/8 チトラール
9/8〜10/8 イスラーマーバード

資料4　ハキーム家に伝わる古い文書・メモ類

　ピンガル村の旧ハキーム家には，ギズル地方を訪れたイギリス人が残した書き付け類が残されている。

①イギリス人によるメモ（1895 年 5 月 19 日）
　書いた人物および内容は不明確であるが，メヘルバーン・シャーの名前が見える。おそらく以下の書き付けと同様のものである。

②感謝の書き付け（1895年11月24日）

ハキーム・メヘルバーン・シャーがピンガルからランガル（シャーンドゥール峠のふもと）まで随行したことに対する感謝のメモ。lt.（中尉）のサインが見える。

③感謝の書き付け（1897年10月27日）

メヘルバーン・シャーに謝意を表するメモ。ピンガルでハキーム・メヘルバーン・シャーに会い，ギズル（今日のゴローグ・ムリ）まで随行を受けたイギリス人によって書かれた。J.O（あるいはT.O）のサインがある。

④感謝の書き付け（1898年11月11日）

ギズル滞在中のワズィール・メヘルバーン・シャーの貢献に謝意を表している。差出人のサインがある。

⑤感謝の書き付け（1899年5月13日）

この地方を訪問したイギリス人大尉が，ピンガルからマスツージまでの行程においてハキーム・メヘルバーン・シャーの世話を受け，その求めに応じてテルーで書いたメモ。

⑥商品送り状（1916年9月20日）

ボンベイの商館がラガール・シャーの注文に応じて，たばこ500本を発送した際の送り状。

⑦証明書（1920年3月27日）

1919年夏，アフガニスタン戦争に際して，イギリスはギルギットからチトラールへ物資を搬送した。このときハキーム・ラガール・シャーはグピス〜ラスプール間の輸送に協力している。この貢献に対する報償として，ギルギットの政務駐在官スミス中佐から15ルピーと証書が送られた。

⑧感謝状（1923年8月31日）

最高司令官（Commander-in-Chief）がこの地方を旅行した際に，ハキーム・ラガール・シャーがヤスィーンのツイ峠からギルギットまでの行程を案内した。

そのことに対する司令官からの感謝状。ギルギットから秘書官（Assistant Military Secretary）が代筆，送付している。

⑨感謝の書き付け（1927年7月8日）
旅行中のイギリス人を，チャマールカンド（ギズル川最上流部のチュマルハーンと思われる）からグピスまでの行程において，ムハンマド・タマーン・シャー（正しくはムハンマド・アマーン・シャー。ハキーム・ラガール・シャーの息子の1人）が随行した。グピスで書かれた感謝のメモ。

⑩感謝の手紙（1929年10月31日）
インド測量局の調査隊からハキーム・ラガール・シャーに宛てられた手紙。ギズル地方で測量に従事した際の協力を感謝している。懐中時計も一緒に贈与されている。

⑪感謝の書き付け（1932年5月20日）
マックダム大尉他1名が魚釣りを兼ねた2週間の旅行に出かけるに際して，ギルギット・スカウト（国境警備と治安維持にあたった非正規軍）より士官のムハンマド・アマーン・シャーが同行した。パンジャーブ連隊のマーク入りの用紙に書かれた感謝のメモ。テルーで書かれている。

⑫メダル授与の証書（1935年5月6日）
国王在位25周年を記念して，シムラのインド総督より，ラガール・シャー，ムハンマド・ヤクート・シャー，およびムハンマド・アマーン・シャーにメダルが授与された。その証書計3通。当時はラガール・シャーがハキーム職にあった。長男のムハンマド・ヤクート・シャーはギルギット・スカウトの士官。ムハンマド・アマーン・シャーは，この時点でギルギット・スカウトを退役している。

⑬感謝の書き付け（1938年11月16日）
ムハンマド・ヤクート・シャーからピンガルで受けた歓待とチトラールとの国境までの同行を感謝するメモ。イギリス人のサインがある。

資料5 ラガール・シャー再任に関する記録

　以下は，イスラーマーバードの国立文書館で閲覧した，ラガール・シャーのハキーム職再任に関する一連の記録（India Office Library No.3891. File No.3 C Ⅲ. Gilgit Affairs. Reinstatement of Laghal Shah as Hakim of Ghizr.1916.）の要約である。

①ラガール・シャー再任の提案
　政務駐在官（ギルギット）から駐在官（スリーナガル）あての文書。1916年4月8日。

　1911年，ヤスィーンの支配者シャー・アブドゥル・ラフマーン・ハーンが，当時ターンギール谷を統治していたパフトゥーン・ワリー・ハーンと謀議を図ったとして逮捕される事件があった。シャー・アブドゥル・ラフマーン・ハーンの乳兄弟であるラガール・シャーは，これに連座してハキーム職を解任されていた。しかし政務駐在官は，ラガール・シャーがこの事件に直接関与した証拠はないとして，その復職を提案する。その理由7点。

(1)　ラガール・シャーの一族（ハキメーを指す）は、クー＝ギズルにおいて最有力である。

(2)　出獄して以来，ラガール・シャーはクー＝ギズルの支配者ラージャー・ムラード・ハーン（イギリスによって新たに任命された。バルティスターンのマクポーン家出身）に忠誠を尽くしている。

(3)　ラージャー・ムラード・ハーン個人がラガール・シャーの復職を望んでいる。

(4)　ラガール・シャーの弟や従兄弟は，グピスに駐屯するギルギット・スカウトの士官として勤務している。すなわちムラード・ハーンの地位はラガール・シャーの一族にすでにして大きく依存している。ラガール・シャーを復職させることで，ムラード・ハーンはこの一族のさらなる忠誠を勝ち得ることができる。グピスから40マイルも離れた地方のハキーム職を不在にしておくことは，問題が発生した場合の統制を困難なものとする。

(5)　ラガール・シャーの派閥はパフトゥーン・ワリーの派閥と敵対関係に

ある。シャー・アブドゥル・ラフマーン・ハーンの派閥が権力の座を追われた現在，ラガール・シャーが頼るべき存在はムラード・ハーンと政府だけとなっている。この点からも，ラガール・シャーの忠誠を我々は期待できる。
(6)　ラガール・シャーの一族はギズルのハキーム職を世襲してきた。この処置によって，以前の秩序を回復することができる。
(7)　私が内密に相談した人間のすべてが，この処置を政治的に好ましいものとの見解を示している。

なお給料は以前の月額40ルピーから30ルピー（クー＝ギズルのワズィールと同額）へと減額し，カシュミール藩王国からの支出とする。

②上記の提案に対する質問
駐在官（スリーナガル）から政務駐在官（ギルギット）あての文書。1916年4月19日。
果たして政治的に緊急を要する課題なのか。ラガール・シャーが1909年にも不服従の廉(かど)で投獄されている点は問題がないのか。また遠隔地のギズルを，ラージャー・ムラード・ハーンは現在どのように統治しているのか。

③上記の質問に対する回答
政務駐在官（ギルギット）から駐在官（スリーナガル）あての文書。1916年5月8日。
ギズル地方の統治は，ラージャー・ムラード・ハーンが各村長と直接やり取りする形で行なわれている。しかし，ギズルがグピスから遠く離れていること，またこの地方ではコワール語という別の言語が話されていることから，この方法は実用的ではない（グピスではシナー語が主要言語となっている）。
にもかかわらずムラード・ハーンが後任を置かなかったのは，ラガール・シャーに代わる適当な人物が存在しないためである。たしかに1909年，彼はパフトゥーン・ワリーとライフルと銃弾に関する謀議を行ない，投獄されている。しかしそれもシャー・アブドゥル・ラフマーン・ハーンからの指示であったことを考慮すれば，ラガール・シャーだけを責めるわけにはいかない。いずれにせよ，彼は1911年からの4年半，ハキーム職のもたらす収入を断たれるとい

う厳しい処置を受けており，その教訓を忘れて政府の利益を損なう行動をとることは考えられない。実際，近年においてもラガール・シャーはムラード・ハーンに奉仕しており，再任によってその奉仕はより確実なものとなろう。辺境で騒乱が生じた際にも，ラガール・シャーの役割を期待できる。

④ラガール・シャー再任の提案
　駐在官（スリーナガル）から外務大臣（シムラ。ヒマラヤ山麓の保養地）あての文書。1916年5月22日。
　上記のやり取りの概括提示。現行の政策に急激な変化をもたらすものではないとしたうえで，再任を提案する。

⑤提案の承諾
　外務次官（シムラ）から駐在官（スリーナガル）あての文書。1916年6月5日。
　カシュミール藩王国が月給30ルピーを支給するとの前提で，提案を許諾する。

⑥ラガール・シャー再任の提案
　駐在官補佐官（スリーナガル）からカシュミール藩王国主席大臣（スリーナガル）あての文書。1916年6月8日。
　ギズルの行政の現状を説明。カシュミール藩王国が月給30ルピーを支給するとの前提で，ラガール・シャーの再任を提案する。

⑦給料に関する質問
　カシュミール藩王国主席大臣（スリーナガル）から駐在官補佐官（スリーナガル）あての文書。1916年8月10日。
　ラガール・シャーの復職が，クー＝ギズルの支配者ラージャー・ムラード・ハーンの給料に変更をもたらすのか。藩王の裁可を仰ぐ前にこの点を確認したい。

⑧給料に関する回答
　駐在官補佐官（スリーナガル）からカシュミール藩王国主席大臣（スリーナ

ガル）あての文書。1916年8月23日。

　ラガール・シャーの復職は，ムラード・ハーンの給料には何ら変更をもたらさない。

⑨ラガール・シャー再任の許諾

　カシュミール藩王国主席大臣（スリーナガル）から駐在官補佐官（スリーナガル）あての文書。1916年9月23日。

　英領インド政府の許可通りに，ラガール・シャーのハキーム職への再任を認める。給料は月額30ルピーとし，カシュミール藩王国から支払われるものとする。

資料6　布教史におけるピール一族

　サイヤド・カラーム・アリー・シャー一世の子孫は，ギズル地方において代々イスマーイール派の布教に努めてきた。以下は，イスマーイール派協会公認の「北方地域におけるイスマーイール派の布教——歴史的回顧——」に記された，この一族の歴史である（Hunzai 1991：35-47）。なお（　）内の年代は筆者が注記したものである。

　サイヤド・カラーム・アリー・シャー一世が，布教のためイランのメヘラートからヤスィーン谷のバランダースに移住したのは，ハリールッラー二世（第39代イマーム，1680年没）の時代である。このときヤスィーンでは，ホシュワクト家のホシュワクト一世（推定1640〜1700年）がメヘタル位にあった。

　息子のシャー・ザフールは，ペルシアのハサン・アリー・シャー（第42代イマーム，18世紀）のもとを訪れ，証明書を得た。シャー・ザフールはプニヤールの支配者の支持を取り付け，その地で多くの改宗者を獲得した。しかし当時のヤスィーンのメヘタル，スレイマーン・シャーはイスマーイール派の布教を嫌悪していたため，両者は緊張関係にあった。

　次のバーキル・シャーのとき，スレイマーン・シャーがプニヤールで殺害された（1826年頃）。新メヘタルのゴーハル・アマーン（1860年没）はプニヤールを攻撃したが，バーキル・シャーは自らの信奉者を守るべく，これに対して抗

議した。その結果，バーキル・シャーはバダフシャーンへの移住を余儀なくされた。そしてその地の支配者によって，息子のカリーム・ハイダルらとともに殺害された。

　カリーム・ハイダルの遺児シャー・カラーン二世は，チトラールにいた叔父の力を借りて再びバランダースへと戻った。ヤスィーンのメヘタル位はミール・ワリーに移っていた。シャー・カラーン二世はプニヤールに加えて，イシュコマーンとグピスでも布教を行なった。しかし次のメヘタル，パヘルワーンとの関係が悪化したため，シャー・カラーン二世はガクーチへ移住した。ガクーチはプニヤール国の中心であり，そこに住む支配者は彼の信奉者だった。

　その後，パヘルワーンはプニヤール攻撃を企図し，その目的のためにシャー・カラーン二世をヤスィーンに丁重に呼び返した。そして巧みに彼をプニヤール攻撃に参画させてその影響力を利用した（1879年）。プニヤールの人々はピールを認めると，あえて戦おうとしなかった。しかし支配者だけは頑強に籠城した。結局プニヤール攻撃は失敗に終わり，パヘルワーンはほどなく殺害された。プニヤールの支配者とシャー・カラーン二世の間には敵対関係が生じたため，英領インド政府が両者の調停に入り，シャー・カラーン二世は再びバランダースで暮らすようになった（1892年没）。

　続くジャラール・アリー・シャーはアーガー・ハーン三世（第48代イマーム，在位1885年）から祝福状を得た。彼は3冊の宗教書を著したことで知られる。ヤスィーンのメヘタル，シャー・アブドゥル・ラフマーン・ハーン（1933年頃没）との関係は良好だった。

　ジャラール・アリー・シャーの孫で，「チャトールカンド村のピール様」として知られるピール・カラーム・アリー・シャーは，カラーコラム有数の政治家である。彼は1994年に，北方地域カウンシル議長に就任している。またこの一族に属し，ヤスィーンのバランダース村に住むサイヤド・ファザル・ハサンもやはり北方地域カウンシルの評議員である。

資料7　ピンガル村の生業サイクル

（①から⑰の番号は，図1-1-4に対応している）。

①3月になると人々は灌漑水路を補修し，農作業に備える。村を貫通する主要水路は2本ある。その水はヨジャ・ガー（ガーはシナー語で枝谷を意味する。

コワール語のゴルに相当）の最上流部にある巨大な氷塊（*shayoz*）を水源として流れ落ちてくるものを，ギズル谷との出会い付近で村に引き込んだものである。対岸のニカツォールには，短い水路が2本ある。1本は付近の滝から引いている。もう1本は，ギズル川そのものから引かれ，川沿いの限られた低地へと注がれる（この水路は，1994年の洪水によって水没した）。これらの水路は村の共有財産であり，村人が協力して補修にあたる。

② 「種つかみ」（*bi ganik*）の祝いが耕作の開始を告げる（1994年3月18日。1995年3月17日）。この名称は，豊作を願ってラージャーがばらまく大麦を，人々が競ってつかむという行事から来ている。ヤスィーン谷では今日でも，ホシュワクト家の末裔を中心に盛大に祝う。ピンガル周辺では，小麦から作ったあんこを食べて祝う。

③ 家畜小屋にたまった糞をヤナギの枝で編んだ籠に入れて運び出し，畑に肥料として撒く作業が続く。近隣の家が協力し，各戸順番に行なう。ただし家畜の糞は，どの世帯でも不足しており，毎年すべての畑に撒くことはできない。しかし糞を撒かないと，3年目にはかなり収量が落ちる。化学肥料で代用する場合もある。

④W 3月下旬にまず小麦の耕作が始まる。チャーシ村からトラクターの所有者兼運転手が訪れ，有料（1時間180ルピー）で固くなった土地を耕す。傾斜地や狭い畑地では，オス牛を使った鋤耕作が行なわれる。わずかだが大麦（*siri*）も栽培される。穀物の栽培に適さない斜面や高地では，家畜の飼料とする牧草が栽培される。

④M 5月に入ると早朝の気温が15度，日中でも22, 3度前後となり，1年で最も快適な時期を迎える。トウモロコシ，それにごくわずかだがアワ（*gras*）とキビ（*olin*）の栽培が始まる（1994年には3世帯のみで栽培）。野菜栽培（トマト，カボチャ，タマネギ，ジャガイモ，青菜）も，家の周辺や耕地の一角を使って始まる。

⑤ トウモロコシの耕作がすむと，オス牛を村に留めておく必要はなくなる。

オス牛は，近くの小高い丘や枝谷へ送られる。牛の所有者によるグループ，牛当番（*lesh wari*）が結成され，輪番で面倒をみる。初めの1か月，メンバーは交代で牛囲いの夜番にあたり，狼の害を防ぐ。その後は⑧の放牧地の近くに合流させて自由放牧とする。

⑥ ヤギとヒツジの日帰り放牧は冬の間から引き続き行なわれている。村の近辺の斜面や枝谷を往復する。1世帯当たりの平均保有頭数はヤギ12頭，ヒツジ6頭である。毎朝，近隣に住む世帯の家畜を合流させ，輪番で放牧にあたる。これをヤギ当番（*pai wari*）という。ヤギ当番のサイズは季節に応じて変動する。初夏には最大25世帯ほどで群れを構成するが，草の乏しい冬には10世帯ほどに分割される。

⑦ ヤクは年間を通じて，ほとんど山の斜面やゴルの上流に放し飼いである。ピンガル村のヤクは7世帯（平均2頭）で所有されており，隣のソソト村のヤクと合流して管理されている。ヤク当番（*zogh wari*）である。夏の間はソソト・ゴル，冬は日当たりの良い対岸の山腹に放たれている。5月には，毛刈りのため1日だけ村へ降ろす。所有者はときおりグループで様子を見に行ったり，収穫期の前には，ヤクが村へ降りてこないよう交代で見回りを行なう。

⑧ 通常7月1日に，家畜はいっせいに放牧地行き（*ghari bik*）[1]となる。村のすべてのヤギ・ヒツジが，ヨジャ・ガーを中心にジョジャートとソソト・ゴルに分散する。これらの放牧地は，周辺の村々と共同で利用されている。定住村に残されるのは乳牛（世帯ごとに1，2頭）とその仔牛だけとなる。ゴル上流の放牧地に滞在する数世帯は，「放牧地を担う者」（*ghari doyu*）と呼ばれる。出発時には，他の村人も彼らの荷物を分担して運ぶ。ピンガルでは「2か月と20日間」（*ju mas oche bishir bas*）が放牧地滞在（*ghari nishik*）の期間とされる。この間「放牧地を担う者」は，1世帯あたりから1マン（約40 kg）の小麦粉と1セール（1 kg弱）の茶を受け取る条件で家畜を預かる。そして夏の間の乳製品作りに励む。委託側の世帯は村に暮らす。そして日帰り放牧のみ，輪番でゴルを訪れて行なう。

⑨ 7，8月になると，村の日中の気温は40度近くにまで上がる。しかし重い

雲が空一面に垂れ込めることはあっても，雨はなかなか降らない。ニカツォール側の滝はこの時期になると水量が大きく減少する。このため地区を二分し，交互に水を利用する。ピンガル側でも，水路の下流に位置する畑の所有者は，夜中や早朝に水を引き込み，位置に伴う不利を補うよう努力する。

⑩W 小麦の収穫作業は，7月末から8月上旬となる。刈り入れの際，大勢の人手を必要とする場合には「助け手」(*yar doyu*) を集めて作業を行なう。昼食や作業終了後，助け手たちには米飯と肉の食事が振る舞われるが，金銭のやり取りは行なわれない。小麦の脱穀は，トラクターのモーターを利用した脱穀機によって行なう。

⑩M トウモロコシの収穫は9月になると始まる。必要ならば，やはり「助け手」を集めて作業を行なう。脱穀には機械は使えず，人間が棒で直接叩いて実を落としていく。

⑪ トウモロコシの取り入れが済むと，家畜は村へ降ろされる (*ghari khomik*)。たしかにこれは9月20日前後となる。「放牧地を担う者」は家畜の契約世帯へ，委託分の家畜から取れたバターを引き渡す。

⑫ 家畜が降りてきた翌日から，村ではまたヤギの日帰り放牧が始まる。ただし空地となった畑は，この時期から春の耕作開始まで「自由な状態」(*heti-sum*) にある。すなわち家畜は自由に村の中を喫食して回る。このとき家畜の落とす糞は，地力回復のための肥料となる。樹木の所有者は自分の責任で，ヤギの喫食による被害から若木を保護しなければならない。

⑬ 10月になると，その年収穫された穀物を水車小屋で製粉する。水車小屋は個人所有であり，利用者は粉で使用料を払う。

⑭ 冬が近づくにつれ，村からやや離れた傾斜地の牧草の刈り取りや，山の斜面上方に自生するネズ (*saruz*) を主とする薪集めが急ピッチで進む。ネズは成長が遅いため，近年ますます希少となっている。ネズを含む植生全体は共有資源となっており，生木で伐採することは禁止されている。

⑮ 12月になると，牛やヤクなどの大型家畜，あるいは世帯によっては小型家畜を屠り，長い冬の間ゆっくりと消費する（dashti）。ピンガルでは，南側の山陰に太陽の軌道が隠れてしまい，冬の間はほとんど日光が当たらなくなる。この時期だけ日の当たる対岸部へ移る世帯もある。冷たく固まった耕地での作業は一切ない。水路も凍りついてしまう。

⑯ 冬の間の戸外での作業は，薪集めとヤギ当番のみとなる。薪はしばしば集団で早朝に出発して集めに行く。ただし取り分はそれぞれ個人が集めた分である。ヤギ当番は日当たりがよく，積雪のない南向き斜面を利用する。

⑰ 夏の間，険しい山岳部に棲息している野生ヤギは，冬になるとゴルへと降りてくる。政府は狩猟を禁止しているが，狩猟へ出かける者はいる。しかしこれには雪崩に巻き込まれる危険がつきまとう。

1) ピンガル村における7月1日の出発は，上流のチャーシやシャマラン村と比べても，1か月近く遅い。この頃までには小麦も成長し，気温は日中35度を越えている。作物に害を与える恐れがあり，かつ猛暑を嫌う家畜を，この村だけ長くとどめておく理由は不明である。あるいは，それによって輪番の責任回数を減らそうとしているのかもしれない。
2) コワール語では，日当たりのよい場所をパフドゥリ（pakhduli），日の当たらない場所をニチャッグ（nichagh）と呼ぶ。

資料8　1994年北方地域カウンシル選挙

　1994年10月25日に行なわれた北方地域カウンシル選挙は，北方地域では初の政党ベース選挙として，その動向が注目された。この選挙では，シーア派の宗教政党TJP（Tehrik-e-Jafriya Pakistan）が24議席中8議席を獲得し，単独では第一党となった。一方，当時の政権党であるパキスタン人民党は過半数を制すると予想されながら，22人の立候補者中，わずか6人の当選にとどまった。
　TJPはすべての候補者をスカルドゥやナガルといったシーア派が大多数を占

資料8　1994年北方地域カウンシル選挙

表1　ギズル県選挙結果

選挙区 候補者名（所属政党）	獲得票数
NA-19（イシュコマーン郡）	
当　ピール・カラーム・アリー・シャー（人民党）	5,140
次　アミール・ハーン（ムスリム連盟ナワーズ派）	1,089
NA-20（プニヤール・グピス郡）	
当　ムルタザー・ハーン（人民党）	3,601
次　アーザード・ワリー（無所属）	1,148
NA-21（ヤスィーン郡）	
当　サイヤド・ファザール・ハサン（人民党）	2,986
次　グラーム・ムハンマド（無所属）	1,617

（出所）　*Nation* 1994年10月27日より子島作成。

める選挙区に集中させ，効率よく選挙戦を戦った。それ以外の選挙区では，同党は立候補者を立てることさえしなかった。人民党は，創設者ズルフィカール・アリー・ブットーが1972年にラージャー制の廃止を決定して以来，北方地域では支持率が高いとみなされてきた。今回も，選挙期間中には閣僚たちがこぞって押し寄せ，さらなる開発事業の約束を繰り返した。しかし全体としては，同党は期待通りの支持を獲得できなかった。その中で，ギズル県の3区すべてで人民党の候補者は圧勝した（**表1**）。

　そのうちの2人は，北方地域で最も影響力を持つイスマーイール派ピールの家系に属していた。NA-19（イシュコマーン郡）ではピール・カラーム・アリー・シャー，NA-21（ヤスィーン郡）ではサイヤド・ファザール・ハサンが圧勝を収めた。もう1つの選挙区であるNA-20（プニヤール・グピス郡）にはピンガルも含まれている。やや詳しくみていきたい。

　住民の行政に対する不信は根強いが，だからといって選挙自体がまったく無関心のうちに終わったわけではない。選挙期間中，人々は当落予想からレガーリー大統領のギズル訪問の噂（やはり噂として終わった）までを熱心に語り合った。スローガンと候補者のシンボル・マークで飾られたジープが連なって村へ来ると，子供たちは候補者が誰であれ，その後ろをわいわい騒ぎながら行進した。大人は大人で家から出てきて候補者と握手したり，支援者の中に友人や

親族を見つけると，互いの消息を確認しあった。選挙は数年に1度の見世物 (*tamasha*) として活況を呈していた。

候補者の1人であるスルターン・アイユーブのジープに同乗させてもらったところ，支援者もまたお祭り騒ぎを楽しんでいることが理解された。1日中あちこちとジープを乗り回し，ふだんあまり訪れる機会のない村々を訪れては雄弁を奮う。そして1日の終わりには，候補者が振る舞う肉料理を堪能するのである。その光景は老人たちから聞いた，かつてのラージャーの巡行を彷彿とさせる。ただし現代の候補者は饗宴の支度を村人に命じたラージャーと違い，大きな出費を覚悟しなければならない。泡沫候補のスルターン・アイユーブでさえ，支出総額は数十万ルピーに達するだろうと見積もっていた。

選挙当日，朝早くから夕方まで住民が小学校の小さな庭にたむろし，お祭り気分だった。その多くは，しかしながら，投票資格のない「見物人」だった。選挙権は17歳以上の男女にあるが，投票に際して政府発行の身分証の提示が求められた。事前に政府派遣の役人とカメラマンが村々を巡回し，身分証作成に必要な書類記入と写真撮影を行なった（女性の場合は，顔写真ではなく指紋で代用された）。しかし，身分証を持たない有権者全員をカバーするにはいたらなかった。また身分証を持っていても，選挙名簿に名前が漏れている場合があり，この場合も投票が認められなかった。

会場の政府小学校には，ふだんは使わない電話線を使用して選挙準備や結果を伝える電話機が届けられた。投票は，まず全候補者のシンボル・マークのみが記入された用紙を受け取る。そしてそれにスタンプで印をつけ，投票箱に入れる。女性の多くは固まってやってきては，しばしば男性親族の指図通りに印をつけていた。

立会人同席のもとでの開票の結果は，大方の予想通りだった（**表2**）。当選したムルタザー・ハーンはプニヤール出身の元高校教師だった。彼もまたイスマーイール派であるが，宗教的権威とは関係がない。第5章に登場した，DJ学校教師のイムラーンやグラーム・ムハンマドたちと同じカテゴリーに属する若いリーダーだった。このタイプの候補者は他にも見受けられた。アミール・ワリーはカラーチーのアーガー・ハーン大学で働いていたが，選挙のために辞職して戻ってきた。ゴローグ・ムリ出身の彼は，ギズル川上流部では好感をもって迎えられた。ピンガルやその上流では，次点となったアーザード・ワリーを上回る得票を獲得した。元ギズル学生連盟議長，地域仲裁パネルのメンバーで

表 2 1994年北方地域カウンシル選挙（ピンガル地区結果）

氏　名	得票	年齢、村、カーム、職業その他
ムルタザー・ハーン（PPP）	92	35歳，シェール・キラ，元高校教師
アミール・ワリー	41	30歳，ゴローグ・ムリ，ワリエーAKU（カラーチー）勤務
スルターン・マダード（PML）	25	47歳，ブニヤール，石工，ガクーチ市民委員会議長
アーザード・ワリー	23	45歳，スマール，ホシュワクテー材木業者
ムハンマド・フサイン	9	65歳，シャマラン，バルグエー，商店主元軍隊（副官）
マユーン・ハーン	1	50歳，ブニヤール，元軍隊（スーベーダール）
スルターン・アイユーブ	0	27歳，グピス，ドロテー
無効	11	
合計	202	（名簿登録者417）

（注）　氏名に続く略称は政党名。政党名が記されていないのはすべて無所属候補。
　　　PPP＝パキスタン人民党。PML＝パキスタン・ムスリム連盟（ナワーズ派）。

　あるフィダー・ハーン（28歳），グピスDJ中学校教師であるブルブル・ジャーン（35歳）らも立ったが，選挙期間中に立候補を取り下げた。
　ムルタザー・ハーンの対抗馬と目されたのは，ホシュワクト家出身のアーザード・ワリーだった。ラージャーの末裔であり，スンナ派でもある彼に対して，かつてハシマット・ディヤックに属したカームの成員らは強い嫌悪感を示した。アーザード・ワリーに対する意見には「ラージャー一族は尊敬するが，政治には携わってもらいたくない」という穏健な忌避から，「かつてのような圧政で我々を奴隷扱いするつもりか」といった感情論まであった。一方ハキメーは，ホシュワクト家のもとでハキームの地位を獲得したのであり，またスンナ派でもある。しかし明確な形でアーザード・ワリーを応援しても，旧支配者兼スンナ派として自分から孤立を宣言することになることから，結局はっきりした態度をとらなかった。ギズル地方のスンナ派の票はアーザード・ワリーとムスリ

ム連盟の候補者に割れたようである。
　ギズル県での投票結果は，イスマーイール派住民を満足させた。イスマーイール派が議席を独占し，うち2人はピールだった。さらにプニヤール・グピス郡ではアーザード・ワリーを，そしてヤスィーン郡では，やはりホシュワクト家のジャラールッディーンを破っての勝利だった。政治に対する期待が実際には欠落する中，選挙はジャマーアトが自らの新旧リーダーに投票することで，宗派意識を確認する格好の場となった。

引用文献

(邦文,欧文とウルドゥー語,新聞・雑誌記事の順で配列している。)

■邦文和文

足立　明 (1996)「開発――語りと実践――」*Global Area Studies* 15号, 52-54頁。

綾部恒雄 (1985)「世界の秘密宗教」金岡秀友他編『世界の宗教と経典・総解説』自由国民社, 281-299頁。

井筒俊彦 (1986a)「イスマイル派「暗殺団」(上) ――アラムート城砦のミュトスと思想――」『思想』745号, 1-24頁。

――― (1986b)「イスマイル派「暗殺団」(下) ――アラムート城砦のミュトスと思想――」『思想』746号, 137-159頁。

岩村　忍 (1964)『暗殺者教団』筑摩書房。

宇野昌樹 (1996)『イスラーム・ドルーズ派』第三書館。

大塚和夫 (1989)『異文化としてのイスラーム――社会人類学的視点から――』同文舘。

――― (1994)「ファンダメンタリズムとイスラーム」井上順考・大塚和夫編『ファンダメンタリズムとは何か――世俗主義への挑戦――』新曜社, 70-88頁。

――― (1995)『テクストのマフディズム――スーダンの「土着主義運動」とその展開――』東京大学出版会。

――― (1996)「イスラーム主義とイスラーム復興――（ポスト）モダンにおけるイデオロギーとアイデンティティ――」山内昌之編『「イスラム原理主義」とは何か』岩波書店, 69-92頁。

大橋正明 (1996)「開発援助とNGO論」佐藤寛編『援助研究入門』アジア経済研究所, 73-102頁。

岡本真佐子 (1996)『開発と文化』岩波書店。

小川　了 (1998)『可能性としての国家誌――現代アフリカの人と宗教――』世界思想社。

オークレー, P. (1993)『国際開発論入門――住民参加による開発の理論と実践――』勝間靖・斉藤千佳訳, 築地書館。

加賀谷寛 (1992)「政治エリートとしての宗教勢力」山中一郎編『パキスタンにおける政治と権力——統治エリートについての考察——』アジア経済研究所, 255-293頁。

加賀谷寛・浜口恒夫 (1977)『南アジア現代史Ⅱ パキスタン・バングラデシュ』山川出版社。

籠橋秀樹 (1998)「NGO, ドナー, 国家——開発をめぐる新たなダイナミクス——」『開発と政治』〈岩波講座 開発と文化 第6巻〉岩波書店, 171-199頁。

梶田孝道 (1996)「「移植されたイスラム」の行方——「スカーフ論争」のなかのフランス———」山内昌之編『「イスラム原理主義」とは何か』岩波書店, 278-306頁。

熊岡路矢 (1998)「NGOの可能性」『人類の未来と開発』〈岩波講座 開発と文化 第7巻〉岩波書店, 131-143頁。

黒崎 卓 (1992)「パキスタン政策における「民活」政策の特徴とその進展」木村陸男編『アジア諸国における民活政策の展開』アジア経済研究所, 169-208頁。

——— (1996)「新段階に入ったパキスタンの民営化政策」『アジ研ワールド・トレンド』14号, 41-43頁。

ゲルナー, E. (1991)『イスラム社会』宮治美江子他訳, 紀伊國屋書店。

国際協力事業団農林水産調査部 (1996)『農業・農村開発計画調査手法の研究』国際協力事業団農林水産調査部。

小杉 泰 (1996)「イスラーム市民社会と現代国家」山内昌之編『「イスラム原理主義」とは何か』岩波書店, 37-68頁。

小松久男 (1986)「アンディジャン蜂起とイシャーン」『東洋史学研究』44巻4号, 589-619頁。

斉藤千宏編 (1997)『NGO大国インド——悠久の国の市民ネットワーク——』明石書店。

——— (1998)『NGOが変える南アジア——経済成長から社会発展へ——』コモンズ。

嶋本隆光 (1985)「12イマーム派シーア主義におけるイマーム・アリーの位置について——イラン人ムスリムの場合——」『国立民族学博物館研究報告』10巻3号, 725-753頁。

ジョージ，S.＆サベッリ，F.（1996）『世界銀行は地球を救えるか――開発帝国五〇年の功罪――』毛利良一訳，朝日新聞社。

ショーンバーグ，R.C.F.（1976）『異教徒と氷河』雁部貞夫訳，白水社。

─── （1985）『オクサスとインダスの間に』広島三朗訳，論創社。

末廣　昭（1998）「開発主義・国民主義・成長イデオロギー」『開発と政治』〈岩波講座　開発と文化　第6巻〉31-51頁，岩波書店。

菅沼　晃（1985）『インド神話伝説辞典』東京堂出版。

関根康正（1998）「南アジアの開発と国民統合の現実――インドにおける経済自由化とヒンドゥー・ナショナリズムの台頭――」『開発と民族問題』〈岩波講座　開発と文化　第4巻〉岩波書店，93-114頁。

田口晶子（1992）「教育の現状と援助の方向性」『基金調査季報』74号，91-103頁。

玉置泰明（1988）「「開発人類学」と「反開発人類学」――応用人類学の諸相――」『社会人類学年報』14巻，177-207頁。

陳　舜臣（1985）「タシュクルガン・アラムート――二つのイスマイル派――」本田實信『イスラム世界の発展』別冊，講談社。

恒川惠市（1998）「開発経済学から開発政治学へ」『開発と政治』〈岩波講座　開発と文化　第6巻〉岩波書店，1-28頁。

内藤正典（1996）『アッラーのヨーロッパ――移民とイスラーム復興――』東京大学出版会。

長峯晴夫（1985）『第三世界の地域開発――その思想と方法――』名古屋大学出版会。

中村廣治郎（1997）『イスラームと近代』岩波書店。

中村緋紗子（1996）「「草の根型」変革の息吹――インドネシアの結婚・離婚相談所――」小杉泰編『イスラームに何がおきているか――現代世界とイスラーム復興――』平凡社，213-229頁。

中村光男（1987）「文明の人類学再考――イスラーム文明の場合――」伊藤亜人他編『現代の社会人類学3　国家と文明への過程』東京大学出版会，109-137頁。

西川潤編（1997）『社会開発』有斐閣。

子島　進（1988）「グジュル族の村」『季刊民族学』45号，112-122頁。

─── （1992a）「パキスタン北部，グジュル族の乳利用」石毛直道・和仁皓

　　　　明編『乳利用の民族誌』173-186頁，中央法規。
―――（1992b）「トゥルリティの村おこし」『季刊民族学』54号，68-79
　　　　頁。
―――（1997）「カラーコラムにおけるラージャー制の変容」『京都造形芸術
　　　　大学紀要 GENESIS』3号，128-150頁。
―――（1998）「イスマーイール派の変容とパキスタンにおける「市民社会」
　　　　の創出」小杉泰編『中東・イスラーム諸国の国家体制と民主化』日
　　　　本国際問題研究所。110-126頁。
野田真里（1998）「内発的発展と宗教――カンボジアにおける宗教と開発
　　　　――」『人類の未来と開発』〈岩波講座　開発と文化　第7巻〉岩波
　　　　書店，145-169頁。
ノット，K.（1989）「イギリスにおける南アジアの宗教の生き残り戦略――共
　　　　存・闘争・協力――」中央学術研究所編『宗教間の協調と葛藤』佼
　　　　成出版社，385-409頁。
バルト，F.（1998）『スワート最後の支配者』麻田豊監修・子島進訳，勁草書
　　　　房。
フリードマン，J.（1995）『市民・政府・NGO――「力の剥奪」からエンパ
　　　　ワーメントへ――』斉藤千宏・雨森孝悦監訳，新評論。
本田實信（1985）『イスラム世界の発展』講談社。
メーシー，J.（1984）『サルボダヤ――仏法と開発――』中村尚司監修，めこ
　　　　ん。
毛利良一（1995）「世界銀行の構造調整と社会開発」『日本福祉大学経済論集』
　　　　第11号，1-33頁。
矢島宏三（1996）「パーキスターンのイスマーイーリーにおける信仰生活と聖
　　　　者崇拝――ワヒー文化圏を中心として――」筑波大学地域研究研究
　　　　科修士論文。
山内昌之（1987）「トルキスタンの聖者――トルクメニスタンにおけるイシャ
　　　　ーン信仰の一断面――」片倉もとこ編『人々のイスラーム――その
　　　　学際的研究――』日本放送出版協会，317-340頁。
―――（1995）『イスラムとアメリカ』岩波書店。
山中一郎（1979）「ブットー政権下の産業国有化政策について」『アジア経済』
　　　　20巻6号，43-59頁。

―――（1988a）「パキスタンの経済開発計画――その経緯と課題――」山中一郎編『南アジア諸国の経済開発計画』アジア経済研究所，77-134頁。

―――（1988b）「イスラーム金融制度の理念と実態――パキスタンのケース――」『アジア経済』29巻11号，2-24頁。

―――（1992）「産業資本家層――歴代政権との対応を中心として――」山中一郎編『パキスタンにおける政治と権力――統治エリートについての考察――』アジア経済研究所，295-346頁。

―――（1993a）「パキスタンにおけるビジネスグループ――その生成と発展に関する一考察――」小野賢治・星野妙子編『発展途上国のビジネスグループ』アジア経済研究所，213-244頁。

―――（1993b）「パキスタンにおける民営化政策――その経緯と現状――」『アジア経済』34巻12号，65-88頁。

山森正巳（1996）「開発援助と文化人類学」佐藤寛編『援助研究入門――援助現象への学際的アプローチ――』アジア経済研究所，203-246頁。

ルイス，B.（1973）『暗殺教団――イスラームの過激派――』加藤和秀訳，新泉社。

■欧文・ウルドゥー語文献

Adatia, A. K and N. Q. King（1964）Some East African Firmans of H. H. Aga Khan III. *Journal of Religion in Africa* 2（3）: 179-191.

Aga Khan III（1954）*The Memoirs of the Aga Khan : World Enough and Time*. New York : Simon and Schuster.

Aga Khan IV（1960）The Ismailis and How They Thrive In Commonwealth. *Common Wealth Journal* 4（1）: 27-30.

Aga Khan Education Service（Pakistan）（n. d.）*Aga Khan Education Service, Pakistan : Northern Areas & Chitral Programme Description*. Gilgit : Aga Khan Education Service（Pakistan Education Office, North）.

Aga Khan Foundation（1991）*Project Brief : Northern Pakistan Primary Health Care Programme*. Geneva : Aga Khan Foundation.

―――（1992a）*Current Projects*. Geneva : Aga Khan Foundation.

―――（1992b）*International Strategy 1991-1999*. Geneva : Aga Khan

Foundation.
―――― (1992c) *Programme Interests*. Geneva : Aga Khan Foundation.
―――― (1994) *Project Brief : Aga Khan Rural Support Programme*. Geneva : Aga Khan Foundation.
―――― (1995) *Aga Khan Development Network*. n.p.
Aga Khan Fund for Economic Development (1997) *Investing in Development : A Perspective on the Aga Khan Fund For Economic Development*. n.p.
―――― (n.d.) *Aga Khan Fund For Economic Development*. n.p.
Aga Khan Rural Support Programme (1993a) *Tenth Annual Review*. Gilgit : Aga Khan Rural Support Programme.
―――― (1993b) *Briefing Notes : A Project of the Aga Khan Foundation*. Gilgit : Aga Khan Rural Support Programme.
―――― (1995) *Twelfth Annual Review*. Gilgit : Aga Khan Rural Support Programme.
―――― (1997) *Fourteenth Annual Review*. Gilgit : Aga Khan Rural Support Programme.
Aga Khan Trust for Culture (1996) *Historic Cities Support Programme : Karimabad and Baltit Project Development*. Geneva : Aga Khan Trust for Culture.
Ahmed, A.S. (1986) *Pakistan Society : Islam, Ethnicity and Leadership in Southasia*. Karachi : Oxford University Press.
―――― (1992) *Postmodernism and Islam : Predicament and Promise*. London : Routledge.
―――― (1993) *Living Islam*. London : BBC Books.
Ahmed, R. (1994) Redefining Muslim Identity in South Asia : The Transformation of the Jamaat-i-Islami, in Marty, M.E. and R.S. Appleby (eds.), *Accounting for Fundamentalism : The Dynamic Character of Movements*, pp.669-705. Chicago : University of Chicago Press.
Alger, H. (1968) The Revolt of Agha Khan Mahallati and the Transference of the Ismaili Imamate to India, in *Studia Islamica* 24 : 55-81.
Ali, M. (1995) *Northern Area Pakistan : Physical and Human Geography Map/Atlas*. Gilgit. (Privately published).

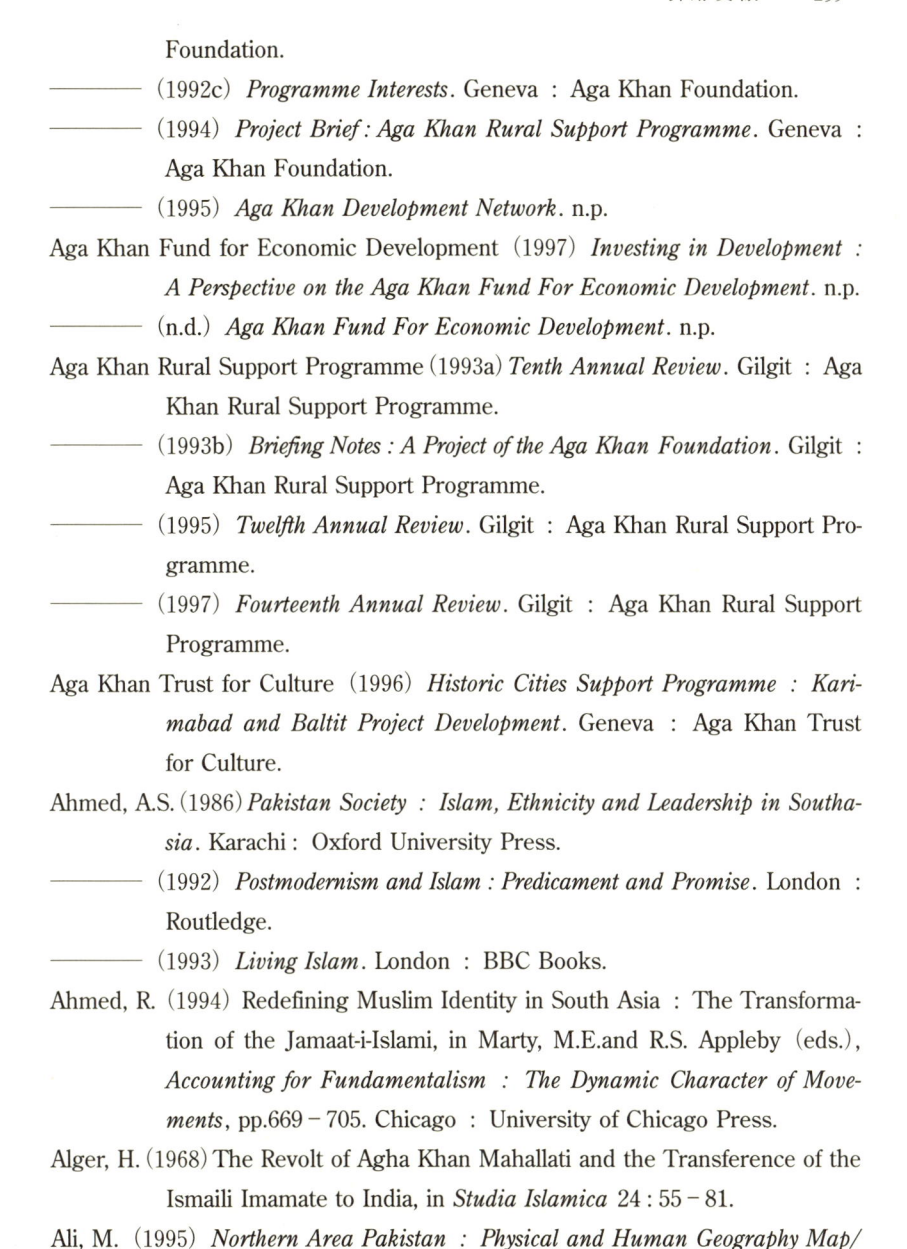

Ali, U. (1990) *Gilgit ki Rog Kahani*. Gilgit : Maqbool Academy.

―――― (1993) *Muasharti Ulum*. Gilgit : Usmani Kitab Khana.

Anderson, J.N.D. (1964) The Ismaili Khojas of East Africa : A New Constitution and Personal Law for the Community. *Middle Eastern Studies* 1 (1) : 21 – 39.

Asani, A.S. (1987) The Khojahs of Indo-Pakistan : The Quest for an Islamic Identity. *Journal Institute of Muslim Minority Affairs* 8 (1) : 31 – 41.

―――― (1991) The Ginan Literature of the Ismailis of Indo-Pakistan : Its Origins, Characteristics and Themes, in D.L. Eck and F. Mallison (eds.), *Devotion Divine : Bhakti Traditions from the Regions of India*, pp.1 – 18. Paris : Ecole Française d'Extreme-Orient.

―――― (1992) The Ismaili Ginans as Devotional Literature. In R.S. McGregor (ed.), *Devotional Literature in South Asia : Current Research 1985 – 1988*, pp.101 – 112. Cambridge : Cambridge University Press.

Baig, R.K. (1994) *Hidukush Study Series* Volume 1. Peshawar. (Privately published).

Barth, F. (1956) *Indus and Swat Kohistan : An Ethnographic Survey*. Oslo : Forenede Trykkerier.

―――― (1981) *Features of Persons and Society in Swat : Selected Essays of Fredrik Barth* Volume 2. London : Routledge & Kegan Paul.

Biddulph, J. (1880) *Tribes of the Hindoo Koosh*. [Reprint. Graz : Akademische Druck-u. Verlagsanstalt, 1977].

Black, H.R. et al. (1993) *School Improvement in the Developing World : An Evaluation of the Aga Khan Foundation Programme*. Edinburgh : Scottish Council For Research in Education.

Bocock, R.J. (1971) The Ismailis in Tanzania : A Weberian Analysis. *British Journal of Sociology* 22 (4) : 365 – 380.

Bryant, J.H. et al. (1993) A Developing Country's University Oriented Toward Strengthening Health Systems : Challenges and Results. *American Journal of Public Health* 83 (11) : 1537 – 1543.

Clark, P.B. (1976) The Ismailis : A Study of Community. *British Journal of Sociology* 27 (4) : 484 – 494.

―――― (1978) The Ismaili Sect in London : Religious Institutions and Social Change. *Religion* 8 : 68-84.
Daftary, D. (1990) *The Ismailis : Their History and Doctrines*. Cambridge : Cambridge University Press.
Dani, A.H. (1987) Mediaeval Kingship in Gilgit. *Journal of Central Asia* 10 (2) : 105-121.
―――― (1989) *History of Northern Areas of Pakistan*. Islamabad : National Institute of Historical and Cultural Research.
Dimaggio, J. (1992) Bohra, in P.Hockings (ed.) , *Encyclopedia of World Cultures. Volume III South Asia*, pp.46-48. Boston : G.K. Hall & Co.
Directorate of Education (Northern Areas Administration) (1996) *A Brief on Education in the Northern Areas*. Gilgit : Directorate of Education.
Drew, F. (1875) *The Jumoo and Kashmir Territories : A Geographical Account* [Reprint. Karachi : Indus Publications. 1980].
Duncan, E. (1989) *Breaking the Curfew : A Political Journey through Pakistan*. London : Michael Joseph.
Durand, A. (1899) *The Making of a Frontier*. [Reprint. Graz: Akademische Druck-u. Verlagsanstalt, 1974].
Edwards, A. (1995) *Throne of Gold : The Lives of the Aga Khans*. New York : William Morrow and Company.
Eickelman, D.F. (1982) The Study of Islam in Local Context. *Contributions to Asian Studies* 17 : 1-16.
Esmail, A.and A. Nanji (1977) The Ismaili in History, in S.H. Nasr (ed.) , *Ismaili Contributions to Islamic Culture*, pp.225-265. Tehran : Imperial Iranian Academy of Philosophy.
Ewing, K. (1990) The Politics of Sufism : Redefining the Saints, in A.S. Ahmed (ed.), *Pakistan : The Social Sciences' Perspective*, pp.165-189. Karachi : Oxford University Press.
Frischauer, W. (1971) *The Aga Khans*. New York : Hawthorn Books.
―――― (1908) *Gazetteer of Kashmir and Jammu* [Reprint. Lahore : Sang-e-Meel. 1983].
Grillo, R.D. (1997) Discourses of Development : The View from Anthropology,

in Grillo, R.D. and R.L. Stirrat (eds.), *Discourses of Development : Anthropological Perspectives*, pp.1 – 33. Oxford : Berg.

Herbers, H. and G. Stöber. (1995) Bergbauerliche Viehhaltung in Yasin (Northern Areas, Pakistan) : Organisatorische und Rechtliche Aspekte der Hochweidenutzung. *Petermanns Geographische Mitteilungen* 139 : 87 – 104.

Hollister, J.M. (1953) *The Shia of India*. [Reprint. New Delhi : Oriental Books Reprint Corporation. 1979.]

Holzwarth, W. (1994) *Die Ismailiten in Nordpakistan : Zur Entwicklung einer Religiösen Minderheit im Kontext Neuer Außenbeziehungen*. Berlin : Das Arabische Buch.

Hulme, D.and M. Edwards. (1997) NGOs, States and Donors : An Overview, in Hulme D and M. Edwards (eds.), *NGOs, States and Donors : Too Close for Comfort?*, pp.3 – 22. New York : St.Martin's Press.

Hunzai, A.N.N. (1984) *Precious Treasures*. Karachi : Khanah – i Hikmat Idarah – i Arif.

Hunzai, F.A.I. (1991) *Shumali Ilaqa Jat men Ismaili Dawat : Ek Tarikhi Jaiza*. Karachi : Shia Imami Ismaili Tariqa and Religious Education Board barae Pakistan.

Israr-ud-Din (1995) Background Information about Rural Settlements in Chitral District, in Anjuman-e-Taraqqi Khowar Chitral (ed.), *Chitral : The Heart of the Hindukush*, pp.10 – 12. Chitral. (Privately published).

Ivanow, W. (1932) An Ismaili Interpretation of the Gulshani Raz. *Journal of the Bombay Branch of the Royal Asiatic Society* 8 : 69 – 78.

——— (1938) A Forgotten Branch of the Ismailis. *Journal of the Royal Asiatic Society of Great Britain and Ireland* 12 : 57 – 79.

——— (1959) Sufism and Ismailism : Chiragh – nama. *Revue Iranienne d'Anthropologie*, pp.13 – 17.

Jettmar, K. (1960) Soziale und Wirtschaftliche Dynamik Bei Asiatischen Gebirgsbauern (Nordwestpakistan). *Sociologus* 10 : 120 – 138.

——— (1967) The Middle Asiatic Heritage of Dardistan (Islamic Collective Tombs in Punyal and Their Background). *East and West* 17 : 59 –

82.

———（1980）*Bolor and Dardistan*. Islamabad : National Institute of Folk Heritage.

———（1982a）*Rockcarvings and Inscriptions in the Northern Areas of Pakistan*. Islamabad : National Institute of Folk Heritage.

———（1982b）Kafiren, Nuristani, Darden : Zur Klärung des Begriffssystems. *Anthropos* 77 : 254 – 263.

———（1986）*The Religion of the Hindukush, Vol.1 : The Religion of the Kafirs*.（translated by Adam Nayyar）. Warminster : Aris & Phillips.

———（1989）Northern Areas of Pakistan : An Ethnographic Sketch. In Dani, A.H. *History of Northern Areas of Pakistan*, pp.59 – 88. Islamabad : National Institute of Historical and Cultural Research.

Kaiser, P.J.（1995）State-Society Relations in an International Context : The Case of Aga Khan Health-Care Initiatives in Tanzania. *International Journal of Comparative Sociology* 36（3,4） : 184 – 197.

———（1996）*Culture, Transnationalism, and Civil Society : Aga Khan Social Service Initiatives in Tanzania*. Westport : Praeger.

Kassam, K.（ed.）（1996）*Shimmering Light : An Anthology of Ismaili Poetry*. London : I.B.Tauris.

Kessel van, J. and A. Droogers（1988）Secular Views and Sacred Vision : Sociology of Development and the Significance of Religion in Latin America, in P.Q. van Ufford and M. Schoffeeleers（eds.）, *Religion and Development : Towards an Integrated Approach*, pp.53 – 71. Amsterdam : Free University Press.

Khalid, D.H.（1978）The Phenomenon of Re – Islamization. *Aussenpolitik : German Foreign Affairs* 29 : 433 – 453.

Khan, M.S. and S.S. Khan（1992）*Rural Change in the Third World : Pakistan and the Aga Khan Rural Support Program*. New York : Greenwood Press.

Khanna, B.S.（1991）*Pakistan : Rural Development in South Asia* 2. New Delhi : Deep and Deep Publications.

Kochanek, S.A.（1983）*Interest Groups and Development : Business and Politics in Pakistan*. Karachi : Oxford University Press.

Kreutzmann, H. (1989) *Hunza : Ländliche Entwicklung im Karakorum*. Berlin : Dietrich Reimer Verlag.

―――― (1993) Challenge and Responses in the Karakoram : Socioeconomic Transformation in Hunza, Northern Areas, Pakistan. *Mountain Research and Development* 13 (1) : 19-39.

―――― (1995) Globalization, Spatial Integration, and Sustainable Development in Northern Pakistan. *Mountain Research and Development* 15 (3) : 213-227.

Langendijk, M.A.M. (1991) *The Utilization and Management of Pasture Resources in Central Ishkoman*. Gilgit : Aga Khan Rural Support Programme.

―――― (1992) *The Utilization and Management of Natural Resources in Central Ishkoman*. Gilgit : Aga Khan Rural Support Programme.

―――― (1993) Cooperation and Local Organization : A Study of Collective Action in Two Mountain Villages in Ishkoman, North Pakistan. MA thesis, University of Amsterdam.

Leitner, G.W. (1887) *The Hunza and Nagyr Handbook*. [Reprint Karachi : Indus Publications. 1985].

Lorimer, D.L. (1929) The Supernatural in the Popular Belief of the Gilgit Region, in *Journal of the Royal Asiatic Society of Great Britain and Ireland*, pp.507-536.

―――― (1987) *Folk Tales from Hunza*. Islamabad : Institute of Folk Heritage.

Malik, I.H. (1997) *State and Civil Society in Pakistan : Politics of Authority, Ideology and Ethnicity*. New York : St. Martin's Press.

Marhoffer-Wolff, M. (1997) Family History as Legitimizing Strategy : The Thui Khalifa, in I. Stellrecht (ed.), *The Past in the Present : Horizons of Remembering in the Pakistan Himalaya*, pp.135-160. Köln : Rüdiger Köppe Verlag.

Masselos, J.C. (1978) The Khojas of Bombay : The Defining of Formal Membership Criteria during the Nineteenth Century, in Ahmad, I. (ed.), *Caste and Social Stratification among the Muslims in India*, pp.97-116. New Delhi : Manohar.

Meherally, A. (1991) *A History of the Agakhani Ismailis*. Burnaby : A.M.Trust.

Morris, H.S. (1958) The Divine Kingship of the Aga Khan : A Study of Theocracy in East Africa. *Southwestern Journal of Anthropology* 14 : 454-472.

Müller-Stellrecht, I. (1973) *Feste in Dardistan : Darstellung und Kulturgeschichtleche Analyse*. Wiesbaden : Frantz Steiner Verlag.

─── (1979) *Materialen zur Ethnographie von Dardistan (Pakistan) : Aus den Nachgelassenen Aufzeichnungen von D.L.R. Lorimer. Teil I Hunza*. Graz : Akademische Druck-u. Verlagsanstalt.

─── (1980) *Materialen zur Ethnographie von Dardistan (Pakistan) : Aus den Nachgelassenen Aufzeichnungen von D.L.R. Lorimer. Teil II Gilgit, Teil III Chitral und Yasin*. Graz : Akademische Druck-u. Verlagsanstalt.

Munir, N. (1980) *From Jinnah to Zia*. Lahore : Vanguard Books.

Nanji, A. (1974) Modernization and Change in the Nizari Ismaili Community in East Africa : A Perspective. *Journal of Religion of Africa* 6 : 123-139.

─── (1978) *The Nizari Ismaili Tradition in the Indo-Pakistan Subcontinet*. New York : Caravan Books.

─── (1983) The Nizari Ismaili Muslim Community in North America : Background and Development, in E.H. Waugh, B. Abu-Laban and B. Qureshi (eds.), *The Muslim Community In North America*, pp.149-164. Alberta : The University of Alberta Press.

National Rural Support Programme (1997) *Third Progress Report*. Islamabad : National Rural Support Programme.

Nayyar, A. (1984) Cosmology and Colour Perception in the Astor Valley. *Journal of Central Asia* 7 (2) : 69-75.

─── (1986) *Astor : Eine Ethnographie*. Stuttgart : Franz Steiner.

Nejima, S. (1998) Diversity of Lineages in Ghizr, Northern Areas, Pakistan, in I. Stellrecht (ed.), *Karakorum-Hindukush-Himalaya : Dynamics of Change*, pp.405-415. Köln : Rüdiger Köppe Verlag.

Netting, R.M. (1972) Of Men and Meadows : Strategies of Alpine Land Use.

Anthropological Quarterly 45 : 132 – 144.
Norman, O. (1988) *The Political Economy of Pakistan 1947 – 85.* London : KPI.
O'Brien, D.B. (1975) *Saints & Politicians : Essays in the Organisation of a Senegalese Peasant Society.* London : Cambridge University Press.
――― (1988) Charisma Comes to Town : Muride Urbanization 1945 – 1986, in D.B. O'Brien and C. Coulon (eds.), *Charisma and Brotherhood in African Islam.* Oxford : Clarendon Press.
Papanek, H. (1962) Leadership and Social Change in The Khoja Ismaili Community. Ph.D. Thesis. Harvard University.
――― (1972) Pakistan's Big Businessmen : Muslim Separatisim, Entrepreneurship, and Partial Modernization. *Economic Development and Cultural Change* 21 : 1 – 32.
Perera, J. (1997) In Unequal Dialogue with Donors : The Experience of the Sarvodaya Shramadana Movement, in D. Hulme. and M. Edwards (eds.), *NGOs,States and Donors : Too Close for Comfort?*, pp.156 – 167. New York : St. Martin's Press.
Peter, D. (1996) Aga Khan in the Hindukush. *Architectural Review* 200 : 11 – 13.
Rattansi, D. (1987) Islamization and the Khojah Ismaili Community in Pakistan. Ph.D.thesis. McGill University.
Rieck,A. (1995) The Nurbakhshis of Baltistan : Crisis and Revival of a Five Centuries Old Community. *Die Welt des Islam* 35 : 159 – 188.
――― (1997) Who are the Nurbakhshis? : Controversy about the Identity of a Beleaguered Community in Baltistan, in I. Stellrecht (ed.), *The Past in the Present : Horizons of Remembering in the Pakistan Himalaya*, pp.1 – 40. Köln : Rüdiger Köppe Verlag.
Rhoades, R.E. and S.I. Thompson. (1975) Adaptive Strategies in Alpine Environments : Beyond Ecological Particularism. *American Ethnologist* 2 : 535 – 551.
Robertson, G.S. (1896) *The Kafirs of the Hindu – Kush.* [Reprint. Graz : Akademische Druck-u. Verlagsanstalt, 1971].
Sadruddin, A.K. (1990) Operation Salam : To Build a Future. *UN Chronicle*

June : 22-23.

Sadruddin, A.K. et al. (1993) Bosnia and The Future of Ethnic Cleansing. *World Affairs* 156 (2) : 104-106.

Sagaster, U. (1993) Observations Made during the Month of Muharram, 1989, in Baltistan, in C. Ramble and M. Brauen (eds.), *Proceedings of the International Seminar on the Anthropology of Tibet and the Himalaya*, pp.308-317. Zürich : Ethnological Museum of the University of Zurich.

Salar, M.A. (n.d.) *The Manual of Jirga Laws with Frontier Crimes Regulations (No.III of 1901)*. Lahore : Ifran Law Books House.

Schneid, M. (1997) Identity, Power,and Recollection : Inside and Outside Perspectives on the History of Bagrot, Northern Pakistan, in I. Stellrecht (ed.), *The Past in the Present : Horizons of Remembering in the Pakistan Himalaya*, pp.83-110. Köln : Rüdiger Köppe Verlag.

Selier, F. and J. van der Linden. (1988)'Only Bullets Make Them Listen' : Population Mobility, Housing and Policy in Pakistan, in P.Q. van Ufford and M. Schoffeeleers (eds.), *Religion and Development : Towards an Integrated Approach*, pp.95-112. Amsterdam : Free University Press.

Shah, H. (1974) Chitral Folklore. In Jettmar, K. (ed.), *Cultures of the Hindukush*, pp.95-115. Wiesbaden : Ranz Steiner Verlag.

Shahrani, M.N.M. (1979) *The Kirghiz and Wakhi of Afghanistan : Adaptation to Closed Frontiers*. Seattle : University of Washington Press.

Sherani, S.R. (1991) Ulema and Pir in the Politics of Pakistan, in D. Hastings and P. Werbner (eds.), *Economy and Culture in Pakistan : Migrants and Cities in a Muslim Society*, pp.216-246.

Siddiqi, M.N. (1991) The Role of The Voluntary Sector in Islam : A Conceptual Framework, in A. Mohamed (ed.), *Islam and the Economic Development of Southeast Asia : The Islamic Voluntary Sector in Southeast Asia*, pp.6-30. Singapore : Institute of Southeast Asian Studies.

Sloan, M.I. (1981) *Khowar-English Dictionary*. Peshawar. (Privately published).

Snoy, P. (1975) *Bagrot : Eine Dardische Talschaft im Karakorum*. Graz : Akademische Druck – u. Verlagsanstalt.

Sökefeld,M. (n. d.) The People Who Really Belong to Gilgit : Theoritical and Ethnographic Perspectives on Identity and Conflict. (Unpublished paper based on the author's Ph.D.thesis).

Staley, J. (1969) Economy and Society in the High Mountains of Northern Pakistan. *Modern Asian Studies* 3 : 225–243.

Tennekoon, N.S. (1988) Rituals of Development : The Accelerated Mahaväli Development Program of Sri Lanka. *American Ethnologist* 15 (2) : 294–310.

Trench, C.C. (1986) *The Frontier Scouts*. Oxford : Oxford University Press.

Ufford van, P.Q. (1988) Cycles of Concern : Dutch Reformed Mission in Central Java, 1896–1970, in P.Q. van Ufford and M. Schoffeeleers (eds.), *Religion and Development : Towards an Integrated Approach*, pp.73–94. Amsterdam : Free University Press.

Walji, S.R. (1974) A History of the Ismaili Community in Tanzania. Ph.D Thesis. University of Wisconsin.

Williams, R.B. (1988) *Religions of Immigrants from India and Pakistan : New Threads in the American Tapestry*. New York : Cambrigde University Press.

Woost,M.D. (1997) Alternative Vocabularies of Dvelopment? : 'Community'and 'Participation' in Development Discourse in Sri Lanka, in Grillo, R.D. and R.L. Stirrat (eds.), *Discourses of Development : Anthropological Perspectives*, pp.229–253. Oxford : Berg.

World Bank. (1987) *The Aga Khan Rural Support Programme in Pakistan : An Interim Evaluation*. Washington : World Bank.

────── (1990) *The Aga Khan Rural Support Programme in Pakistan : A Second Interim Evaluation*. Washington : World Bank.

────── (1995) *The Aga Khan Rural Support Program : A Third Evaluation*. Washington : World Bank.

■新聞・雑誌記事

Economist

　Supranational Imam, 14 November 1987 : 15-18 ; Multinational Man, 29 June 1991 : 40.

Far Eastern Economic Review

　Islam, S. Imam for All Seasons, 14 November 1991 : 64-66.

Financial Times

　Doukins, W. and E. Mortimer. Prince of Development Programmes, 12 August 1991 : 28.

Geographical Magazine

　Knevitt, C. Prince Helps Poor to Help Themselves, September 1988 : 20-23.

Guardian

　Ahmed, A.S. The Quiet Revolutionary, 8 August 1991 : 17.

Herald （パキスタンの月刊誌）

　Khan, Z. A Turbulent Legacy, November 1994 : 53.

Ismaili Pakistan （カラーチーより発行のイスマーイール派機関誌）

　Baccalaureate Address by His Highness the Aga Khan at the Brown University, Fall 1996 : 36-42 ; Mawlana Hazar Imam in Northern Pakistan : Articulates Role of Culture in Development, Issue 1 1997 : 41-45 ; The Aga Khan Marks His 40th Year as Imam of The Ismaili Muslims with Grants Totalling US $50 Million, Issue 2 1997: 4-5 ; Baltit Fort, Hunza, Issue 3 1997 : 44.

Life

　Dougherty, M., His Highness Prince Karim Aga Khan, December 1983 : 70-80.

The Nation （パキスタンの日刊紙）

　27 October 1994.

The News （パキスタンの日刊紙）

　14 November 1994.

Newsline （パキスタンの月刊誌）

　Malakand's Holy War, 1994 November : 24-45.

人名索引

ア 行

アーガー・ハーン一世　5, 104, 120, 151, 213
アーガー・ハーン二世　104
アーガー・ハーン三世（スルターン・ムハンマド・シャー）　6-7, 44, 104, 107, 108, 111, 116, 122, 124, 129, 199, 201, 213, 218, 232, 245
アーガー・ハーン四世（シャー・カリーム・アル・フサイニー）　4, 13, 15, 29, 31, 41-44, 101, 113-114, 133-134, 141, 155, 159, 181, 201, 206, 208-219, 221, 226, 229, 236
アーマド・バンバ　21
アーリム・ハーン　44-45, 47-48, 52-53, 55-56, 86, 143
アイケルマン　153
アクバル・S・アフマド　19, 112, 114, 217, 220
アクバル・シャー　82, 128
アサーニー　9
アッタール　99, 132, 138
アブゥル・アーラー・マウドゥーディー　20, 31
アブドゥッサマド・シャー　123
アフマド・シャー　174, 195
アリー　4, 43, 96-97, 113-115
イエットマー　10, 47
イスマーイール　97
井筒俊彦　98
イブン・ハルドゥーン　18
イムラーン　141-143, 148, 157, 176, 251
イワノフ　99, 121
ヴィクトリア女王　116
エドワード八世　107
大塚和夫　153
オーラングゼーブ　114

カ 行

グラーム・ムハンマド　143-144, 146-148, 157, 176, 250-251
ゲルナー　18-19, 21, 112, 115, 198
ゴーハル・アマーン　51, 55, 76, 80, 82, 127, 138, 244

サ 行

サイイド・クトゥブ　20
サイヤド・アフマド　127
サイヤド・カラーム・アリー・シャー　121, 138, 244
サイヤド・パーインダ・シャー　74, 124-125, 128-133, 135-137, 152, 156, 223
サイヤド・ファザル・ハサン　245, 250
サトグル・ヌール　111
シャー・アブドゥル・ラフマーン・ハーン　83, 241-242, 245
ジャーファル・アッサーディク　96, 138
シャヒーン　172-173, 186, 188-189, 192-195
シャビスタリー　132, 138
ショアイブ・スルターン・ハーン　167, 181-183, 192
ショーンバーグ　37
ズィヤーウル・ハック　9, 20, 109-110, 113-114, 165, 174, 215
スーザン・ジョージ　21
ズルフィカール・アリー・ブットー　89, 109, 250

タ・ナ 行

タージ・モゴル　125, 153
ダフタレイ　9, 22
ドゥーラット・シャー　151, 176
ナースィレ・フスロー　122, 132, 137
ナワーズ・シャリーフ　110, 234

ナンジー　7, 22
ニザール　97

ハ 行

ハーフィズ　97
パパネク　9, 23, 105
パフトゥーン・ワリーハーン　241
パヘルワーン　82, 245
バルト　92
ピール・カラーム・アリー・シャー　124, 138, 155, 245, 250
ピール・サダルッディーン　111, 201, 236
ピール・シャムス　111
ビダルフ　120, 122
ヒューム　18
ファールーク・レガーリー　216, 236, 250
フンザイー　43
ベーナズィール・ブットー　110, 174, 215
ホルツワース　10-11, 101, 119

マ 行

ミール・ムハンマド・ジャマールハーン　134-135, 236
マフブーブル・ハック　215
ムザッファル・ディーン　152-153, 156, 156, 193
ムハンマド　43, 96, 98, 114, 117
ムハンマディーン　23, 26, 64, 70, 186, 189, 191-192, 194-195, 199
ムハンマド・アーザム・ハーン　85, 87
ムハンマド・ハキーム・ハーン　126, 129, 164
ムハンマド・ヤクート・シャー　53, 65, 73, 80, 83, 128, 169, 240
ムラード・ハーン　56, 241-244
メヘルバーン・シャー　53, 56, 80, 238-239
モイーン・クレーシー　215

ラ 行

ラガール・シャー　80, 239, 240-244
ラフマット　51, 55, 80, 82, 207
ルーミー　99, 132, 138
ロリマー　10, 152

事 項 索 引

ア 行

IMF　109-110, 214-215
アーガー・ハーン
　——アカデミー　175
　——イスラーム建築事業(Aga Khan Program for Isramic Architecture, AKPIA)　231, 236
　——開発ネットワーク(Aga Khan Development Network, AKDN)　12-13, 17, 30, 68, 101, 163, 169, 195-196, 211, 214-216, 221-222, 227, 229, 235-236
　——教育事業(Aga Khan Education Service, AKES)　11-13, 39, 129, 141, 151, 156, 167, 169-172, 174-175, 178, 180, 186, 195, 203, 207, 220, 230, 232-233
　——計画建設事業(Aga Khan Planning and Building Service, AKPBS)　169, 172-173, 230, 233, 235
　——経済開発基金(Aga Khan Fund for Economic Development, AKFED)　218, 230
　——建築賞(Aga Khan Award for Architecture, AKAA)　231
　——財団　197, 218, 229, 232
　——訴訟　103-104
　——大学(Aga Khan University, AKU)　13, 114, 174, 177, 203, 212, 218, 229, 251
　——農村支援事業(Aga Khan Rural Support Programme, AKRSP)　11-13,

事項索引

114, 167, 169, 181-182, 184, 186, 188, 190-193, 195-198, 203-205, 207, 212-213, 220, 229, 230, 232-234, 236
──の開発　4, 10-11, 15, 17, 26, 28-29, 169, 197, 199-200, 203, 205-207, 209-210, 214, 217-219, 222, 226
──文化基金(Aga Khan Trust for Culture, AKTC)　11, 218, 231, 235
──文化事業(Aga Khan Cultural Service)　236
──保健事業(Aga Khan Health Service, AKHS)　11, 39, 169, 177, 179-180, 195, 203, 230, 233
──保健事業診療所　68, 70, 205, 223
アヴァターラ　111, 116
アザーン　42, 44
アジア開発銀行　220
アストール　78, 118, 202
アズハル学院　97, 154
アッラーマ・イクバール公開大学　141, 175
アフガニスタン, アフガン　47, 100, 118, 122, 137, 158-159
──戦争　103, 239
──難民　201
アフマディー派　20, 31, 112-113, 200
アメリカ　22, 175, 229, 232
アラムート　5, 95, 98-99, 102, 115, 120
アラビア語　111, 113, 150-151, 153, 157, 174
アリーガル運動　127
アンズ　66, 184, 203
イエメン　98, 118
イギリス　9-10, 37, 75-80, 83, 92, 100, 102-103, 117, 123, 126-128, 152, 164, 183, 206, 213, 220, 229, 238-240
イシャーン　137
イシュコマーン(谷)　36, 54, 76-78, 90, 134, 145, 164, 188, 250
イスマーイール派
──教育　151
──協会　105-106
──研究所(Institute of Ismaili Studies)　218
──憲章　7, 106, 134, 214
──対外的な二元主義　27, 197, 209, 218, 221, 226
──内的なイマーム一元論　27, 196, 205, 209, 222-223
イスラーマーバード　132, 141, 166, 237-238, 241
イスラーム　5, 7, 8, 13, 15, 17, 20-21, 29-30, 51, 55, 73, 95, 101, 112-113, 117-118, 127, 154, 164, 200-201, 208, 210, 217-221, 224
──学　126, 131, 158
──化政策, 化路線　8, 20, 109, 113, 215
──教育　127-128, 205
──原理主義者　224
──国家　8, 20, 112
──主義者　8-9, 19-20, 112, 217, 219, 226
──復興運動　19-20
──法(シャリーア)　99, 113, 164, 220
イード　55, 148
イマーム　4-10, 14-15, 18-22, 26-31, 36, 39, 41-43, 95-99, 101-108, 110-117, 119-121, 123, 125, 132-133, 135, 139-140, 142-143, 146, 150-158, 191, 196-198, 200, 204-206, 209, 211-213, 216-219, 221-223, 227, 229, 232, 244
イラン　100, 119, 125, 133, 155, 202
──イスラーム革命　201
インダス川　47, 77-78, 126
インド　5, 8, 16, 70, 75, 95, 98-100, 102-104, 108, 110-111, 114-115, 118, 128, 208, 213, 229-231
インドネシア　20, 231
ヴィシュヌ　111, 113, 116
牛　62, 65-67, 73, 84-85, 88, 120, 136, 198, 246-247, 249
ウズベキスタン　137
馬　74, 81, 120
ウラマー　102, 118, 154, 201, 224
ウルドゥー語　11, 23, 27, 126, 130-131, 137, 153, 157, 176, 179, 181, 223-224
──放送　206
エイグルモン　158
英語　11, 23, 41, 131, 141, 143, 152, 154, 157-158, 179, 224-225, 230, 233
英領インド　78, 119, 122

事項索引　273

──政府　77-78, 244-245
エジプト　20, 154
SADC　235
NGO　4, 8, 11, 13-14, 16-18, 21-22, 27-31, 72, 101, 124, 142, 158, 163, 169, 181, 193, 195-199, 203, 205, 210-211, 213-216, 219-220, 222-223, 225-226, 229, 232-233, 235
オックスフォード大学　230
ODA　229
オランダ　183, 229
──改革派教会　17

カ　行

開発学　4, 221
開発人類学　31
解放の神学　17
カイロ　97, 218, 231
カウンシル　206
──制度　166-167
ガクーチ　70, 233, 245
カシュガル　173, 238
カシュミール　70, 75, 118, 202, 208
──軍　117, 128
──藩王国　37, 71, 75-78, 118, 123, 127, 242-244
カーフィル　113
カースィム・シャー派　99, 101, 119
カースト　23, 116
カナダ　181, 219, 229, 232
可能とする環境　211, 219
カーム　26, 28, 45-47, 50-51, 53-54, 57-58, 63, 65, 71-73, 80-81, 85, 89, 124, 145, 148, 150, 156-157, 168-169, 191, 205, 224, 252
カムリヤ　43, 103, 105-106, 135, 140
カラーコラム　3-4, 9-11, 14-15, 21-22, 26-31, 35-36, 38, 40, 42-43, 50, 58, 64, 70, 73, 75-76, 79, 90, 95, 100, 115, 117-120, 128, 133-134, 136-137, 139, 142, 152, 154-155, 159, 163, 167, 170-170, 182-183, 201-204, 212, 214, 216-217, 219, 221-227, 232-234
カラーチー　13, 23, 65, 70, 100-101, 105, 110, 127, 132, 134, 136, 140, 142, 145, 150, 165, 174-175, 178-179, 189, 203, 208, 210, 229, 231, 251
カリーマーバード　136, 173, 235
灌漑水路　4, 61, 182, 190, 193, 198, 212, 229, 234, 245
観光産業振興（Tourism Promotion Services）　230
カンディヤ（谷）　54, 78, 145, 190, 238
ガンチェ県　35, 202, 232
官僚　109
──エリート　108
──制度　106
ギズル　38, 46, 51, 57. 81, 84, 87, 121, 128, 130, 134, 136, 166, 189, 207, 239, 242-243, 250
──川　36, 53, 67, 68, 70, 79-80, 83, 87, 136, 139, 164, 175, 178, 180, 188, 240, 246, 251
──県　23-24, 30, 37, 67, 138, 169-171, 185, 199, 232-234, 249-250, 253
──谷　25, 54, 62, 246
──地方　26, 28-29, 35, 39, 44, 47, 50, 71, 73, 75-76, 80, 84, 86, 91, 124, 126, 128, 130, 132, 140, 144, 147, 159, 163, 168, 176, 179, 184, 191, 195, 208, 222-223, 238, 244
ギナーン　103, 111, 113-114, 150
ギルギット　27, 36, 39, 41, 47, 65-66, 68, 71, 75-80, 82-83, 117-118, 120, 123, 125-128, 131-135, 141, 143, 145, 150-153, 157, 163-164, 170, 173-174, 181-182, 184, 186, 188, 193, 195, 201-203, 208, 229, 232-234, 236, 237-242
──管区　90
──県　30, 35, 91, 171, 185
──スカウト　128, 240-241
金融機関群（Financial Institutions）　230
クー＝ギズル（国）　36, 52, 56, 76-78, 80, 84, 90, 92, 134, 241-243
草の根無償資金協力　172
グジャラーティー　111, 113
グジャラート州　98
グジュル族　23, 27, 37, 84, 178, 204
グピス　51, 63, 68, 70-71, 81, 84-86, 88-89, 125, 128-130, 133, 140, 143-145, 147-148, 163, 165, 170, 175, 178, 184, 186, 188, 190, 193, 197, 206-208, 237-

274　事項索引

　　242, 252
グラミン銀行　220
クルアーン　6, 44, 107, 113, 127, 138,
　　150-151, 153, 194
　――教室　20
区割り　58-59, 63, 72, 139, 206
ケニア　230
県カウンシル　164, 166, 169
ケンブリッジ大学　152
工業振興(Industrial Promotion Services)
　　230
コー族　23
国連開発計画(UNDP)　229, 235
国連世界開発社会サミット　16
ゴージャール　189
小麦　61, 65-67, 70, 85, 89, 120, 138,
　　189, 246, 248
ゴル　38, 44, 55, 59, 62, 246, 249
ゴル・ハツム　55, 58, 63
ゴローグ・ムリ(村)　62-63, 70, 85, 130,
　　134, 140, 145-146, 177, 179, 238-239,
　　251
コワール語　23, 37-38, 45, 47, 55, 64,
　　81, 92, 143-144, 148, 152, 156, 178,
　　242, 246, 249
　――開発協会　177
混合山地農業　58-59, 63, 66, 68, 72, 183

サ　行

最高評議会　135-136, 138
サイヤド　117, 120, 157
サウジアラビア　202
ザカート　123, 125, 136, 142
サルベーション・アーミー　106
サルボダヤ運動　18, 210
山地農民　4, 15, 17, 198, 219, 221, 226,
　　232
シーア　96
　――主義　43
　――派　3, 30, 95-96, 118, 154, 182,
　　201-202, 208, 226, 249→十二イマーム
　　派も見よ
　――政党(Tehrik-e-Jafria Pakistan)
　　200, 202, 250
CIDA　232
シェールカーネー　45, 49, 50-53, 56, 58,
　　85, 145, 147, 151, 194, 207
塩　70, 74
シナー語　37, 178, 242, 245
社会開発　14, 16-18, 214, 226, 229
　――住民参加による　221
　――事業　217
社会行動計画(Social Action Programme)
　　215, 220, 233-234
ジャガイモ　244
ジャマーアト　3-6, 8-9, 11, 14-15, 21,
　　27, 29-30, 95, 103-108, 123-125, 135-
　　136, 138-142, 151, 152, 154-158, 163,
　　169, 195-198, 203, 205, 209-211, 214,
　　217-219, 221-222, 224-227, 231, 253
ジャマーアト・ハーナ　4, 6-8, 22, 26, 39,
　　42, 53, 71-72, 88, 106, 111, 114, 123,
　　125, 130, 132, 135, 139-141, 143, 148,
　　151, 158, 170, 173, 177, 186, 191-192,
　　194, 199, 201
ジャマーアテ・イスラーミー　8, 20, 31,
　　112, 164
シャマラン(村)　62, 74, 87-89, 124-125,
　　129, 132-133, 156, 168, 237-238, 249
シャレー　47, 54
シャーンドゥール峠　36, 47, 51, 62, 80,
　　132-133, 238-239
就学率　172
宗教教育委員会　210
宗教共同体　3, 5, 22, 158
十二イマーム派　20, 35, 95, 97, 102, 104,
　　106, 117→シーア派も見よ
ジュート　230
　――紡績　108
シュムレー　45, 54, 179, 191
殉教者　202, 208
植民地政府　104, 213
食糧貯蔵所　67
植林　184, 198, 234
女子教育　232
シリア　5, 97-100
ジルガ　28, 47, 75, 85-91, 149, 205, 222-
　　223
ジルガダール　85-87, 90-91, 149
スイス　198, 220, 235
スィク　75, 76, 82, 127, 138, 201
スィンド　103

事項索引　275

――州政府　230
スカルドゥ　35, 118, 183, 202, 232, 234, 249
スケー　51
スーフィー　99, 121, 137-138, 150, 154
住友財団　235
スリーナガル　78, 83, 118, 128, 137, 223, 241-244
スリランカ　16, 18
スレイマーン派　98
スワート　90-91, 134, 216, 237-238
スンナ派　5, 20, 27, 30, 35, 41-42, 44, 50-51, 55, 71, 73, 88, 95, 97-99, 103, 105, 113-114, 117-118, 121, 124, 126, 131, 139, 143-145, 149-150, 154, 169-170, 182, 184, 186, 191, 195, 199-202, 205-206, 208, 222, 226, 252
聖者廟　43, 112, 136
政務駐在官　10, 90, 150
世界銀行　16, 21, 30-31, 109-110, 208, 212, 214-215, 220, 229, 233
全国農村支援事業（National Rural Support Programme, NRSP）　213, 216, 229, 234
ソソト　68, 139, 151, 172, 193-195, 206
――・ゴル　247

タ　行

ダーイー　97-98, 111, 119
――・ムトラク　98
タイーブ派　97-98
ダイヤモンド・ジュビリー学校（DJ学校）　39, 68, 70, 128, 130-131, 135, 156, 170, 173-178, 186, 189, 191, 196, 198, 201, 205, 212, 223, 231-233, 251
――小学校　141, 143, 150, 170
――中学校　141, 145, 150, 195
ダウザイ　181, 183
ダーウード工科大学　231
ダーウード派　98
タジキスタン　100, 229
種つかみ　55, 246
たばこ　74, 110, 239
ダヒマル（村）　43, 139, 166, 238
タブリーギー・ジャマーアト　201
タリーカ・宗教教育委員会　106, 142, 150-151, 153, 156, 159, 176, 223
ダールバンド　38, 62
ダーレール（谷）　78, 238
タンガイ（村）　59, 80, 139, 141, 143, 146, 151, 168, 173-176, 195
――男性／女性組合　207
ターンギール（谷）　68, 78, 87, 237, 241
タンザニア　6-8, 22, 230
地域評議会　135-136, 140, 142
チーズ　66
乳兄弟　44
チトラール　47, 50, 52, 74, 76, 78, 90, 113, 118, 122, 125, 129, 132, 134-135, 176, 182, 200-201, 234, 238-240
――県　30, 35, 54, 79, 170, 232
――国　124
地方評議会　135, 140, 143
茶　70, 247
チャーシ（村）　54, 62, 79-80, 84-85, 87, 89, 207, 237-238, 246, 249
チャーシ・ゴル　37, 62, 83, 180
チャトールカンド（村）　133, 245
チャルヴェロ　79, 85, 87
中国　36, 100, 162, 171, 235, 238
チラース　70, 78, 126, 237-238
デ　38-39, 44, 53-54
ディヤマル県　35, 90, 232
ディール　90, 132, 134
デーオバンド学院　201
デリー　123, 128
テルー（村）　62, 68, 85, 87, 133, 188, 239-240
ドゥアー　43, 113, 151
ドーグラー　75-76, 82, 138
トウモロコシ　65-67, 81, 89, 172, 246, 248
ドナー　15, 17, 30-31, 210, 226
ドーム　81, 89, 92
トラクター　59, 60, 68, 89, 246, 248
ドルーズ派　101
トロント大学　230

ナ　行

ナガル　76, 78, 90, 134, 249
ニカツォール　167, 189-190, 246, 248
ニザール派　97-99, 110, 119

日本　　192, 206-207
　──大使館　　170, 207
ヌール・バフシュ派　　3, 30, 35, 117, 154, 202-203, 224
ノゴール・レシュト　　139, 148
　──男性/女性組合　　207
NOVIB　　229
NORAD　　232, 235-236

ハ　行

バイクシ(村)　　56-57, 59, 86, 139, 141, 143, 148, 151
　──男性/女性組合　　207
パキスタン　　8-10, 14-16, 23, 29-30, 36, 75, 77, 85, 90-91, 95, 100-101, 103, 105, 107-108, 110, 112, 114-115, 124, 128, 133-137, 142-143, 155, 158, 164-165, 167, 192-193, 202, 206, 212, 214, 216, 223, 225, 229-231, 233, 235
　──人民党　　155, 164, 249-250
　──政府　　4, 20, 29, 58, 63, 77-78, 90-91, 143, 164-166, 180, 196, 200-201, 214-216, 220, 222, 225, 229, 233-234
ハキーム　　47, 50-51, 53, 55-57, 73, 75, 78-80, 82-87, 91, 128, 148, 149, 168, 205, 238, 240-242, 244, 252
ハキメー　　44, 47, 50-54, 64, 66, 80, 85, 90, 126, 168-169, 173, 186, 199, 241, 252
パクス・ブリタニカ　　5, 78, 83, 117, 122
ハシシ　　159
ハシマット　　88, 91, 125
ハシマット・ディヤック　　81, 88, 90, 92, 156, 252
パシュトゥーン　　16, 50, 73, 79, 84, 165, 200
バター　　66, 78-79, 84, 88, 248
パタニ　　81, 85, 88, 89, 92
バダフシャーン　　100, 118-119, 123, 125, 132, 137, 245
バックリワール　　63
ハディース　　152, 194
パネル, 仲裁パネル　　142-149, 156, 176, 205, 223, 251
ハーヴァード大学　　220, 229, 231
ハーフィズ派　　97

パミール　　120, 122
パラーチャ　　73, 84
ハラーム　　164
パリ　　41, 101, 197
ハリーファ　　10-11, 120, 122, 125, 135, 138, 155
　──＝ジェネラル　　21
バルティスターン　　90, 117, 241
バルティット城　　13, 36, 235-236
　──修復事業　　216, 231, 235
バローチ　　73
バングラデシュ　　16, 109, 220, 229
BRAC　　229
パンジャーブ　　31, 110, 113, 198
　──連隊　　240
ハンダラップ(村)　　62-63, 85
パンダル(村)　　41, 54, 68, 82, 85, 87, 89, 130, 134, 140, 168, 176, 237-238
　──湖　　195
ヒツジ　　65-67, 73, 84, 89, 137, 247
BBC　　206
ヒマラヤ　　58, 74, 243
評議会　　6-7, 26, 106, 141-142, 150, 163, 206
　──制度　　4, 6, 8, 105-106, 134, 140, 222-223
ピール　　10, 29, 111-112, 117, 119-122, 124, 129, 132, 135-137, 150-151, 154-155, 202, 223-224, 245, 253
ビルゲー　　45, 52, 55, 80, 141, 145, 148, 151, 156, 166, 173, 191
ピンガル(村)　　26, 28, 35, 37-42, 45-48, 50, 52, 54, 55, 57-60, 62, 65, 67-71, 73, 75, 79-80, 84-86, 124, 129, 140-141, 143, 145-147, 156, 159, 166-170, 172-173, 175, 178-180, 186, 188-189, 191-194, 196, 207, 212, 237-240, 245-246, 248-251
　──男性組合　　186-187
　──地方支部　　150
　──地方評議会　　139-141
ヒンドゥー　　5, 8, 9, 103, 108, 112-116, 127, 208, 218-219, 226
ファーティハ　　43, 113
ファーティマ朝　　95, 97-98, 114, 120, 137, 218

事項索引　277

ファトワー　113
ファルマーン　7, 23, 28, 43, 55, 107, 142, 155, 157, 209
ブニヤール　36, 90, 134, 175, 178, 244-245, 251
フランス　28, 175, 217, 235
振り子理論　19
ブルカ　41
ブルーシャスキー語　3, 37
フンザ　11, 36, 50, 76, 78, 90, 124, 131, 133, 135, 138, 152, 175, 191, 201, 207, 231, 236
　——国　122-123
　——谷　10, 42, 238
　——地方　207, 235
　——シルクロード祭　236
文明の衝突　210, 217-218
ペシャーワル　181, 200
ペルシア　5, 98-99, 102-103, 120-121, 138, 213, 244
　——語　11, 54, 111, 121, 126, 129-132, 137, 153, 156, 157
ヘロイン　142, 159
放牧　61, 63, 184, 247-248
北西辺境州　30, 62, 78-79, 89, 113, 170, 181, 198
ホザレー　47-48, 52-53, 55, 80, 145, 147, 186, 191
ホージャ　5-9, 14-15, 19, 23, 26, 28-29, 95, 100-111, 113-116, 124, 136, 139-140, 142, 163, 179, 202-204, 211-212, 217-219, 223, 225, 231
ホシュワクト家　36, 51, 76, 79-80, 127, 244, 246, 252
ボーホラー　98, 100, 105, 108
ポプラ　66, 184
北方地域　30, 36, 90, 142, 166, 170, 177, 180, 183, 202, 220, 232-233, 235-236, 250
　——カウンシル　166, 168, 207, 236, 245
　——カウンシル選挙　145, 202, 249
ボーヨ信仰　152
ポロ　51
ボンベイ　5, 103, 106, 117, 120, 125, 128, 133, 138, 239

マ　行

マウラーイー派　120, 137
マクボーン家　80, 241
マクマスター大学　229
マサチューセッツ工科大学　231, 236
マショレー　58, 80, 143
マスジッド　44, 72, 88, 103, 126, 201-202
マスツージ　35, 79, 124, 239
マッカ　118
マックギル大学　229
マトゥジ・レシュト　139, 151
　——男性組合　207
マドラサ　127
マハーラージャー　127
マーリヤ　89-89
ミール　36, 75, 78, 123-124, 235
ミルザー・カチャット　122
ムキ　43, 103, 105-106, 135, 138, 140
ムスタアリー派　97-98, 100
ムスリム　95, 112, 114, 117-118, 127, 219
　——移民　19
　——資本　108
　——同胞団　20
　——連盟　252
ムッラー　103, 122
ムハージル　16
ムハンマド・シャー派　99
ムリッド教団　19, 21
メヘタル　51, 56, 75, 77-79, 86-89, 127, 129, 244-245
メーモン　105, 108, 203
モロッコ　97

ヤ　行

ヤギ　56, 61, 65-67, 73, 78-79, 82, 84, 88, 184, 247-249
ヤーギースターン　47, 50, 78, 83, 85, 87, 91, 126, 232
ヤク　66, 89, 130, 247, 249
ヤスィーン（谷, 村）　11, 36, 41, 45, 54, 76-79, 81, 83, 90, 126, 133-134, 136, 140, 163-164, 178, 184, 186, 197, 208, 237-239, 241, 244-246, 250, 253

278　事項索引

ヤナギ　66, 246
ヤールカンド　123, 130, 132
USAID　220, 229, 232
ユニオン・カウンシル　166-168, 197, 236
ヨルダン大学　231

ラ　行

ラージャー　10, 26, 47, 51, 55, 58, 75-76, 78-86, 88-89, 91, 121, 123-124, 129, 134, 149, 165, 246, 250, 252
——制　10, 26, 28-29, 36, 47, 54-57, 59, 63, 71-72, 75-77, 79-80, 82-83, 85, 89-90, 92, 115, 126, 129, 134, 136, 143, 149, 156, 163-164, 166-169, 205, 222-224, 226, 232, 250
ラスプール　47, 54, 239
ラタセー　47, 49, 52-53, 56, 58, 85, 145, 153, 157, 170, 172, 186, 207
ラーホール　132, 175, 208, 231, 238
ラーヤット　81, 88, 92
リグ・ヴェーダ　116
礼拝　20, 26, 42-44, 123, 126, 141, 151
レジオンドヌール勲章　217
連邦評議会　105, 135, 140, 155
ロシア　9, 11, 75
ロバ　62-63, 74, 89
ローマ・カトリック教会　17
ロンドン　8, 22, 218

ワ　行

ワーイズ　106, 148, 151, 154, 157, 159, 195
ワズィール　51-52, 78-79, 81-83, 88, 242
ワハーン　125, 136

■著者略歴

子島　進（ねじま・すすむ）
- 1964年　鹿児島県に生まれる。
- 1987年　早稲田大学第一文学部卒業
- 1999年　総合研究大学院大学文化科学研究科博士課程修了／博士（文学）
- 現　在　京都大学大学院アジア・アフリカ地域研究研究科助手（専攻／文化人類学，南アジア地域研究）
- 著　書　『アジアの国家とNGO』〔共著〕（明石書店，2001年），『NGOが変える南アジア』〔共著〕（コモンズ，1998年），フレドリック・バルト『スワート最後の支配者』〔翻訳〕（勁草書房，1998年），他。

イスラームと開発
──カラーコラムにおけるイスマーイール派の変容──

2002年2月22日　初版第1刷発行　（定価はカバーに表示してあります）

著　者　子島　進
発行者　中西健夫
発行所　株式会社　ナカニシヤ出版
〒606-8316　京都市左京区吉田二本松町2
TEL　(075) 751-1211
FAX　(075) 751-2665
http://www.nakanishiya.co.jp/

© Susumu NEJIMA 2002　　　印刷・製本／亜細亜印刷

＊落丁本・乱丁本はお取り替え致します。

Printed in Japan

ISBN4-88848-675-1　C3039

社会変容と女性
——ジェンダーの文化人類学——
窪田幸子・八木祐子編

近代化による社会変容の中で、モンゴル・インド・タイ・シンガポール等各地の女性がどのように従来の役割・規範から自由になり、またどのように伝統の維持に関わるのか、彼女たちの生活を通して描く。　二四〇〇円

変容する世界の家族
清水由文・菰渕緑編

中国、韓国、タイ、イギリス、オーストラリア、アメリカ、フランスの家族の変容過程を分析し、歴史的・文化的な背景を踏まえて各国固有の特質と普遍的な特質とを考察した上で、家族のこれからの姿を探る。　二四〇〇円

ハワイ日系社会の文化とその変容
——一九二〇年代のマウイ島の事例——
沖田行司編

今日の世界史的課題となっている異文化理解の問題を視野に入れつつ、一九二〇年代のマウイ島を中心にハワイにおける日本人移民や日系二世の文化・社会の変容を分析・考察した学際的な共同研究。　四八〇〇円

長田夏樹論述集（上）（下）
長田夏樹

著者の半世紀余にわたる研究の成果を集大成。上巻では、元代モンゴル語研究、『遊仙窟』研究など、中国の文化に関連の深い論稿を収め、下巻では、日本語の形成など、言語学関係の論稿を収める。　各一二〇〇〇円

表示は二〇〇二年二月現在の本体価格です。